WIZARD

キャリートレードの興隆

ティム・リー、ジェイミー・リー、ケビン・コールディロン

長岡半太郎[監修] 山下恵美子[訳]

金融危機と株価暴落を引き起こす「犯人」が分かった!

THE RISE OF CARRY

THE DANGEROUS CONSEQUENCES OF VOLATILITY SUPPRESSION
AND THE NEW FINANCIAL ORDER
OF DECAYING GROWTH AND RECURRING CRISIS

BY TIM LEE, JAMIE LEE, KEVIN COLDIRON

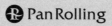
Pan Rolling

監修者まえがき

　本書は、ティム・リー、ジェイミー・リー、ケビン・コールディロンによる"The Rise of Carry : The Dangerous Consequences of Volatility Suppression and the New Financial Order of Decaying Growth and Recurring Crisis"の邦訳である。著者らは、キャリートレード（≒広義のボラティリティの売り）の広範な蔓延がもたらす新しい金融秩序の構造とその潜在的な危険性を解説している。これは、使用可能な各種資源に限界があることが認識され、実体経済の成長に陰りが見えている現在の世界において、金融市場で起こっているある種不可思議な現象を理解するための優れた視点を私たちに与えている。

　ここで特筆すべきは、原書が出版されたのは2020年初頭で、新型コロナウイルス感染症（COVID-19）がもたらした世界的な危機が発生する前であるにもかかわらず、危機後に金融システムが辿った軌跡がまさに本書で論じられたとおりであったということである。そして、その予測の正確さは、その示唆する結末が万人にとってけっして幸せなものではないだけに、読む者に空恐ろしい気持ちすら起こさせる。

　本文中にも詳しく書かれているように、今日のキャリーレジームを支える背景には各国中央銀行の存在がある。彼らは政府から独立した存在として、各々の通貨の健全性や経済の安定・成長に対して責任を負っており、したがって本来その政策は金融システムのレジリエンス（回復力）確保に寄与するものでなくてはならないはずであった。

　しかし現実には、ブラックマンデーやリーマンショックといった重大なインシデントが起こるたびに、経済的な破滅から世界を守る目的で中央銀行がとった政策そのものが、返ってより多くのリスクテイクを誘引して金融システムを脆弱にし、次なる危機を招いてきた。このままでは、際限なく拡大するキャリーレジームが内包するリスクを実

体経済が支え切れなくなる時がいつか必ず来ることになる。

　著者らはキャリーレジームが富める者を優遇する仕組みであり、結果として、モラルハザードを犯した者がますます豊かになってきたことを指摘しているが、リーマンショック直後のオバマ元米大統領の就任演説にあるように、市場およびその機能は、もともと善悪どちらに属するものでもなく、使い手次第で神にも悪魔にもなるものだ。それは富を創造し自由を拡大する力を持つ一方で、監視の目がなければたやすく制御不能になり得るのである。私たちは本書の内容を理解し、それを前提としたうえで、来るべき変化に対し、自身がどのような責任を引き受け、どのように行動するのかを決めなければならないだろう。

　翻訳にあたっては以下の方々に心から感謝の意を表したい。まず山下恵美子氏には正確で読みやすい翻訳を、そして阿部達郎氏は丁寧な編集・校正を行っていただいた。また本書が発行される機会を得たのはパンローリング社社長の後藤康徳氏のおかげである。

　2022年1月

長岡半太郎

目次
Contents

序文と謝辞

　私たち3人が本書の執筆を始めたのは2015年のことだ。リーマンショック以降、中央銀行の型破りの金融政策が経済の復興に役立ってきたと一般に思われてきた。しかしどこを見ても、それについての十分な説明がなかった。これに業を煮やした私たちは本書の執筆を決めた。カギとなるのは、中央銀行や政府の介入によって金融ボラティリティが抑えられたことであると、私たちは突き止めた。本書の執筆に着手してから数年たつうちに、これはより一層はっきりしてきた。しかし、金融の世界を支配するほどのキャリートレードの拡大が意味するものを、私たちはまだ十分に理解していなかった。

　純粋に金融的な観点から言えば、本書には数多くの洞察が含まれている。とりわけ重要なのは、ボラティリティの売りとレバレッジとの関係と、これらが一体となると市場の変調は避けられないものになるが、それはなぜなのかということ。さらに、経済が全体的にデフレ傾向にあるなかで、今、経済サイクルがリスク資産のバブルとそのバブルの崩壊の循環になっていること、そしてこれらの要因とアメリカ市場、特にS&P500が世界の市場構造の中心をなすという事実とが相まって、S&P500そのものをキャリートレードへと変貌させていることを理解することである。

　私たちが発見したのはこれだけではない。最も基本的なレベルでは、キャリー、つまりボラティリティの売りが社会全体のパワー構造を支配するものになっているという事実である。これは本書でも言及している。中央銀行はこのパワー構造のエージェント（代理人）と考えるべきである。金融市場と経済を決定づける力についての従来の理解は誤っており、こういった不明瞭な理解では、次にやってくる金融危機や経済危機およびその結果を読み解くことはできない。

本書ではキャリートレード、つまりボラティリティの売りの仕組みについてある程度詳細に説明するが、私たちの目的は、これらのトレードが経済成長の衰退、繰り返される危機、不均衡の増大、社会構造の崩壊にどのように関連し、全体像の把握にどのように役立つかを説明することである。金融的な題材のなかには専門家ではない読者にとっては難しいものもあるかもしれないが、デリバティブや外国為替市場のテキストに比べると分かりやすいものになっているのではないかと思う。そもそも本書はそういったテキストに代わるものとして書いたものでもなければ、オプションや通貨トレードのマニュアルとして書いたものでもない。本書の基本概念を理解するのに専門的な知識はいらない。

　ノア・シュワルツバーグ氏とマグローヒル・エジュケーション・チームにはこの場を借りてお礼を申し上げる。このプロジェクトの成功を信じて情熱をもって取り組んでいただき、多大な支援を頂いたことで本書は日の目を見ることができた。原稿に目を通し、適切なアドバイスやコメントを頂いたおかげで、本書の内容は飛躍的に改善された。さらに、イバン・ナーミンスキー、キャロライン・リー、ジェ・サン・シムに心より感謝する。また、スティーブ・ハンケ教授、ジョン・グリーンウッド、エドワード・チャンセラー、ジョン・アーサーズ、ヘンリー・マクシー、ヒュー・スローン、ジェレミー・グランサム、ロン・カーンの諸氏には原稿を読み、的確なコメント・称賛の言葉を頂いた。お礼を申し上げる。そして、最後にヒルダ・リーとジョディ・ブレットケリーの忍耐力と励ましに感謝する。

　　ティム・リー、ジェイミー・リー、ケビン・コールディロン

第 1 章

序論——キャリーの性質

Introduction – The Nature of Carry

　この25年間にわたって、株式市場は大きく上昇しては大暴落するを繰り返してきた。それは、なぜなのだろうか。アメリカの株式市場が、アメリカ経済がよく見てもけっして良いとは言えないにもかかわらず、2007～2009年のリーマンショック以降、飛躍的に上昇して4倍にもなったのはなぜなのだろうか。企業が設備投資をすることなく、執拗に自社株買いを続けているのはなぜなのだろうか。プロの株式市場投資家やトレーダーが、中央銀行の発する言葉を一字一句、神の言葉のように信じ込んでいるのはなぜなのだろうか。テクノロジーの発展によって世界のどこにでも住め、どこででも働ける時代に、人々が依然としてロンドンやニューヨークといった人口過密の大都市に住みたがるのはなぜなのだろうか。ポピュリストの政治勢力の台頭をどのように説明すればよいのだろうか。

　これらの質問のすべてに答えようとするならば、本書よりもはるかに膨大な文量が必要になるだろう。しかし、これらの質問に答える出発点としては、金融市場という小さなプリズムを通した見方が必要になる。今日の金融市場の動きは一般に信じられているのとは違って、経済や金利、あるいは政治的発展の結果に関係しているのではない。それはキャリーの台頭、あるいは金融ボラティリティの抑制の現れである。キャリーの台頭は人間諸事のあらゆる側面を含む、大きな現象の

一部として理解することができるが、金融市場だけでも世界に深遠な結果をもたらしてきた。

「キャリー」や「キャリートレード」とは何か──私たちの定義

キャリートレードは「何も起こらない」ときに利益をもたらす。これはどういうことなのだろうか。それは、キャリートレードとは規則的な一連のインカムや会計上の利益を生み出す金融取引だが、何かが起これば、つまり原資産の価値が大きく変動すれば、突然、損失を生むリスクがあるということである。「キャリー」とは、その取引期間にわたって得られる一連のインカムや会計上の利益のことを言う。そういった意味では、キャリートレードは保険を売るのに似ている。売り手は安定した保険料収入を手に入れられるが、時として大きな損失に見舞われる。金融市場におけるキャリートレードの代表例は、外国為替市場で行われる取引である。低金利の通貨で資金調達して、そこで得た資金を高金利の通貨に投資する。「何も起こらなければ」、つまり為替レートが逆行したり、金利差以下の動きしかなければ、そのトレードは利益を生む。しかし、何かが起これば、つまり、為替レートや資産価格がトレーダーに不利な方向に動けば、大きな損失になる。

本書の大部分はキャリートレード、特に通貨と株式市場におけるキャリートレードの説明に充てている。1つの結論としては、アメリカ市場において流動性が高まり、さまざまな金融商品が生み出され、ドルが世界規模での準備通貨としての役割が高まったことで、アメリカ市場、なかでもとりわけS&P500指数が世界のキャリートレードの中心へと押し上げられてきたと言える。本書のもう1つの目的は、キャリーがいかにして世界のビジネスサイクルを支配するまでになったかを解説することである。キャリーは、長く安定した地味な成長と時折

発生する壊滅的な危機のパターンを作り出してきた。キャリーの成長、つまり「キャリーレジームの発展」は、所得と富の分配に大きな影響を及ぼしてきた。著者の見解によれば、これらのプロセスやメカニズムは、力と富・所得の分配を専門とするエコノミストにさえ正しく理解されていなかった。

キャリートレードの特徴

キャリートレードが問題なのは、通貨やコモディティから始まったキャリートレードが今や金融市場の至るところにまで拡大していることだ。キャリートレードには、特殊なリスクが含まれており、これらのリスクは世界の金融情勢を動かす中心的な力になりつつある。中央銀行はこうした金融情勢に反応するため、世界の金融政策はますますキャリーの影響を受けるようになり、中央銀行はキャリーの自己強化力によるさらなる成長に貢献している。このプロセスが資本市場と富の分配をいかに変化させているかについてはのちほど説明するが、このプロセスを理解するには、まずキャリーの特徴を把握しておく必要がある。

すべてのキャリートレードにはいくつかの共通した重要な特徴がある。それは、レバレッジ、流動性の供給、ボラティリティの売り、そして小さく安定した利益と時折発生する大きな損失という「のこぎり歯」のようなリターンのパターンである。これらの特徴は非常に重要だ。なぜなら、キャリーの規模が拡大するにつれて、これらの特徴が金融市場そのものを特徴づけるようになったからである。

私たちの定義では、キャリーは必ずレバレッジを含む。つまり、キャリートレーダーは意識して資金を借り入れて使うか、あるいはそのトレードに最初に投入した資本を上回る損失を被る可能性のある取引をするということである。したがって、キャリートレーダーや彼らに

9

お金を貸す人々は、損失に非常に敏感になる。損失が無限に拡大するのを防ぐために、キャリートレーダーは価格が彼らにとって不利な方向に動けばポジションを手仕舞う必要に迫られることも多い。それは、価格が下落している資産を売るか、価格が上昇している資産を買うことを意味する。このように、キャリートレードのリスク管理のメカニズムは、投げ売りを誘発し、その結果として価格の最初の動きが大きく増幅されるという特徴を持つ。

キャリートレードの拡大は流動性を高める一方で、キャリートレードの減少やポジションの手仕舞いは流動性を低くする。「流動性」とは分かりにくい概念で、通常は2つの意味を持つ。トレードでは流動性は売買のしやすさを意味する。流動性の高い資産は素早く大量に売買することができる。キャリートレードが特定の資産で拡大すると、その資産の流動性は高まる（少なくとも高まるように見える）。一方、出来高という観点から見た流動性は、経済における現金もしくは現金同等物の量を意味する。この観点においては、流動性は経済における信用の得やすさとか、資金の入手しやすさを意味する。これら2つはビジネスサイクルのなかで経済成長を促す基本的要素である。キャリーの拡大は資金や信用の得やすさを意味し、資金や信用が得やすくなると、経済は活気づき、一時的に景気は改善される。一方、キャリークラッシュが発生すれば、資産の市場性（販売可能性）、資金、信用、そして経済全体は突然大きく弱体化する。

キャリートレードは「ボラティリティの売り」を意味する。これはどういう意味かというと、金融資産価格の変動水準が低下することが儲けにつながるということである。もっと具体的に言えば、キャリートレードは、原資産、通貨、コモディティ価格のボラティリティが予想よりも高くならないかぎり、無リスクレートを上回るプラスのリターンを提供してくれるということである。事実、原資産価格のボラティリティの相対的な低さに直接依存する金融デリバティブを利用した

高度なキャリートレードも存在する。

　キャリートレードには、典型的な通貨のキャリーポジションから、保険の引き受け、CDS（クレジット・デフォルト・スワップ）の売り、高利回りの株式やジャンクボンドの信用での買い、不動産を投資目的で買う人に貸し出されるローン、株式や株価指数を原資産とするプットオプションの売り、ETF（上場投信）の買いまで、さまざまな形態がある。しかし、これですべてではない。会社が社債を発行して自社株買いをすること、プライベート・エクイティ・レバレッジド・バイアウト、もっと複雑な金融戦略や金融工学などもキャリートレードに含まれる。どのケースでも、キャリートレーダーは明白か明白でないかは別として、原資産価値の変動によって運用益がなくなることがないほうに賭けている。つまり、キャリートレーダーは原資産価格のボラティリティが低いか、低下することに賭けているのである。

　キャリートレードの最後の特徴は、リターンのパターンがのこぎり歯状であるということである。通常、利益は極めてスムーズな形で発生する。しかし、キャリートレードでは大きな負のリターンが短期的に発生（キャリーの修正またはキャリークラッシュ）して、損失に見舞われる。そのためリターンのパターンはのこりぎ歯状になる。このパターンは独立した特徴ではなく、キャリーのほかの特徴の当然の結果として発生するとも言える。これは事実だが、リターンのパターンそのものが非常に重要だ。なぜなら、リターンのこのパターンは、報酬が短期パフォーマンスによって決まる参加者からの資金をキャリーに呼び込むからである。こうしたキャリートレーダーはクラッシュを生き抜くほど強いバランスシート（莫大な資金）は持っておらず、彼らの存在が世界市場における大きな不安定要素となる。

キャリーにおける中央銀行が果たす役割

　金融キャリーにはさまざまな形態があり、これらは常に近代の金融システムの中核をなしてきた。これを行うのが銀行だ。銀行は普通預金を提供し、その預金に対して低い金利を支払う。なぜなら預金は流動的で、預金者はいつでもお金を引き出すことができるからだ。そして、高い金利で長期ローンを貸し出す。保険会社も同じだ。保険会社はリスクを引き受けることで保険料を受け取る。しかし、これには問題がある。それはなぜなのだろうか。伝統的な金融的な意味においては、流動性の提供と同様、キャリーはリスクプールと関係があるとみなすことができる。銀行や保険会社はリスクをプールするだけの巨額の資金を有し、リスクをプールすることで経済的機能を果たしている。銀行の場合、中央銀行がバックにいて各銀行を支援し、取り付け騒ぎが起こったときは流動性を提供する。

　しかし、大きなクラッシュを生き残るだけの資金を持たないトレーダーや機関投資家がキャリーに参加すると、問題が発生する。理論的には、キャリーのリスクを考えれば、弱いかキャリーに不向きなバランスシート（少ない資金）を持つ人々は市場に参加させてはならない。ここで重要になるのが、キャリーのリターンパターンである。キャリークラッシュが長い間にわたって発生していない場合、キャリートレードは非常に魅力的に見える。リターンの争奪を巡って、市場参加者はキャリートレードへと駆り立てられる。キャリートレードの拡大は流動性の上昇と関係があるため、新たな参加者がポジションを建てると、金融市場には過剰な流動性と信用が発生する。そして、不可避なキャリークラッシュが発生すると、流動性は低くなり、信用は収縮する。

　突然の流動性の低下と信用の収縮は実体経済にネガティブな効果をもたらす。資産価格が下落し、流動性が低下すると、中央銀行は市場

を安定させるために市場に介入する。もちろん、市場の安定化はボラ
ティリティの低下を意味し、ボラティリティの低下によってキャリー
トレードの損失は限定される。こうしてキャリーの損失の痛みを十分
に感じることなく、市場から排斥されるべきだったキャリートレーダ
ーのなかには生き残る者がいる。生き残る者はほぼ例外なく政界や金
融界に大きな影響力を持つインサイダーであり、彼らは政府の政策を
左右し、その政策に素早く反応する。

　この慣行はあまりよく理解されていないが非常に重大な結果をもた
らす。これは時間とともに富の不均衡を徐々に上昇させるのである。巨
額の資金を持った裕福な投資家、つまり、クラッシュを乗り切るだけ
の力があるために理論的にはキャリートレードに当然のように参加し
てくる人々もまた、キャリークラッシュの痛みを十分に経験すること
がないため、中央銀行による市場の安定化から恩恵を受ける。彼らは
巨額の資金を持っているため、放っておいてもクラッシュを乗り切る
ことができたはずだが、中央銀行の介入によってお金が貯まり、クラ
ッシュ後の回復期にはさらに多くのお金を得ることになる。その一方
で、弱小の投資家はクラッシュで文無しになるか、富の壊滅的な損失
を味わうことになる。

　このように、中央銀行はキャリーの拡大に中心的な役割を演じてい
る。キャリートレードは実体経済に流動性と信用を提供する。中央銀
行は最後の貸し手として、少なくともアメリカでは雇用を拡大し、キ
ャリーに関連する損失の一部を引き受ける。これによってキャリーは
ますます拡大し、自己強化サイクルによってさらに拡大する。

　長期的に見ると、これは３つの重大な結果をもたらす。１つ目は、金
融市場は能力のあるものが繁栄するのではなく、インサイダーに有利
になる。なぜなら、資金の少ないインサイダーは中央銀行のおかげで
キャリークラッシュを生き残ることができるからだ。２つ目は、ボラ
ティリティの抑制を必ずしも必要としていないにもかかわらず、それ

から恩恵を受けるすでに裕福な投資家の損失を少なくすることで、富の不均衡が拡大する。そして３つ目は、景気後退と金融市場の下落との境界線が次第に分かりにくくなる。景気後退はもはや深刻な資産価格の下落、つまり弱気相場を引き起こすことはない。資産価格の下落が景気後退を引き起こすのだ。

　このことを理解している人はほとんどいない。投資家も経済学者も金融評論家も政策立案者も、景気後退は純粋に経済に原因があり、直接的な原因は政策上か規制上の失敗であり、金融市場はそういった景気後退に影響されると考え続けている。世界の金融市場において今やキャリーの中心にいるのはS&P500である。株式市場の大暴落は景気後退の兆候ではなく、景気後退そのものなのである。キャリーバブルとキャリークラッシュのサイクルと、ビジネスサイクルはまったく同じになってしまった。

　時がたつにつれて、これは物事が偏った一方向に進むラチェット効果を生み出す。キャリートレードの経済に対する影響力はより大きく支配的なものになり、その結果発生するキャリークラッシュや経済危機を止め、動きを逆転させるためには中央銀行や政府の介入が必要になり、その介入もますます大きくなっていく。経済構造、具体的には株式市場や金融市場全体は、キャリートレードと中央銀行や政府の介入を利用するために存在するという性質がより色濃くなる。キャリーには常にレバレッジが伴うため、キャリーの継続的な成長によって負債は蓄積され、キャリーの成長が続くかぎり、キャリーバブルの当然の結果として資産価格が大幅に上昇する一方で、デフレが発生する。キャリーバブルの最中は資産価格が上昇するため、デフレ圧力は抑えられるが、そのあと発生するキャリークラッシュは「デフレショック」となって現れる。この経済構造の継続的な進化を「キャリーレジーム」と定義する。

　極限状態においては、これが富を破壊させるプロセスであることは

より一層明白になる。キャリートレードを行う金融市場のプレーヤーや企業や個人が稼ぎ出す富は、一般の人々が望むより良い商品やサービスを 生み出す経済能力から生み出される真の富ではない。それどころか、その富によって金融資産価格は絶望的なまでにゆがめられ、実体経済からは乖離し、希少資本は非生産的な使われ方をするようになる。やがて経済は次第に落ち込み、所得も富も少数の人に集中する。

　しかし、キャリーレジームが進むと中央銀行とこの延長として政府の力が弱体化することを認識することも重要だ。これは直観に反するかもしれないが、規制の虜と同じように、中央銀行はキャリーに「支配」されてしまうのである。極めてデフレ的な性質の強い、2008年のときのようなキャリークラッシュが発生すると、中央銀行はモラルハザード（介入と救済）をさらに推進する以外に道はないように思える。キャリーレジームの矛盾すると思われるようなさまざまな側面の1つは、中央銀行が巨大な力を持っているように見えることである。ハイパワードマネー（中央銀行が供給する通貨）を作り出す巨大な力、短期金利を設定する力、彼らの発言で金融市場に強い影響力を与える力。しかし、結局のところ、彼らには自由に行動する力はない。中央銀行はキャリーのエージェントに成り下がったのである。彼らの巨大であるかに見える力は幻想でしかない。

　本書から導き出される少々受け入れがたい結論を言えば、今日のわれわれの経済システムにおいては、キャリー、ボラティリティの売り、レバレッジ、利益、流動性、力は非常に密接に関係している。究極的には、すべては同じものに収束する。経済システムは今ひとつの方向に向かって進んでいる。個人や個々の実体の「富」、すなわち市場価値は、才能、実績、そしてもっと重要なのは、長期的に生活レベルの向上に貢献する個人や実体の価値によって判断されるのではなく、力の源泉へのアクセスによって判断されるようになりつつある。

　今、キャリーは頂点に向かって進んでいる。その反対側に何がある

のかはだれにも分からない。しかし、本書では最後に、少なくとも金融とマクロ経済に関する一般論について述べる。キャリーの重要性を十分に理解しなければ、未来を理解することなどできないのである。

第 2 章

通貨のキャリートレードと世界経済におけるその役割

Currency Carry Trades and Their Role in the Global Economy

通貨のキャリートレード

　キャリートレードの代表が通貨のキャリートレードである。事実、金融用語では「キャリートレード」は「通貨のキャリートレード」と同義語だ。シンプルな通貨のキャリートレードでは、投機家は低金利の通貨で調達した資金を高金利の通貨に換えて運用する。つまり、投機家は2つの通貨の金利差（金利スプレッド）を狙うわけである。この金利差が利益になる。

　しかし、通貨のキャリートレードにはリスクが内在する。高金利の通貨が低金利の通貨に対して下落すると、通貨価値の下落によるキャピタルロスは金利スプレッドから得られる利益よりも大きくなる。このリスクは為替レートのボラティリティとして理解することができる。投資した通貨の為替レートが調達した通貨の為替レートよりもボラティリティが高まれば、高金利の通貨が下落して正味の金利収入を上回る。

　通貨市場の世界は2つに分けられる。1つは、低金利の通貨で、これは「ファンディング通貨」（資金調達通貨。キャリートレードの資金調達にとって魅力的な通貨）になる傾向が高い。もう1つは高金利の通貨で、これは「レシピエント通貨」（投資して、高金利から利益を得

るのに魅力的な通貨）と呼ばれる。この20年間、主なファンディング通貨は米ドル、日本円、スイスフラン、ユーロだった。最近のレシピエント通貨にはブラジルレアル、オーストラリアドル、トルコリラ、中国人民元が使われるようになった。

　古典的な理論的経済均衡モデルによれば、通貨のキャリートレードのリターンは長期的にはゼロになる。つまり、期待リターンがゼロということである。したがって、通貨のキャリートレードには魅力がないはずである。なぜなら、均衡状態では高金利の通貨の国のインフレ率は高くなることが予想されるからだ。逆に、低金利の通貨の国のインフレ率は低くなることが予想される。したがって、高金利の通貨は低金利の通貨に対してインフレ率の差と同じ率で、つまり金利差と同じ率で低下するはずである。そうでなければ高金利国の貿易は競争力を維持できないからだ。

　理論的には、為替の先渡しレートは高金利の通貨の下落を反映したものになる。つまり、先渡し市場で通貨リスクをヘッジしながら、低金利の通貨を調達して高金利の通貨に投資しても利益は得られないということである。ヘッジをしていないキャリートレードで利益を得たいのならば、先渡し市場で高金利の通貨を買ったほうが簡単だ。高金利の通貨が為替の先渡しレートと同じ率で下落しなければ、利益を得ることができる。

　実際、通貨のキャリートレードは長年にわたってプラスのリターンをもたらしてきた。これについては第4章の実証分析で説明する。長く続いたキャリーによる大きなプラスのリターンはキャリークラッシュで終焉を迎えることが多い。クラッシュはレシピエント通貨を発行する国の金融危機という形で発生することが多い。レシピエント通貨に流れたキャリートレードの資本はその通貨を支え、古典的均衡モデルによって予測されるようなその通貨の下落を防ぎ、その通貨を上昇させる役割を果たす。その通貨が上昇すれば、キャリートレーダーは

金利差による利益（金利スプレッド）だけでなく、通貨の上昇による利益（キャピタルゲイン）も得ることができる。こうして、キャリートレーダーはキャリークラッシュが発生するまで大きなプラスのリターンを享受することができる。

　純粋な通貨のキャリートレードは、市場が効率的に価格付けされていれば、理論的には長い目で見れば利益は出ない。しかし、中央銀行が通貨の調整を遅らせているか、阻止しようとしていると思われるとき、大きな利益になる。中央銀行の介入によって、キャリートレーダーは時間を稼ぎ、より多くの金利スプレッドを得てポジションを巻き戻す（解消する）ことができる。外国為替市場に中央銀行が介入することで通貨のボラティリティは低下し、そのため通貨のキャリートレードを行う投機家のリスクは減少する。

　通貨のキャリートレードの概念を理解するのは簡単だ。しかし、通貨のキャリートレードを構成するのが特定の取引なのか、金融構造なのかを判断するのは難しい。ヘッジファンドが米ドルや日本円といった低金利の通貨で大金を借り入れ、借り入れたお金でブラジルレアルやトルコリラといった高金利の通貨の国の国債を買う。これは明らかに通貨のキャリートレードだ。この取引には、レバレッジと通貨のミスマッチ（金利差）から、何倍にも膨れ上がった大きなプラスのリターンを得る目的で行われるキャリートレードの古典的な要素が含まれているからだ。しかし、こういう場合はどうだろうか。高金利の通貨（ブラジルレアル）の国の会社が、低金利の通貨（例えば、米ドル）で資金を調達し、調達した資金を投資プロジェクトに投資する。投資が成功すれば、収益の一部は米ドルで得られ、一部はブラジルレアルで得られる。

　ブラジルの会社のケースは通貨のキャリートレードかどうかははっきりしない。そのプロジェクトが収益の一部を米ドルで得るかぎり、米ドルで資金調達することは通貨のキャリートレードには当たらないと

言える。米ドルで得られた収益は米ドルによる負債の返済に充てられるだけだ。しかし、米ドルで得られる収益が存在しないとすると、どうだろうか。この例はデータだけではどういう取引が通貨のキャリートレードに当たるのか、当たらないのかを特定することはできない最適な例だ。特定の取引や金融構造がキャリートレードに当たるのか、当たらないのかを知るうえでは、投機家や投資家の動機を知ることが極めて重要になる。

　本書では、低金利の通貨で借り入れたお金を使って、それとは異なる別の比較的高金利の通貨で運用するか、その通貨で資産を保有するあらゆる取引や構造を通貨のキャリートレードと定義する。したがって、例えば、高金利の新興国にあるノンバンクが米ドルなどの低金利の通貨で資金を調達し、そのお金で国内投資を行うことも通貨のキャリートレードに含まれる。しかし、ある国の投資家が貯金を使って別の国の別の通貨の資産を買って、高い利回りを稼ぐ（日本の機関投資家や投資家はこれを行ってきた）といったケースは通貨のキャリートレードには含めない。貯金を使った投資家の例は、通貨のキャリートレードに内包される通貨リスクは含むが、レバレッジは含まないからだ。

　本書でこのあと再び言及するが、本書の非常に重要なテーマは、キャリーはレバレッジと密接な関係があり、したがって、信用や信用と表裏の関係にある負債とも密接な関係があるということである。マクロ経済学では、通貨のキャリートレードに付き物の通貨リスクは明らかに無視されるか、積極的に受け入れるかのいずれかだが、これはどのような金利の国においても信用需要を増加させる傾向がある。

　ずっと高金利を維持してきたトルコの例を考えてみよう。トルコは周期的に危機に陥ってきたが、大きな経済成長を遂げ、表面的には安定している時期も長かった。経済が表面的に安定している時期にいろいろな投資プロジェクトを行うことを考えているトルコの起業家がい

たとする。高金利のトルコリラでお金を借り入れれば、プロジェクト
のリターンはあまり魅力的なものにはならない。しかし、その起業家
が低金利の米ドルで資金調達することに慣れており、為替リスクに無
頓着だとすると、そのプロジェクトは魔法のように魅力的に見えてく
る。

　言い換えると、為替リスクに無頓着であるということは、トルコ内
における信用需要はトルコの金利がいかなるものであっても上昇する
可能性があることを意味する。同様に、為替リスクに対する懸念が劇
的に高まれば、キャリートレードのアンワインド（巻き戻し）が発生
し、信用収縮をもたらし、その結果として、どの金利でも金融が引き
締められる。通常、想定されるのは、ほかの条件が同じだとすると、中
央銀行が信用需要に影響を及ぼすことができる主要な手段は金利政策
である。しかし、キャリー戦略が投資や資金調達を支配しているとす
ると、中央銀行の為替レートに対する政策（為替レートのボラティリ
ティを下げる）は経済における信用需要に重大な影響を及ぼす可能性
があることをこの例は示している。

　そして、これは経済において大きな不均衡を生み出す。過去10年で
トルコほどこの例にマッチしたものはないだろう。トルコリラへのキ
ャリートレードは、トルコに莫大な資本が流入することを意味する（海
外の投資家や投機家は高利回りのトルコ国債を買い、トルコの企業や
個人は、米ドルの金利がトルコリラの金利よりも低いため、米ドルで
資金調達し、それを国内投資に向ける）。さらに、これはトルコにおけ
る信用ブームとそれに関連する不動産ブームを意味した。不動産ブー
ムはトルコへの資本流入を加速させた。その結果、トルコリラは過大
評価され、トルコの国際収支赤字（経常赤字）は拡大し、2011年のピ
ーク時にはGDP（国内総生産）の10％近くまで上昇した。

　この状況は通貨のキャリートレードが拡大し続けるかぎりは持続す
る。輸出を上回る輸入品に対する支払いのために、国際収支の赤字に

対して資金調達を続けていくには、新たなキャリートレードによって資本が絶えず流入する必要がある。キャリートレードによる資本流入が弱まると、中央銀行が外国為替市場に介入し、準備金を使って為替レートを支えなければ、その通貨は下落する。しかし、中央銀行の外貨準備高はやがては底をつき、最終的にはその国の通貨は暴落する。

キャリーのレシピエント通貨が下落すると、通貨リスクに対する懸念は高まり、レシピエント国における信用需要は弱まり、通貨のキャリートレードは瞬く間に魅力を失う。そして、行き着く先はキャリークラッシュだ。キャリートレードによる資本の流れは逆行し、通貨は崩壊、そして、国内投資のために米ドルやほかの通貨で資金を調達していた国内の借り手は、国内通貨建て資産が海外通貨建て負債をはるかに下回るため、破産の危機に陥る。トルコの場合、トルコリラが2018年7月と8月に暴落したときに、これが起こった。

米ドルキャリートレードと米ドルの循環

この10年における通貨のキャリートレードの主要ファンディング通貨は米ドルだった。2007〜2009年にかけてのリーマンショックのあと、米ドルで資金調達するキャリートレードは大幅に増えた。なぜならFRB（連邦準備制度理事会）が低金利政策と金融緩和政策を実施したからだ。多くの人にとってこれは強い米ドルのリスクを下げる狙いがあるかに見えた。米ドルによる資金調達が可能な世界中の人々にとって、金利の安い米ドルを借り入れることで安く資金調達することができた。さらに、FRBはほかの中央銀行に通貨スワップを通じてドルによる資金調達を積極的に後押しした（第12章を参照）ことで、表面的には資金を借り換えなければならない事態が生じた場合、米ドルでの資金調達が難しくなるという借り手のリスクを排除しようとしているかに見えた。

　理由はすでに述べたが、米ドルキャリートレードの残高を正確に数字にすることはできない。しかし、外国（非アメリカ）の米ドルの借り入れには、国境を越えた資本フローが含まれるため、キャリートレードについてはさまざまな経済データが存在する。こうした経済データを組み合わせると、正確な数字は分からないまでも、米ドルキャリートレードが経時的に増大しているという強力な手掛かりを得ることはできる。これらのデータには、銀行の対外資産と対外負債（金融部門を通じての対外借り入れ）、銀行間データ、国際収支（キャピタルフロー）、対外債務のデータが含まれる。

　米ドルキャリートレードの米ドルによる資金調達の提供者であるアメリカの場合、キャリートレードを示す指標は、IMF（国際通貨基金）が四半期に一度集計しているアメリカのすべての金融会社の対外純資産である。これは、対外純貸し出しだけでなく、株式保有を含む対外純資産を集計したものである。したがって、この数値は米ドルキャリートレードを大幅に誇張したものになっている。

　一方、このデータには含まれない米ドルキャリートレードもある。なぜなら、このデータにはアメリカの金融会社の貸し出しが含まれないからだ。例えば、新興国の会社はドル建て社債を発行して、得たお金を国内投資に回すことができる。その社債の購入者は金融会社ではないアメリカの投資家だ。これは私たちの定義する米ドルキャリートレードに該当するが、アメリカの金融会社の対外純資産には含まれない。また、アメリカのほとんどのヘッジファンドは「アメリカの金融会社」に含まれない可能性が高い。アメリカのヘッジファンドは、外国企業が発行した高利回り債（国内通貨建て）を買うのに、アメリカの金融会社からドルを借り入れることができる（これはアメリカの金融会社にとって対外資産ではなく国内ローンになる）。これは明らかに通貨のキャリートレードに当たるが、アメリカの金融会社の対外純資産には含まれない。このように、このデータには、米ドルキャリートレード

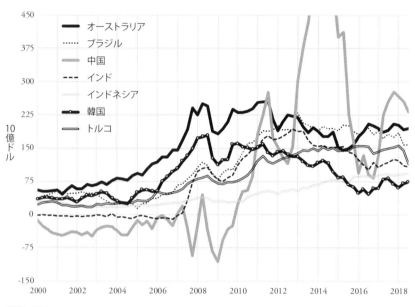

図2.1　グローバルな銀行の米ドルキャリートレードの主要なレシピエント国に対する純貸出額

凡例：
- オーストラリア
- ブラジル
- 中国
- インド
- インドネシア
- 韓国
- トルコ

出所＝BIS

ではないものが含まれている一方で、米ドルキャリートレードであるものが含まれていない場合もある。

　もう１つの関連データは、BIS（国際決済銀行）が集計した、グローバルに活動する銀行の国際間における貸し・借りデータだ。このデータでは、グローバルな銀行がキャリートレードのレシピエント国に貸し出した純貸出額を見ることができる。包括的なものではないが、一貫してドルキャリートレードのレシピエント国だった国を国別にまとめたデータが**図2.1**である（単位は十億ドル）。

　図2.2は図2.1の数字を合計したもの（濃い線）で、薄い線はIMFが集計したアメリカ金融会社の対外純資産を示している。これら２つの数字は目盛りが異なるため、異なる縦軸で示している。左の縦軸が銀行の純貸出額を表し、右の縦軸が対外純資産を表している。しかし、

図2.2　米ドルキャリートレードの指標

（単位＝10億ドル）

凡例:
— 米ドルキャリートレードの主要なレシピエント国に対する銀行の純貸出額（左の縦軸）
— アメリカの金融会社の対外純資産（右の縦軸）

出所＝BIS、IMF

　2つの線の上昇パターンはよく似ている。

　これらのデータには米ドルキャリートレードに含まれるべきデータが含まれなかったり、含まれるべきでないデータが含まれているのは前述したとおりである。**図2.1**に示した国に対するグローバルな銀行の純貸出額（これを合計したものが**図2.2**）には、通貨のキャリートレードとは無関係なデータが含まれているのは明らかだが、**図2.2**を見ると、2つの線はほぼ同じパターンをたどっている。これはこれらの数値がサイクルで動いていることを示す状況証拠になる。つまり、米ドルキャリートレードは拡大と崩壊を繰り返しているということだ。

　これらのデータを見ても、米ドルキャリートレード残高はどういった精度であっても推定することはできない。しかし、国際収支と外貨準備のデータからは、米ドルキャリートレード残高は、知るかぎりで言えば、**図2.2**に示したアメリカ金融会社の対外純資産とほぼ一致するのではないかと思う。米ドルキャリートレードは2007〜2008年にほ

ぼ1兆ドルでピークを付け、2009年の初めのリーマンショックの影響
でほぼゼロになり、2014年の中ごろには再び3兆ドルのピークを付け
た。

　2018年10月に発表されたBISのエコノミストによる論文（バレンティ
ィナ・ブルーノとヒョン・ソン・シン、「Currency Depreciation and
Emerging Market Corporate Distress」、BISワーキングペーパー、
No.753、2018年10月）では、新興国のノンバンク（金融機関以外の金
融会社）が、為替レートの逆行というリスクを冒してまで、なぜ米ド
ルキャリートレードに注力するのかについて書かれている。同論文を
書いたBISのエコノミストによれば、新興国のノンバンクが発行した
米ドル建て債券の残高は2018年には3.7兆ドルに上り、2010年のほぼ2
倍だった。再三言うようだが、これは通貨キャリートレードの数値で
はなく、これらの負債のすべてがキャリートレードの資金調達に使わ
れているわけではない。また、**図2.1**を見ると、米ドルキャリートレ
ードのレシピエント国の大部分は新興国であるように思えるが、米ド
ルキャリートレードのレシピエント国のすべてが新興国というわけで
はない。私たちに言えることは、これらの数字は、アメリカ金融会社
の対外純資産とほかのデータから推測される数値にほぼ一致するとい
うことだけである。

　米ドルキャリートレードについて興味深い点は、アメリカは経常収
支が赤字の国だからといって、キャリートレードの本来的なファンデ
ィング国ではないという点だ。簡単に言えば、アメリカは収入以上に
お金を使う国なので、そのギャップを埋めるためには国外から資本を
取り込む必要がある。しかし、米ドルキャリートレードの資本の流れ
はこれとは逆だ。アメリカからドルが流出して、他通貨での投資に使
われているのである。

　キャリートレードのファンディング通貨としては、貯金が有り余っ
ている国の通貨がふさわしい。日本がその代表国だ。日本のグローバ

ルキャリーにおける重要な歴史的役割についてはこのあと議論する。日本は国内投資額よりも貯蓄額のほうが多い国だ。この余剰的貯金がキャリートレードのファンディングにふさわしいのは当然のことだろう。キャリートレーダーはこの円の余剰プールから低金利でお金を借りて、高金利の他通貨や高金利の他通貨の資産に投資する。

　アメリカにはこういった余剰貯蓄プールはない。それどころか、赤字を抱えている。キャリートレードの資金調達が米ドルで行われれば、アメリカから米ドルが流出し、経常赤字はさらに増える。キャリートレードは、こうした赤字を埋める必要のある国に資本を逆流させることができる。

　外国企業は、デット（社債発行や銀行借り入れなどによって調達する他人資本）の形であれ、エクイティ（新株や新株予約権付社債の発行などにより調達する株主資本）の形であれ、資本をアメリカに喜んで提供するはずだ。アメリカに資本が流入すると、これらの企業の米ドル資産は増える。キャリートレードの資本流入によってアメリカにはアメリカが必要とする純資本が増えるため、外国企業は持ちたいと思うような米ドル資産を増やすことができる。ここが重要な点だが、米ドルキャリートレードは独力で成長したのではなく、他国の投資家（とりわけ、中央銀行や政府が出資する投資ファンド［ソブリン・ウエルス・ファンド］）が米ドル資産を継続的に増やすために米ドル資産を持つことを快く引き受けてくれたおかげであるという点だ。これを示したものが図2.3の「米ドルの循環」図である。

　図2.3では、「政府」は政府と中央銀行を意味し、「新興国市場」は米ドルキャリートレードのレシピエント国を意味する。この図は完全な図ではなく、米ドルの循環（米ドルキャリートレードもこの一部）を簡略化したものだ。

　アメリカ人は総じて収入以上にお金を使うが、企業セクターの純貯蓄額はプラスである。最近は、これは内部留保がGDPに対して非常に

図2.3 米ドルの循環

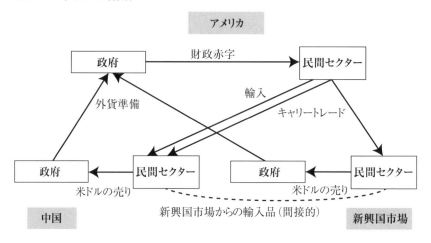

高水準であることによる。民間企業の純貯蓄は米ドルキャリートレードの資金源となる。例えば、企業はアメリカの金融会社に預金をすることができる。そして、アメリカの金融会社は預金されたお金を外国通貨に投資したり、外国企業に貸し出すことができる。その外国企業は借りたお金を高金利の通貨に投資する。アメリカの金融会社やアメリカ企業は、外国の銀行や外国の企業が発行したドル建て債券を買うこともできる。これらドルは、トルコやブラジルなどの新興国を含む他国の銀行や企業にドルローンとして貸し出される。これらの取引は**図2.3**では「キャリートレード」として示した部分だ。そして、これらのキャリートレードは**図2.2**で示したグローバルな銀行の対外純資産の蓄積へと導く流れとなる。

　これらがキャリートレードによる資本の流れになるのは、必ずしもドルによる収入を生まないか、ドル資産を取得しないトルコやブラジルやインドの個人や企業がドルを借りることを示しているからだ。米ドルによって調達した資金は、**図2.3**に示されているように、例えば中国からの輸入品を買ったり、国内プロジェクトに投資されたりする。

国内プロジェクトに投資する場合、ドルは国内通貨に変換しなければならない。なぜなら、国内プロジェクトに対する支払いには国内通貨が使われるからだ。

　キャリートレードが拡大すれば、米ドルキャリートレードのレシピエント国の通貨は上昇する。それは、国内通貨を買うために借りた米ドルを売るからだ。通貨の上昇を抑える（その国の貿易の競争力を維持するため）ために、その国の中央銀行はドルを買って、その国の通貨を売る。**図2.3**ではこれは「民間セクター」と「政府」間の矢印（借りたドルを中央銀行に売る）と、「政府」と「アメリカ政府」間の矢印（中央銀行が調達したドルを米国債に投資する）で示している。同様に、中国当局は取得したドルで米国債を買う。アメリカ政府は米国債を売ったお金を財政赤字を解消するために使う。そして、ドルの循環は再び始まる。

　通貨のキャリートレードには信用の創造が含まれるため、ドルの循環が拡大すれば、グローバルな信用は増大する。ここで重要なのは、アメリカ政府の信用の拡大（アメリカの財政赤字を穴埋めするために発行する米国債が増えること）である。しかし、ドルの循環は信用が創造されれば、サイクルのどの地点からでも拡大する可能性があることを認識することが重要である。

　例えば、トルコの場合を考えてみよう。アメリカのヘッジファンドは、トルコ国債を買うために国内の銀行からお金を借りる。これは純粋な通貨のキャリートレードだ（ただし、トルコリラの金利がアメリカの金利よりも高いものとする）。これによって、アメリカの銀行の信用は拡大する。ドルはリラに変換され、そのリラでトルコ国債を買う。トルコの中央銀行がリラの上昇を防ぐために外国為替市場に介入するとすると、中央銀行はドルを買い、そのドルを使って外貨準備高を増やす（米国債を買う）。そして、アメリカ財務省はアメリカの財政赤字を穴埋めするためのドルを得るというわけである。

アメリカ経済で見ると、アメリカの銀行ローンとマネーサプライと政府の負債は増え、トルコの経済で見ると、社債と中央銀行のバランスシートとマネーサプライは増える。これは、まるでアメリカ政府が財政赤字を埋めるためにアメリカの銀行からお金を借り、トルコの中央銀行がトルコの社債を買うのと同じである。違うのは、金利キャリー（トルコの社債の利回りは米国債の利回りを上回り、その結果、クラッシュリスクは高まる）を行っているのはヘッジファンドであって、トルコの中央銀行ではないという点だ。

　しかし、トルコの中央銀行がキャリートレードを行っていないということはあり得ない。通常、トルコの中央銀行がトルコの社債を買うことはなく、アメリカ財務省が銀行から直接借り入れを行って財政赤字を穴埋めることはない。通貨のキャリートレード——この例では、投資期間の間、ヘッジファンドがリラが金利差以上に下落しないことを想定する——が存在することで、銀行信用とマネーサプライは、キャリートレードが発生しないときよりも増加するのである。

　これはトルコの企業がドルで借り入れをするというもっと典型的なケースではより明白だ（この例についてはすでに述べた）。このケースでは、トルコの企業がドルを借り入れてリラで投資し、主としてリラで収益を得るのであれば、キャリートレードを行っているのはトルコの企業である。もしトルコの企業が金利の高いリラで借り入れを行わなければならない場合には、投資を実行する可能性が低いのであれば、トルコの企業はドルの循環における立役者になる。トルコの企業がドル建て社債を発行して、それをアメリカのヘッジファンドが買い、その購入資金を銀行から借りる場合でも、銀行が社債を直接買う場合でも、ドルの信用とマネーサプライは増加する。「リスクのミスプライシング」、つまりリラは金利差ほどには下落しないという想定は、リスクのミスプライシングがないときに比べ、信用とマネーの創造は増加するのだ。

　金利パリティとは、為替相場は、資産を自国通貨建てで運用する場合と外国通貨建てで運用する場合の予想収益率が等しくなるように決定されることを表したものである。したがって、2国間で金利差がある場合、低金利の通貨で資金調達して、高金利の通貨で運用しても儲からない。為替リスクが完全にヘッジされている場合を、カバー付き金利パリティという。例えば、トルコとアメリカの金利差が10％だとすると、リラに対するドルの1年物の先渡しレートは10％高く設定される。今リラを買えば10％の利回りを稼ぐことができるが、為替リスクを完璧にヘッジしようと思ったら、金利差益を相殺するような為替レートでリラをドルに売り予約する必要がある。つまり、為替の先渡しレートには、金利スプレッドが内包されており、その金利スプレッドは銀行間貸出市場の金利に等しいのである。さらに、理論的均衡では、将来のいかなる時点における為替の先渡しレートも、そのときのスポットレートの最良の予測値になる。

　通貨のキャリートレードがこれほど拡大した背景には、少なくともキャリートレードに参加している人々にとって、高金利の通貨は金利差ほどには下落しないという暗黙の了解がある。したがって、その暗黙の了解を反映するとするならば、キャリーのレシピエント国の為替の先渡しレートは金利差に対して「高すぎる」か、将来のスポットレートに対するキャリートレーダーの予測が実際の先渡しレートを上回らなければならない。

　BISのエコノミストがそれぞれ2016年の10月と11月に発表した別の2つの重要な論文（C・ボリオ、R・マコーレー、P・マクガイアー、V・スシュコ、「The Failure of Covered Interest Parity : FX Hedging Demand and Costly Balance Sheets」、BISワーキングペーパー、No.590、2016年10月。ヒョン・ソン・シン、「The Bank/Capital Markets Nexus Goes Global」、2016年11月）では、2008年のリーマンショックのあと、さまざまな通貨ペアのカバー付き金利パリティが成り立たなくなった

ことについて分析している。為替スワップによるドルの借り入れコストは、銀行間市場で借り入れるよりも高くなり、2014年以降、その差はドルが上昇するにつれて大きくなったことを示している（外国為替市場ではこの差のことを「通貨ベーシス［cross-currency basis］」という）。2016年11月に発表された論文で、シン教授は、この要因を、世界中のドル建て債務の量を考えると、ドルが上昇するにつれて、銀行がバランスシートの大きさに制約を受けるようになったためであり、そのためノンバンクからの通貨ヘッジ需要に対応できなくなったためだとしている。つまり、為替スワップに含蓄される金利と銀行間金利間の通常の裁定が難しくなったということである。なぜなら、銀行がそういった裁定をやりたがらなくなったか、そういった裁定に資金を提供しなくなったからだ。

　シンとそのほかのBISの論文で強調されているのは、世界の金融システムにおいては米ドルが中心的な役割を果たしているということである。これはドルの循環の根拠となるものだ。また、銀行が直面するバランスシートの制約についての分析は、カバー付き金利パリティが成り立たなくなったことを説明するのに役立つ。しかし、カバー付き金利パリティが成り立たなくなった要因はこれだけではない。BISはそのほかの要因として、通貨キャリートレードの過度の拡大によって、キャリートレードにおける米ドルでの資金調達の潜在的コストが上昇してきたことを挙げている。これは、キャリートレードに潜在的に含まれるリスクのミスプライシングによって、信用の創造がキャリートレードが発生しなかった場合に比べると大きくなるという考えに一致する。世界経済のなかでドルが循環することで、米ドルキャリートレードが支配的になったとすると、キャリートレードの拡大とともにドルでの資金調達需要が増えれば、キャリートレードに内包されるドル金利が通常の均衡水準以上に上昇することが予想される。

　トルコの例に戻ろう。リーマンショック以降のドルとリラのキャリ

ートレードの拡大は、少なくとも２つの重大な効果をもたらした。第一に、これによって信用とマネーサプライが増加し、その延長として、トルコの高金利を考えると、ドルとリラのキャリートレードがこれほど拡大しなかったときと比べると、トルコの経済は成長してインフレが進んだ。これは非常に重要だ。なぜなら、これは自己満足を生み、2018年にはトルコで通貨危機と経済危機が発生したからだ。第二に、ドルの借り入れコスト（ドルで借り入れてトルコリラで貸す）が増大した。これによってインプライド金利の差（スポットレートと先渡しレートの差）は通常の均衡水準を下回った。

通貨キャリートレードの簡単な歴史

　仮想例ではトルコを例に挙げたが、これはリーマンショック以降、通貨キャリートレードはトルコをレシピエント国（投資先）とするケースが圧倒的に多かったからだ。これは**図2.1**を見れば明らかである。次の第３章では再びトルコを例に取り上げるが、このときはもっと詳しく見ていく。

　トルコのキャリートレードは主として米ドルで資金を調達してきた。しかし、通貨のキャリートレードは米ドルで資金調達するものばかりではない。日本は1990年代初めの不動産と株式市場のバブル崩壊後に超低金利（ゼロ金利）時代に突入した初めての国だった。通貨のキャリートレードが台頭した初期にキャリートレードを席巻したのは、日本円で資金調達する円キャリートレードだった。

　キャリークラッシュが示唆するものは、高利回り債と通貨の価値の下落とボラティリティの上昇である。もちろんこれは正しい。しかし、通貨のキャリートレードの場合、為替レートには２つの側面がある。キャリークラッシュがレシピエント通貨の価値の下落を意味するのであれば、それは同時にファンディング通貨の価値の上昇を意味する。こ

れの最初の例は、アジア通貨危機とロシア財政危機のあおりを受けて、LTCM（ロング・ターム・キャピタル・マネジメント）が破綻したあと、1998年10月初めに日本円が上昇したことである。1998年10月7日から8日にかけて、ドルは対円でおよそ15％下落した。日本円が急騰したのはロンドンではランチタイムの最中（アメリカでは市場が開いたとき）で、日本円は瞬く間に上昇した。こんなことはかつてあった試しがなかった。

このキャリークラッシュは、1990年代初期に始まり1990年代中ごろに規模が爆発的に拡大した、主に東アジア圏を中心とする通貨キャリートレードの絶頂期で発生した。これらのキャリートレードの資本の流れの大部分は東アジアの国々の国内銀行システムを介して発生した。これらの資本の流れの一部はグローバルに活動する銀行の純貸出データ（BISデータ）のなかにも見ることができる。

図2.4は1990年代と2009年以降の通貨キャリートレードたけなわのときの主要国に対するグローバルな銀行の純貸出額を示したものだ。このチャートを見ると、当時と最近の通貨キャリートレードを比較することができるが、3つの点に注意する必要がある。1つは、巨大なグローバルな銀行は全体像の一部にすぎないということである。1990年代はアジアの国々の国内銀行セクターがキャリートレードの資本流入の重要なパイプ役だったが、これらの資本流入はすべてがアジア外のグローバルな銀行から提供されたものではなかった。2つ目は、今の世界経済は1990年代に比べるとマネーの規模が格段に拡大している。この**図2.4**に示されたドル価は名目ドル（過去の名目通貨価値を基準に表される経済的価値。単位は10億ドル）である。3つ目は、例えば、1997年のタイの経済は、今日のブラジル、トルコ、インドの経済に比べると非常に小さかった。

したがって、1990年代のアジアの通貨キャリートレードの規模は大きく、日本円がファンディング通貨として使われた。キャリートレー

図2.4　グローバルな銀行のキャリーのレシピエント国に対する純貸出額

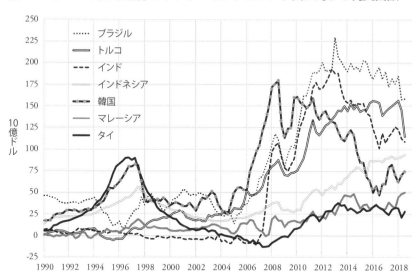

出所＝BIS

ドがピークに達した1996年、タイの国際収支の経常勘定の赤字（キャリートレードによる資本流入と対をなすもう一方の勘定）はGDPのおよそ９％に達した。1980年代までは、国際収支の経常赤字がGDPの５％だと危機レベルというのがエコノミストの間でほぼ一致した意見だったことを考えれば、９％という数字がいかに高い数字であるかは分かるはずだ。

　アジア通貨危機は1997年２月にタイを震源として始まった。タイの不動産開発会社がデフォルトに陥り、ドルペッグ制を採用していたタイバーツが売られ始めた。タイ当局はタイバーツを売る外国の投機家にペナルティーを課すためのさまざまな方策を練ったが、いったん資本の流れが逆行すれば、タイの巨大な国際収支の経常赤字を穴埋めするための資本の流入は止まり、タイバーツの崩壊は避けられない状態になった。これは典型的なキャリークラッシュである。危機は過度な負債を抱えたほかのアジア諸国にも波及していった。インドネシア、韓

国、マレーシアでは通貨の大暴落が発生した。

1990年代のキャリーバブルを特徴づけるのはアジアの通貨キャリートレードだけではない。アジアの通貨キャリートレードは、世界の債券とデリバティブ市場における大規模なキャリーバブルの一部だった。例えば、このキャリーバブルにはユーロ圏に加入する予定のヨーロッパの周辺諸国の債券も含まれていた。1990年代のバブルの余波は今でも続いている。コネチカット州グリニッジを拠点とする巨大なヘッジファンドLTCMは複雑な数学モデルを駆使して、大きなレバレッジをかけたキャリー（ボラティリティの売り）トレードで驚異的なリターンをたたき出す先駆的存在だった。1998年に発生したキャリークラッシュによってLTCMは破綻し、世界の金融システムは破滅のふちに追いやられた（少なくとも中央銀行の目にはこう映った）。

キャリーが台頭するなか、アラン・グリーンスパンFRB議長は、クレジットスプレッドの急激な拡大に懸念を示した。これは1998年のキャリークラッシュを招き、アメリカをいきなり金融緩和政策へと向かわせた。アメリカは1998年9月から11月までの2カ月で続けざまに3回利下げを行った。当時のアメリカ経済は非常に強く、すでに低かった金利をさらに下げる必要があるのかと思われた。FRBは、金利引き下げは金融市場を安定させるためであり、特にクレジットスプレッド水準を安定させることは中央銀行の明白な責任であり、優先事項であることを初めて明らかにした。FRBが行ったこの措置は、それ以降の市場の動きに影響を与え、さらに大きなキャリーバブルへの素地を作った。キャリートレードがFRBとその影響を受けたほかの中央銀行によるお墨付きを得たことを知ったキャリートレーダーたちは、低いボラティリティでのレバレッジをかけたトレードにより一層自信を強めていった。

日本円による資金調達は1990年代のキャリーバブルで極めて重要な役割を果たしたことは、バブル崩壊の不況期に円高になったことで確

認することができる。しかし、円キャリートレードの全盛期はまだ到来していなかった。2002年、日本の短期金利が実質的にゼロであるにもかかわらず、日本円が再び上昇し始めた。日本の金融当局（日本銀行と財務省）は円の急激な上昇を阻止することを決めた。彼らが恐れていたのは貿易の競争力が低下し、高い経済成長率を取り戻すことができなくなることだった。2004年3月までの7カ月にわたって、日銀と財務省は円の上昇を防ぐために、2500億ドル以上の外貨準備を積み上げた。日銀が市場に介入し、円の買い手が売りたいすべてのドルを買ったため、7カ月目にはドル円レートは安定して一定値に落ち着いた。

　日銀の円の上昇を防ぐための市場介入と実質的なゼロ金利政策の「成功」によって、円は理想的なファンディング通貨になった。日本円は低金利で借り入れができ、ボラティリティも低い（日銀の介入による）。また上昇リスクはほとんどないかに見えた。2004年以降、円キャリートレードの人気は再び沸騰した。

　アメリカとは違って、日本は経常収支が黒字なので、キャリートレードの資金調達にまさに「打ってつけ」の国だった。2003年、日本の経常黒字はGDPの3％を超えるまでに上昇し、2007年の中ごろには5％でピークを付けた。経常収支が大幅黒字ということは、当然ながら、同量の資本が流出しなければならない。日本の銀行は対外融資と外国資産の購入によって、資本流出に大きな役割を果たした。これは円キャリートレードの資金調達に貢献した。したがって、ドルの循環に比べると円はグローバルに循環することはなかった。円が世界の支配的通貨でないことを考えると、たとえ円が循環したとしてもグローバルに持続することはないだろう。しかし、円キャリートレードは日本の銀行による経常収支黒字の再循環以上の効果があった。円キャリートレードの拡大が原動力になり、円はさらに過小評価され、その結果として経常黒字はますます増大していった。

2006年１月にパイ・エコノミクスは「What Explains the Persistence of Global Imbalance」と題する論文を発表した。それはこのことを次のように書いている。

　　「円はパイ・エコノミクスが測定した数値だけでなく、貿易の競争力を測るほとんどの測定値において、実質ベースで20年来の安値を付けているが、これはなぜなのだろうか。現在の経常黒字を考えると対外純資産はすでに持続不可能な状態にある。こんなときにさらに大きな貿易黒字となるように市場が円を価格付けするのは、合理的に考えれば経済学の理論に反する……。
　　その理由は……"キャリートレード"の拡大だ……。2004年３月以降の銀行の対外総資産はおよそ30兆円にまで上昇している。これはロング・ターム・キャピタル・マネジメントの全盛期である1996年８月から1997年12月にかけての水準に等しい。2004年以降、韓国ウォンが対円でおよそ33％も上昇しているのは注目に値する。韓国ウォンは対円では高すぎるように思えるが、今もなお急騰し続けている」

　これは2006年１月に書かれた論文だが、その翌年も円キャリートレードはさらに拡大した。広く引用された2007年１月の論文では、パイ・エコノミクスは円トレードキャリーは優に「１兆ドルを超えた」と推定した。のちに経済コミュニティーもこの推定値を支持している。しかし、2007年１月の時点でも円キャリートレードは拡大の一途をたどり、2007年６月から2008年10月にかけてピークを迎えた。いろいろな指標のピーク時が異なるため、キャリートレードが実際にいつピークを迎えたのかを特定するのは難しい。しかし、2007年６月が変曲点であったことだけは確かだ。なぜなら、その月以降、円キャリートレードの残高はほとんど増えていないからだ。リーマンショックが始まっ

図2.5　日本の銀行の短期対外純資産

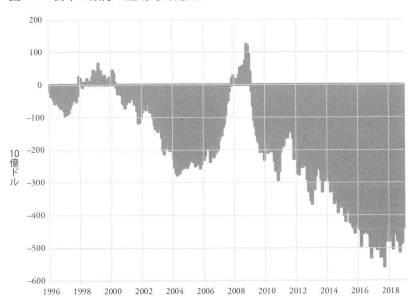

出所＝日本銀行

たのは2007年7月の終わりだが、これは明らかに偶然ではない。金融
危機に先行して起こった世界的な信用バブルで円キャリートレードが
果たした役割と、そのあとの世界経済の崩壊における円キャリートレ
ードのアンワインド（巻き戻し）の果たした役割は、その後の分析で
は過小評価されるか無視されてきた。

　円キャリートレードの指標の1つが、日本の銀行の短期の対外純資
産である（**図2.5**）。このチャートが示しているのは短期の対外「純」
資産（対外資産から負債を差し引いたもの）だ。絶対水準は円キャリ
ートレードの規模の尺度としては無意味だが、短期の対外純資産の変
動はキャリートレードの拡大や収縮を示す方向性指標と考えることが
できる。このチャートからすると、キャリートレードは世界的な信用
バブル（特に後半）では急上昇し、2008〜2009年にかけてのリーマン
ショックでは大きく収縮していることが分かる。

ここで示唆されているように、2007〜2009年にかけてのリーマンショックにおける円キャリートレードの規模が1兆ドルから1.5兆ドルだとすると、円キャリートレードの残高は当時のドルキャリートレードの残高とほぼ同じだったということが分かる。これはおそらくは正しいが、円のファンディング市場がドルのファンディング市場よりも小さく流動性も低く、そのとき日銀がFRBよりも活発さを失った中央銀行であったことを考えると、円キャリートレードはドルキャリートレードに比べて脆弱であったことは確かだ。ファンディング面で見ると、円キャリートレードの収縮と崩壊は2007〜2008年にかけてのキャリートレードの進展において重要な要素であったと思われる。

　リーマンショックの初期には、通貨のキャリートレードの残高はおそらく3兆ドル規模だったと思われる。円もドルも主要なファンディング通貨ではあったが、スイスフランを資金源とするキャリートレードやユーロを資金源とするキャリートレードも存在した。2007年5月、パイ・エコノミクスは、スイスフランによるキャリートレードの残高は1500億ドル程度だったと推定した。ただし、これは過小評価だった可能性はある。当時、スイスフランのキャリートレードはヘッジファンドや投機家ではなく、東ヨーロッパの個人や家族単位で行われていた。なぜなら、自国通貨でお金を借りるよりもスイスフランでお金を借りたほうがローンが安かったからだ。2006年の終わりにはハンガリー居住者が国内の銀行から借りたスイスフランはおよそ200億ドルに達した。ハンガリーという非常に小さな国でさえこれだけのスイスフランが借りられたのである。

　通貨のキャリートレードの崩壊が本格化したのは2008年7月だった。リーマンブラザーズが破綻する2カ月前である。これは**図2.2**などのチャートからも明らかだ。しかし、これは主要な外国為替レートそのものを見たほうがよりはっきりする。**図2.1**を見ると、2007〜2009年にかけてのリーマンショックの前は、キャリートレードの最大のレシ

ピエント国はオーストラリアだったことが分かる。しかし、オースト
ラリアドルは2008年7月に下落し始め、ピークでは0.95ドルを上回っ
たが、10月には0.65ドルにまで下落した。

　しかし、2008年のキャリークラッシュと1998年の初期のキャリーク
ラッシュの最大の違いは、2008年のキャリークラッシュは短命に終わ
ったということだ。オーストラリアドルはその後、0.90ドルにまで戻
し、そのあと1.10ドルで高値を更新した。通貨のキャリートレードの
規模を示した指標チャート（例えば、**図2.2**）も同じことを物語って
いる。2008年当時は非常に恐怖を感じたが、2008年のキャリークラッ
シュは、キャリートレードの未曽有の拡大における単なる「修正」に
すぎなかったことが分かった。

　通貨キャリーの観点から見た伝統的なマクロ経済学的指標からも、
1997～1998年にかけてのアジア通貨危機と2007～2008年にかけてのリ
ーマンショックの違いがはっきり分かる。簡単な公正価値（購買力平
価）分析によれば、アジア通貨危機では危機に陥った国の通貨が大幅
に安くなり、これは長く続いた。これを裏付けるものが経常収支であ
る。1996年の終わり、韓国はGDPのおよそ5％という大きな経常赤字
に陥っていた。しかし、1998年にはGDPの2桁台という大きな黒字転
換を果たした。アジア通貨危機の震源となったタイも同じだ。1996年
の終わりには赤字はGDPの9％に上ったが、1998年後半には12％の黒
字になった。キャリークラッシュはこうしたアジア諸国を競争力のな
い国から非常に競争力の高い国へと変えたのである。

　一方、2008年のキャリークラッシュでは当時の主要なキャリーのレ
シピエント国ではこういったことは起こらなかった。簡単な公正価値
分析によれば、オーストラリアドルやブラジルレアルといったレシピ
エント（ターゲット）通貨は、急激に下落はしたものの、マイルドな
過小評価水準にとどまり、その状態は短期間しか続かず、そのあとす
ぐに大幅な過大評価水準にまで上昇した。オーストラリアの経常赤字

は世界の経済危機が始まった当時はGDPのおよそ7％だったが、オーストラリアドルが大暴落したあと、劇的に改善された。しかし、黒字になるところまではいかず、2009年末から2010年初期には再びGDPの5〜6％にまで赤字が広がった。ブラジルの経常収支は下降トレンドになり、そのまま下落し続けた。

　キャリートレーダーは2008年の金融危機におじけづくことはなかった。多少はおじけづいたかもしれないが、長くは続かなかった。2014年の中盤には通貨のキャリートレードの残高は史上最高値を更新し、4兆ドルから5兆ドル規模にまで拡大した。これは2007〜2008年のピークの150％である。これは**図2.1**に示したようなレシピエント国の銀行データと一致する。前述したように、キャリートレードが史上最高値を更新したとき、ドルキャリートレードの規模は3兆ドルだった。日銀は量的金融緩和政策を採用し、金融市場では円キャリートレードについて多くが議論されたが、円キャリートレードが以前のピークに戻ったという証拠はない。それどころか、ECB（欧州中央銀行）が多くの中央銀行が採用しているゼロ金利と量的金融緩和に方向転換したことで、2013年と2014年にはユーロによるキャリートレードが拡大した。この間、ドイツ、オランダ、スペインの銀行の対外純資産は大きく増加したことは確かであり、これがユーロによるキャリートレードの拡大を示す状況証拠となっている。

　2014年の中ごろまではドルキャリートレードが世界を席巻していたが、そのうちにユーロキャリートレードが台頭してきた。円キャリートレードもわずかながら勢いを保っている。2015年1月15日、スイスの中央銀行がフランの対ユーロ上限の撤廃を決めた。これによってスイスフランキャリートレードは多くの小規模金融機関と通貨トレーダーを巻き込みながら崩壊した。

第3章

キャリー、レバレッジ、クレジット（信用）

Carry, Leverage, and Credit

キャリートレードはレバレッジトレード

　通貨のキャリートレードとは、運用通貨に対する調達通貨の為替レートが比較的安定していることを暗黙の了解とし、それを条件とするトレードである。最も魅力的な通貨キャリートレードでも、為替レートが大きく逆行したら、金利差からの利益は簡単に吹き飛んでしまう。つまり、通貨のキャリートレードは基本的には為替ボラティリティが、少なくとも市場が予測するよりも低いことに賭けるトレードと言うことができる。したがって、通貨のキャリートレードは「ボラティリティを売る」——ボラティリティが下落することに賭けるか、ボラティリティが市場予測よりも低いことに賭ける——トレードと言い換えることができる。

　通貨のキャリートレードもまたレバレッジトレードである。つまり、1つの通貨で借り入れたお金でほかの通貨の金融商品や資産に投資するわけである。したがって、ポジションはトレードに投資した自己資本よりもはるかに大きくなる。金融市場における純粋な通貨キャリートレードでは、自己資本をまったく必要としないこともあるが、前章で述べたように、ハンガリーやポーランドの人がスイスフランで組まれたローンで住宅を買うといったケースに見られるように、東ヨーロ

ッパの人によるスイスフランキャリートレードの場合、資本性のある
リスクを伴うのは明らかだ。ハンガリーやポーランドの家庭では知ら
ず知らずのうちに、自分たちの持っている貯金以上の資本をリスクに
さらしている。スイスフランがハンガリーフォリントやポーランドズ
ロチに対して大きく上昇すれば、ネガティブエクイティ状態（ローン
を借りて取得した対価物を売却しても、借入残額を全額返済できない
状態）に陥る。

　通貨キャリートレードはキャリートレードの一種にほかならない。金
融の世界でのキャリートレードにはいろいろな形態がある。最も顕著
な例は、保険の引き受けだ。保険会社（保険証書の発行者）は保険支
払い対象となる事柄が発生したときに保険金を支払わなければならな
いというリスクを引き受ける代わりに、被保険者から保険料（収入）
を徴収する。CDS（クレジット・デフォルト・スワップ）は対象とな
る企業（借り手）のデフォルト（債務不履行）に対する保険のような
ものだ。CDSの買い手は、対象となる企業が倒産して金融債権や社債
（ローン）に対して支払いができなくなったとき、元本や金利に相当す
る支払いを受けるために保険金を支払う。もし対象となる企業が社債
に対して支払いができなくなったら、CDSの買い手はCDSの売り手か
ら元金や金利を支払ってもらうことができる（CDSの場合、通常の保
険とは違って、買い手はデフォルトに対して保険を掛けた債券やロー
ンを実際に保有する必要はない）。

　株式市場では、株式保有者は株式のプットオプションを買うことで
株式の下落リスクから自らを守ることができる。株式保有者はオプシ
ョン料（プレミアム）を支払い、将来のある期日までにあらかじめ決
められた価格（ストライクプライス。この場合、株式の現在価格以下
の価格）で株式を売る権利を得る。一方、プットオプションの売り手
は、株価がオプションのストライクプライスを下回るリスクを引き受
ける代わりにプレミアム（収入）を受け取る。

　オプションの場合、プットオプションの売り手が引き受けるリスクと原資産価格（株価）のボラティリティが等価なのは明らかだ。株価が大きく変動すれば、株価がある時点でストライクプライスを下回り、プットオプションの売り手が損失を被るリスクは、株価がほとんど変動しないときに比べるとはるかに高くなる。

　あまりよく理解されていないのは、キャリートレードが金融市場で広く普及すれば、それはいつか必ず崩壊するということである。キャリートレードは崩壊するまでは安定したリターン（収入）を提供してくれるという考えは、簡単な保険の例を考えれば直感的には理解することができる。例えば、投資家がある人の豪邸の火災保険を引き受けたとする。その豪邸の所有者はその投資家に６カ月ごとに保険金を払う。豪邸が火災に遭わないかぎり、投資家はほとんど何もすることなく、６カ月ごとに保険金（収入）を得ることができる。しかし、ある日その家が火災に遭って燃えてしまったら、投資家は家の代金を支払わなければならないため、大きな損失を被ることになる。投資家は壊滅的損失を被るまでは安定したリターンを得ることができるのである。

　しかし、このケースの場合、犯罪行為が行われないかぎり、その投資家が保険証書を発行するということと家が焼けてしまうというリスクとの間には関連性はない。２つの事象は完全に独立している。つまり、投資家は多くの家に対して保険証書を発行することでリスクを分散することができるのである。しかし、金融市場では、この種のキャリートレードが成功すればするほど、つまり、大きなリターンが得られれば得られるほど、この種のキャリートレードにはより多くのお金が引き寄せられる。このことによって、いつかこのトレードは崩壊し、壊滅的損失、つまりキャリークラッシュが発生する。

　キャリートレードにより多くの資本が引き寄せられると、キャリークラッシュが必然的に引き起こされる状態が発生するが、その状態というのは過剰なレバレッジと「不均衡」と呼ばれるものである。キャ

リートレードは元来はインカムを得ることを目的とするものだが、キャリートレードが拡大すれば、ターゲット資産（投資先資産）の価値が上昇する傾向がある。こういった資産価値の上昇は、収益や経済成長に対する長期的な見込みといったファンダメンタルズに基づくものではないため、不均衡を生む。つまり、支出とインカムの間で赤字が発生するのである。こうした不均衡は、キャリートレードの資金調達のためにはキャリートレードのさらなる拡大を必要とするようになる。しかし、こういった状態は不安定で持続可能なものではない。キャリートレードがいったん崩壊し始めれば、過剰なレバレッジによってキャリートレードは瞬く間に崩壊する。

信用キャリートレードとリスクのミスプライシング

キャリートレードは流動性を提供するトレードと見ることもできる。見方によっては、キャリートレーダーは2つの機能を果たしている。1つは、保険業者と同じようにリスクを引き受ける機能、もう1つは金融市場におけるマーケットメーカーと同じように市場に流動性を提供する機能だ。通貨のキャリートレーダーはある通貨を借りて、そのお金をもっと高金利の別の通貨で貸す。つまり、高金利の通貨の流動性を提供していることになる。本書でこのあと述べるが、株式市場でのボラティリティの売りは、「押し目で買う」のと同義だ。ほかの人が売らざるを得ないときに買う準備ができているということである。これは株式市場に流動性を提供するという意味でマーケットメークに似ている。

キャリートレーダーがこうした有用な機能を果たしているとするならば、彼らがプラスのリターンを期待するのは理にかなっている。キャリーからのリターンは、保険業者が保険に対して保険料を受け取ることができるのと同じで安定的に入ってくるため、これらのリターン

を得ることで負担しなければならないリスクは、突然の損失が発生するというリスク、つまり、キャリークラッシュである。キャリーからのプラスのリターンが長く続くと、つまり、驚異的なリターンを得るために過剰な資本がキャリートレードに引き寄せられると、問題が発生する。つまり、リスクがミスプライスされるということである。

第2章では、信用バブルのことに触れた。これは、通貨のキャリートレードの観点から言えば、2007～2009年にかけてのリーマンショックのときに発展した。これは金融危機を考えるときの普通の考え方と異なるのは明らかだ。このリーマンショックは、住宅ローン（特に、サブプライムローン）のリスクを見誤った銀行の負債比率が過剰に上昇した結果と見るのが普通だ。ローンバブルを引き起こしたのは巨大な信用キャリートレードだった。ハイリスクな住宅ローンに対する貸し出しが低金利で行われた。リスクをミスプライスする「イノベーション」を生み出したのは、特にCDO（債務担保証券）とCDSを含む急速に発展しつつあったクレジットデリバティブ市場だった。CDOとローン担保証券はローンや不動産担保証券の回収を1つにまとめ、それをトランシェに分割する。評価の最も高いトランシェの保有者は、1つにまとめたローンや証券に発生する金利支払いに対する最初の請求者になり、評価の最も低いトランシェの保有者は残ったものしか請求できない。したがって、評価の最も低いトランシェの保有者は原債務のデフォルトにさらされるリスクは最も高い。

CDOの最も評価の低いトランシェはエクイティ（自己資本）に似ている。しかし、危機のときにはこれらのトランシェは従来のエクイティよりもリスクは高くなる。それまでは、いろいろな信用に内在するリスクは実際よりも相関は低いと想定されていた。アメリカの一部で住宅市場が崩壊すれば、不動産担保CDOのエクイティに相当する部分、つまり銀行の帳簿における残余請求権は実質的にゼロになる。

これは、キャリートレードがあまりに大きなプラスのリターンを長

く得すぎるときに発生するキャリーバブルが、常にリスクのミスプライシングを含むのはなぜかを示した例である。リスクのミスプライシングとは、リスクがこのようなリスクに耐えることができないひ弱なバランスシートを持つ（資金の少ない）投機家や企業に集中することを意味する。リスクのミスプライシングは、こういった投機家や企業が全滅する可能性のあるキャリークラッシュでは明確に現れる。こうした破綻が市場全体に波及することを恐れる中央銀行は市場を安定化させ、ボラティリティを下げ、中央銀行が介入しなければ破産していたはずの一部のキャリートレーダーの損失を減額する。このように中央銀行が短期的に市場を安定させることに成功したことで、キャリートレードはさらに成長する。これは長期的に見れば、リスクをさらに増大させる。

キャリートレードとクレジット（信用）の伸び

キャリートレードがレバレッジトレードというのであれば、マクロ経済的な観点からすれば、キャリーバブルはクレジット（信用）バブルと関係があるはずだ。信用と負債は表裏の関係にある。お金の貸し手に対しては必ずお金の借り手が存在する。この点から言えば、キャリーバブルは負債の増大とも関係がある。広い意味ではこれは正しい。しかし、マクロ経済的にはキャリーと信用の関係はキャリーとレバレッジの関係ほど明確ではない。キャリーはレバレッジを伴うため大きなリターンを期待できるが、それによって前述したリスクの集中を招く。しかし、リスクは、ノンバンクのセクターの負債をまとめたマクロ経済統計のなかで必ずしも把握できるわけではない。

　ここで再び保険のたとえ話に戻ろう。資産をあまり保有していない投機家がさまざまなリスクの保険を売る。何も起こらなければ、彼は保険料を徴収して、それを収入にすることができる。しかし、壊滅的

なことが発生すると、彼は破産し、彼が保険を掛けた人々は損失に対して十分な補償を受けられないことを知る。したがって、彼らは持っている資産を売らなければならない。このケースの場合、集積リスクに含まれる偶発債務はマクロ経済学的な債務統計では十分に説明することはできない。

この例では、所得は保険を買った者から保険業者へ移転する。保険は保険を買った人にとっては資産で、保険の引受人にとっては（偶発）債務とみなすことができる。しかし、テールリスクイベントが発生したときには、どういった結果になるのかはマクロ経済統計ではとらえきれない。

つまり、キャリーバブルは明らかな（マクロ経済統計にはっきりと現れる）クレジットバブルが発生しなくても起こる可能性があるということだ。金融市場のイノベーションがキャリートレードにさらに大きな機会を与え、その結果として、リスクの集中度が増せば、キャリーバブルがクレジットバブルを伴わないで発生する頻度は増える。

だからと言って、キャリーと信用の間に密接な関係がないというわけではない。キャリートレードはレバレッジトレードであり、レバレッジは言い換えれば信用といってもよい。したがって、一般に大きなキャリーバブルはクレジットバブルのなかでも発生すると見るべきである。

これは特に通貨のキャリートレードに当てはまる。通貨のキャリートレードでは、キャリーと信用の関係は経済統計のなかでは驚くほどはっきりしている。最近においてキャリートレードの資本流入のレシピエントだった国の経済データにはこの関係がはっきり示されている。

まずは仮想例を考えてみよう。2つの国（AとB）を想定する。A国は低金利のファンディング国で、B国は高金利のレシピエント国だ。B国の信用需要が常識的水準にある、つまりB国は非常によく成長している国だとすると、B国の企業はA国の通貨で借り入れを行おうと

する。ただし、彼らは為替レートのボラティリティは低いことを想定している。A国で借り入れれば借り入れコストは安くなるので、資本はA国からB国に流れ、B国の通貨は上昇する。したがって、この通貨のトレンドが続くと思う人にとって、A国の通貨でさらに借り入れを行うことはより魅力的に見える。A国から低金利で借り入れができることでB国の経済はさらに強くなり、おそらく不動産や金融資産の価格バブルが周期的に発生するだろう。これによって、資産価格、特に不動産価格は上昇し、その結果として、B国の銀行からの借り入れも増える。好景気になるとインフレ率の上昇によって、B国の実質金利は低く見えるため、B国の銀行からの借り入れはさらに増える。

この種のキャリーバブルは、金融情勢が逼迫している国よりも緩和的な国にとってうまく機能してきた。つまり、金融情勢が緩和的な国のほうがお金を引きつけやすいということである。例えば、リーマンショックのあと、キャリーバブルはブラジルよりもトルコでうまく機能した。「うまく機能する」というのは、バブル経済が生まれることを意味する。

キャリーのレシピエント国の金融情勢が緩和的というのは、経済サイクルの成長が著しく、基調的なインフレ率が高いことを意味する。例えば、高金利のレシピエント国であるB国の金利は10%だが、経済成長が著しく、基調的なインフレ率もまた10%だと、実質金利はゼロになる。実質金利がゼロだと、たとえ国内通貨で借り入れをしても、不動産バブルが起こりやすくなり、ほかの投機的投資も盛んになる。B国は名目金利が比較的高いのでキャリーによる資本流入を呼び込む。しかし、好景気になると国内の信用需要もまた拡大する。一方、実質金利が高い（名目金利はさらに高い、または基調的なインフレ率が低い）と、国内での信用需要はあまり伸びない。キャリーの資本は高い名目金利に引きつけられるが、これは持続しないことが多い。なぜなら経済が弱まると、金利は低下するからだ。

　これらを総合的に考えると、キャリーのレシピエント国では、キャリーによる資本流入と信用拡大との間には関係があると見るべきである。いったん国内の信用が大幅に収縮すれば、キャリーの資本を呼び込むのは難しくなる。しかし、キャリーによる資本流入が限定的に続けば、金利スプレッドはたちまちのうちに縮まる。こうなると金利上昇は維持できなくなり、キャリークラッシュが発生する可能性が高く、キャリーの資本は突然引き揚げられる。

　図2.1は最近のキャリーの主要なレシピエント国に対する、BIS（国際決済銀行）に報告義務のある銀行（グローバルな銀行のほとんど）の純貸出額を示したものであった。このデータが各レシピエント国に対するキャリーの資本流入の相対的な大きさを示しているという点では、最近のキャリーの主要なレシピエント国には中国、オーストラリア、ブラジル、トルコ、インド、インドネシアが含まれることを示している。これらの国のなかでもとりわけオーストラリアはキャリーによる巨額で持続的な資本流入を呼び込んだ。その額はキャリートレードのグローバルサイクルを示すほかの指標とも一致する。オーストラリアは通貨キャリーの観点で言えば、世界的なキャリーバブルを牽引した国と見ることができる。これは第2章で議論したオーストラリアドルの動きにも見て取れる。

　したがって、オーストラリアのキャリーによる資本流入と信用拡大の関係は非常に興味深いものだ。これを示したものが**図3.1**である。キャリーによる資本流入を示す元データは、BISに報告義務のある銀行のオーストラリアに対する純貸出額を示した**図2.1**である。ただし、**図3.1**はオーストラリアに対する純貸出額の残高（金額）ではなく、年間変化率を示している。第2章でも述べたように、任意の国に対するグローバルな銀行の純貸出額はその国のキャリートレードの残高を測定したものではない。純貸出額とキャリートレード残高はオーバーラップしている部分がある。しかし、方向性としてはこの指標の動きと

図3.1　オーストラリアの信用の合計と１年ずらしたグローバルな銀行の純貸出額

—— オーストラリアのノンバンクのセクターへの信用（年間変化率。左の縦軸）
—— 銀行のオーストラリアへの純貸出額（年間変化率を１年ずらしたもの。右の縦軸）

出所＝BIS

　実際のキャリートレードは一致している。したがって、キャリートレード残高の代理としての変化率は、キャリートレードの資本の流れ（キャリートレードに起因する資本の流れ）をつかむうえでの良い指標となる。

　キャリートレードの資本の流れとオーストラリアの全体的な信用の伸びを比較してみよう。この場合の信用には、銀行信用だけでなく、オーストラリアの国民、企業、政府、オーストラリア在住のそのほかのノンバンクのすべてに対するすべてのタイプの信用が含まれる。海外からの通貨キャリートレードを含むキャリートレードの直接的な結果としての信用もこの信用尺度に含まれる。したがって、**図3.1**のチャートの２つのデータには若干の重複もある。しかし、キャリーの各レシピエント国においてはキャリートレードによる資本流入と信用の拡

大の間には時間的なずれがあることが分かったので、キャリートレードによる資本流入を1年ずらしてプロットした。

　キャリートレードによる資本流入を1年ずらしたときのずれは、キャリートレードがオーストラリア国内の信用拡大の原動力になってきたという理論を裏付けるものだ。そのほかのキャリーのレシピエント国に対しても同じことが言える。さらに、この時間的なずれは、グローバルな銀行の純貸出額に関するBISデータは通貨のキャリートレード残高の代理になるという考えを裏付けるものでもある。

　図3.1にはオーストラリアの信用の拡大とキャリートレードが逆行している期間が3つある。2004〜2008年の期間は、おそらく「逆行現象」という言葉は適切ではない。この期間、キャリートレードによるオーストラリアへの資本流入は強かったが、信用の拡大はもっと強かった。これはキャリーによる国内の信用ブームの仮想例で示した典型例だ。キャリーバブルが国内の信用ブームを引き起こし、その結果としてキャリーバブルはますます大きなものになる。これは国内の信用が拡大して、キャリーの資本が呼び込まれたため、金利スプレッドが高く維持されたことを示す。データはこれを示している。2002〜2005年にかけてはオーストラリアとアメリカの10年物金利のスプレッドは1.0％から1.5％で推移したが、2007年の終わりには1.5％を上回った。

　2014〜2015年にかけてのキャリーが世界的に収縮した2番目の時期における逆行は説明が難しい。この時期、金利スプレッドは縮小し続けた。3番目の期間は、新たなキャリーバブルが始まった2015年の終わり以降の期間である。キャリートレードによる資本流入は急激に復活しているが、それに伴って国内の信用が復活することはなく、むしろ弱まっていった。金利スプレッドも縮小し続けた。

　最後の期間には、資本がオーストラリアから引き揚げられることはなく、ますます流入したように思える。オーストラリアでは資本需要が限定的であったにもかかわらず、オーストラリアには多くの資本が

流入した。これは、この段階では世界的なキャリーバブルはアメリカ内で発生し、ドルは下がりオーストラリアをはじめとするレシピエント国の通貨は上昇したという考えに一致する。この段階における世界的なキャリーバブルを引き起こす原因となったのはアメリカ市場でのボラティリティの売りだった。これについては本書でこのあと詳細に説明する。

しかし、ここでの教訓は、世界的なキャリーバブルは、ただ1つの要素――たとえそれが世界の金融市場で最も重要なアメリカ市場におけるボラティリティの売りだとしても――だけでは維持することは難しいということである。巨大で長期にわたって続くキャリーバブルを持続させるには、世界のさまざまな地域における信用の拡大が不可欠である。キャリーが長期にわたって持続したとすると、そこには目に見える信用バブルが必ず存在する。

トルコのキャリーバブルとその崩壊

オーストラリアへの資本流入と信用の拡大サイクルとその通貨の動きがグローバルキャリーの長期サイクルの盛衰を表す良い指標であったという点では、オーストラリアはグローバルな通貨キャリートレードを見るうえでの良い指標となった。しかし、トルコは常軌を逸した極端なケースだった。トルコはキャリートレードが最も長く続いた国である。トルコでのキャリートレードはバカげていると思えるレベルにまで拡大した。経済的不均衡が極端に大きく、政治情勢が非常に不安定であるという明確な兆候があるにもかかわらず、トルコへのキャリートレードによる資本流入は続いた。

図3.1はオーストラリアのデータだったが、**図3.2**はトルコの同じデータを示したものだ。唯一の違いは、時間的なずれが**図3.1**は1年だったが、**図3.2**はわずか半年だった点だ。少なくとも2018年のキャ

図3.2　トルコの信用合計と半年ずらしたグローバルな銀行の純貸出額

― トルコのノンバンクのセクターへの信用（年間変化率。左の縦軸）
― 銀行のトルコへの純貸出額（年間変化率を半年ずらしたもの。右の縦軸）

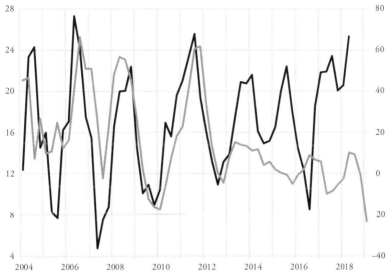

出所＝BIS

リークラッシュまでは、短い（半年）時間的ずれと、キャリーによる資本流入と信用サイクルの驚くべき高相関は、キャリートレードがトルコの信用の拡大を推進し、ボラティリティの高いサイクルを生み出したことを示している。

　トルコのキャリートレードとオーストラリアのキャリートレードとの違いは、トルコのキャリートレードは2016年にそれほど大きく回復しなかったことである。それどころか、2016年のトルコのキャリートレードは縮小した。トルコの国内の信用の拡大は2016年には堅調であったにもかかわらず、キャリートレードは縮小したままだった。つまり、政治的不安（クーデター未遂事件を含む）と経済的不均衡が長期にわたって深刻化していたことを不安視して、トルコのキャリートレードへのリスク回避が高まったのではないかと思われる。

経済史以前、トルコは大きな外貨建債務を抱え、常に赤字の経常収支は短期資本で賄われ、急激な信用の拡大は続き、大きな不動産バブルが発生し、インフレ率は高かった。トルコは1997～1998年のアジア通貨危機に似た危機状態になって久しかった。しかし、高利回りを求める資本は年々トルコに流入し続けたため、経済は回り続け、バブルは巨大化の一途をたどった。トルコは、世界経済の全体像のなかで見ると、2007～2009年のリーマンショックのあとに発生したキャリーの世界的バブルの威力と規模を立証する最大の国である。

　トルコから得られる教訓は、グローバルなキャリーバブルはその裏にある深刻な経済問題を覆い隠してしまうということだ。標準的なマクロ経済的統計値を用いるアナリストは、危機が影響を及ぼすその瞬間まで、危機を予測することができない。例えば、対外債務のGDP（国内総生産）に対する比率といった経済の健全性を測る標準的な指標は、キャリーバブルによって大きくゆがめられる。キャリーバブルとは、大きな資本が高金利の国に流れ込むことを意味する。例えば、2016年までは長年にわたってトルコがそうだった。これによってその国の通貨は上昇し、過大評価が進む。すでに述べたように、為替レートの比較的堅調なトレンドはより多くの資本をレシピエント国に呼び込むだけだ。なぜなら、キャリートレーダーは大きな金利差から利益が得られるだけでなく、そのトレンドが続けば為替の動きからも利益が得られるからだ。

　その国のキャリーのレシピエント国としての地位を支える持続的な高金利は、高いインフレ率と関連づけて考える必要がある。例えば、2002年の終わりからリーマンショックがクライマックスを迎えた2008年8月までの期間、トルコの消費者物価指数（IMF［国際通貨基金］による測定値）は83％も上昇した。この間のアメリカの消費者物価指数の上昇はわずか20％だった。これは大きな違いだ。時には急速に成長する発展途上国では貿易の競争力を損なうことなく、消費者物価の

インフレ率は上昇するが、こういったインフレ率の大きな格差は、貿易の競争力を維持する必要があるという点から、通貨の下落で相殺されるのが普通だ。ところが、同時期、トルコ通貨であるリラは上昇した。少しの上昇ではなく、35％も上昇した。

　これは競争力の大きな低下を意味する。しかし、キャリートレードによって資本は絶え間なく流入し、これによって国内の信用は拡大し、通貨は支えられたため、競争力は当面は維持できるように見えた。信用バブルと高インフレとによってトルコのGDPは急上昇した。リラは対ドルでも上昇していたため、ドル価で見た成長率はもっと高かった。

　2002年末現在のトルコの年間のGDPはおよそ2400億ドルだった。リラが依然としてピークに近かった2008年の第３四半期にはGDPは8000億ドルを超えた。わずか数年で３倍以上の増加だ。もちろんこんなに高い成長率を維持できるはずはない。そのあとリラが下落し始めると、GDP（ドル価）も下落した。しかし、これによってトルコのマクロ経済統計値は実際よりもよく見えてしまうという現象が発生した。GDPのドル価は、GDPに対する比率で見た対外負債やGDPの比率で見た経常赤字などの債務の持続可能性を測る尺度の分母である。GDPのドル価が非常に高いとき、これらの比率はとても良好に見えるが、キャリークラッシュで通貨が暴落すると、突然最悪な数値に変わる。しかし、これらの指標を事実だと思った投資家にとっては時すでに遅しだ。

　2002〜2008年にかけて、トルコの経常収支における国際収支はかろうじてバランスのとれた状態から、GDPのおよそ5.5％という大きな赤字に転落した。しかし、GDPのドル価の大幅な上昇がなければ、赤字はもっと大きくなっていただろう。こうして、問題は先延ばしにされた。トルコのGDPに対する対外負債の比率も同じようなものだ。GDPのドル価が大きく上昇したため、トルコのGDPに対する対外負債は2008年には40％という適正範囲にあり、1994年と2001年に発生した経済危機のときの60％に比べるとはるかに低かった。しかし、トルコリ

ラの実際の為替レートではなく公正価値の推定値で置き換えて計算し直すと、比率の計算に使われたGDPのドル価は大幅に低くなるので、GDPに対する対外負債の比率は2008年で70％以上になり、以前の危機のときの水準を上回る。その後、トルコリラの為替レートは下がり、そのときの為替レートで計算した実際の対外債務の比率は60％水準にまで下落した。

　2018年、トルコリラは深刻なキャリークラッシュのなかで必然的に下落した。多額のドルを借りていたトルコの企業は倒産した。トルコの話はそのうちに時代遅れになるかもしれないが、キャリーの台頭の波及効果を無視する政策立案者に対する警告、そしてキャリーの台頭とグローバル化を積極的に推進することに対するより大きな警告になるだろう。

第4章

キャリーの規模と
その投資戦略としての収益性

Dimensions of Carry and Its Profitability as an Investment Strategy

通貨キャリーに対する学界の関心の高まり

　キャリー戦略は規模が拡大しているだけでなく、さまざまな金融市場に拡大している。その歴史を振り返ると、将来的にどういったことが予想できるかが分かる。

　学術研究者たちは、高金利の通貨は低金利の通貨よりも上昇する傾向があることを示す分析結果を示して、40年も前から通貨キャリーで利益が得られることを論文に書いてきた。これは、通貨の期待リターンが同じであることを仮定したカバーなしの金利平価説（UIP）に反する。この仮定の下では、金利の上昇は為替レートの予想される下落を補償する役割を果たすため、投資家は低金利の通貨を保有していても高金利の通貨を保有していても、収益は同じになる。しかし、学術研究者たちの初期の分析は、スイスフランなどの低金利の通貨で調達した資金を、オーストラリアドルのような高金利の通貨に投資すれば、金利差調整額（キャリー。インカムゲイン）と為替の変動（キャピタルゲイン）の2つから収益を得ることができることを示していた。

　一方で、なぜカバーなしの金利平価説に反する現象が発生するのかはずっと謎だった。研究者にとっての謎はトレーダーにとっては利益を意味したため、学界ではこの謎を解くための研究がすさまじい勢い

で増加していった。例えば、ダニエル、ホドリック、ルーの2014年の論文では過去10年におけるキャリートレードの利益を説明する少なくとも20の説明が提示されている（ケント・D・ダニエル、ロバート・J・ホドリック、チョンチン・ルー、「ザ・キャリー・トレード［The Carry Trade : Risks and Drawdowns］」、NBERワーキングペーパー、No.w20433、2014年8月）。

　この論文における説明のほとんどはリスクに基づいたものだ。つまり、キャリートレードの利益はフリーランチではなく、一定の金融リスクを引き受けることに対する報酬であるということである。リスクのなかには、大きな損失を被る可能性があることが含まれる。つまり、ボラティリティが高く、流動性が低く、安全に対する需要が上昇し、ほかのリスク資産のパフォーマンスが低いという「悪い」状態では、損をする可能性が高いということである。

　私たちはこの論文の要旨には賛同する。キャリートレードはリスクの高いものであり、これらのリスクの性質は極めて重要だ。実証的証拠によれば、通貨キャリーのリターンはボラティリティの売りトレードに共通する期待パターン——小さなプラスのリターン（リターンが正規分布に由来するときに予想されるものと比較した場合）が異常に多く、金融危機のとき、つまりキャリークラッシュのときは大きな損失が発生する——に一致する。

　学術論文では取り上げられることは少ないが、私たちにとって非常に重要なテーマは、キャリーのリターンとそのあとの政府の方針との相互関係である。損失は景気の「悪い」ときに発生することが多いため、中央銀行は経済を安定化させるための政策を実行する。これによって一般にキャリーの損失は軽減され、それらの損失を巧妙に市場の最も洗練されていない分野に集中させる。これは本書の後半の中心的テーマである。

　ほとんどの学術研究によれば、通貨キャリーのリターンは、ほかの

人がとりたがらないリスクを引き受けることへの報酬である。これらのリスクの一部を、たとえ意図的ではないにしても、引き受けることで、中央銀行はキャリーを通貨市場を超えてあらゆる市場に拡大させてきた。今やキャリーは世界的な信用サイクルの立役者となり、金融市場を安定させるためのリスクファクターとして重要な役割を果たしている。本章では、通貨キャリートレードの歴史を通して、将来的に起こる金融危機の特徴となるリスクのことをもっとよく理解していきたいと思う。

キャリーポートフォリオの構築

　通貨キャリーのリターンの歴史を学ぶ正しい方法はない。研究者たちは最初は為替レートの統計分析を始めたが、やがて、実際のポートフォリオに近い仮想的ポートフォリオのリターンの研究へと移っていった。私たちはキャリー拡大の実際の結果に焦点を当てているため、ヒストリカルリターンの分析においては、バックテストは歴史を完全に複製できないことを認識しつつ、できるだけ現実に近い形で行いたいと思う。したがって、分析は、実際に複製できるシンプルかつ現実的なルールを使って構築した通貨キャリーの仮想ポートフォリオのバックテストを基に行う。バックテストをどのように行ったかについては、本章最後の囲み記事（「通貨キャリーのバックテスト」）を参照してもらいたい。私たちのバックテストでは、ほかのタイプのキャリーにも共通すると思われる通貨のキャリートレードの主要な特徴に焦点を当てている。

　私たちの通貨キャリーのポートフォリオはロング・ショート型だ。ショートする通貨で借り入れを行い、ロングする通貨で預金するという戦略が考えられる。ショートする通貨の加重平均金利はポートフォリオの資金調達コストであり、ロングする通貨の加重平均利回りが金利

収入である。これらの差がポートフォリオのキャリーである。

　適度なレバレッジ——例えば、１ドルの資本に対して１ドルをロングして、１ドルをショートする——を使ってこのように構築した通貨キャリーのポートフォリオは、検証期間である1986〜2018年までの期間では年次リターンはわずか2.0％である。この戦略のボラティリティも年間５％以下（５年物Ｔノートとほぼ同じ）と適度なものだ。これら２つの数値（リターンとリスク）の比率——アセットマネジャーの間ではIR（インフォメーションレシオ）と呼ばれている——はおよそ0.4である。

　IRは堅実だが、絶対リターンは低い。アセットマネジャーはこれをどう考えればよいのか頭を悩ます。リスクとリターンのトレードオフは良いように思えるが、絶対リターンが低すぎる。このような場合、解決法の多くはレバレッジをもっと上げることだ。そうすれば絶対リターンは上昇する。しかし当然ながら、トレードオフの結果として、リスクも上昇する。

　なじみのアセットクラスと比較できるリターンを得るために、レバレッジを1000％にすることにした（１ドルの資本に対して、５ドルをショートして、５ドルをロングする）。すると年次リスクは、S&P500とほぼ同じ15％になる。1000％のレバレッジは高すぎるように思えるかもしれないが、通貨先物の典型的な担保要件を考えると、これは通貨市場では可能だ。

通貨キャリーの堅実なヒストリカルリターン

　図4.1は1986〜2018年までの検証期間にわたってこの戦略に１ドル投資したときの累積リターンを示したものだ。このキャリーポートフォリオはリターンが高い時期が２つあり、リーマンショックのときは大きなドローダウンに見舞われ、2009年に再び上昇し、そのあとはほ

図4.1　仮想的な通貨キャリー戦略の累積リターン

出所＝データストリーム、グローバルファイナンシャルデータ、著者による算出値（パラメーターについては章末の囲みを参照）

ぽ平坦に推移している。**表4.1**はこれらの期間におけるこの戦略の年次リターンを示したものだ。

　図4.1の「先進国と新興国の通貨」の検証では、新興国の通貨はデータが入手可能で、BIS（国際決済銀行）が報告した一定の閾値に達した取引量の通貨が含まれている（詳しくは本章末の囲み記事を参照）。新興国の通貨を含むことで、高金利の通貨でロングポジションを取る機会が増えるので、リターンは上昇するはずだ。しかし、リーマンショックの最中やそのあとは新興国の通貨は先進国の通貨に対して下落する傾向があるため、これらの時期にこれらの通貨を含めてもリターンは上昇しない。先進国だけの通貨を含む戦略も最近のリターンは良くない。

　2007年までは、通貨キャリー戦略は堅実なリターンを生み出してい

表4.1 通貨キャリー戦略の年次リターンと標準偏差（リスク）

	先進国と新興国の通貨を含む戦略		先進国の通貨のみを含む戦略	
	リターン	リスク	リターン	リスク
1986-2007	8.1%	16.8%	7.9%	16.7%
2008	−11.0%	12.2%	−23.1%	19.7%
2009	11.9%	8.8%	16.6%	13.9%
2010-2018	−0.3%	6.6%	0.1%	7.7%
全期間	5.2%	14.4%	4.9%	14.9%

出所＝データストリーム、グローバルファイナンシャルデータ、著者による算出値

た。したがって、通貨キャリー戦略に投入される資本が増加してきた
が、それは驚くには当たらない。多くの投資家は通貨キャリー戦略に
はクラッシュリスクが含まれていることは知っている。したがって、
2008年の激しいドローダウンは想定内だった可能性は高い。この戦略
に従って「押し目で買った」人は2009年に報われ、戦略がダメになっ
たという心配は和らいだ。したがって、通貨キャリーはこの後も拡大
するだろうと考えても不思議ではない。しかし、その後は平坦なリタ
ーンが長く続き、そのうえこの戦略に対する注目が高まったため、投
資家のなかには通貨キャリーの長期的な実行可能性について考え直す
人もいるかもしれない。

景気が悪いときには損失が発生する

　本書のテーマは、キャリー戦略の規模が拡大し、通貨市場からほか
のアセットクラスにも拡大してきたことについて考察することである。
キャリー戦略はボラティリティの売り戦略であり、ボラティリティが
急上昇するのは金融危機のときなので、キャリー戦略の損失は不都合
なときに大規模に発生する。通貨キャリーのこの歴史を見れば、キャ
リーポートフォリオが生み出すリターンのパターンというものをもっ

と詳細に見る必要があることが分かる。

　通貨のキャリートレードの日々のリターンの標準偏差は１日当たり１％を下回る。日々のリターンの平均は２ベーシスポイントをわずかに上回る程度である（先進国のみを含む戦略の日々のリターンの平均は0.022％で、日々の標準偏差は0.92％である。一方、新興国も含めた場合の数値はそれぞれ0.023％と0.89％である）。リターンが正規分布に従うとするならば、これらのリターンの21％は、0.5％以下の小さなリターンであることが予想される。事実、小さな利益は頻繁に――３分の１を上回る確率で――発生している。

　一方、正規分布を前提とするならば、３％を上回る損失は11年に１回程度の頻度でしか発生しないはずである（私たちのサンプル期間で言えば３回）。しかし、このポートフォリオでは日々の損失が３％を上回ったのは77回あった。これは33年間ではそれほど多いとは言えないが、私たちの予想の25.7倍だ。実は、通貨のキャリートレードのリターンは正規分布には従わない。キャリーのリターンは正確に言えば、小さなリターンが多く発生し、時折大きな損失に見舞われるといったのこぎり歯状のパターンになることが多い（正規分布に従った場合と比べると、小さな損失も大きな利益も私たちの予想を上回る頻度で発生する。しかし、小さな損失と大きな利益のトレードオフは小さな利益と大きな損失のトレードオフほど明白ではない）。

　為替レートが安定しているときは、キャリー戦略は定義に従えば利益になる。ショートボラティリティポートフォリオと同様に、キャリー戦略は「何も起こらない」ときに利益が出る。逆に、ボラティリティが高いときはキャリー戦略のパフォーマンスは悪くなる傾向が高い。**図4.2**はこれを示したものだ。まず、キャリートレード戦略の月次リターンを算出し、それを最高のものから最悪のものまでランク付けする。このランキングに基づいてリターンを十分位数でグループ分けする。第１十分位数にはトップ10％の月次リターンが含まれ、第10十分

図4.2　月次リターンのメジアンを十分位数でグループ分けしたもの

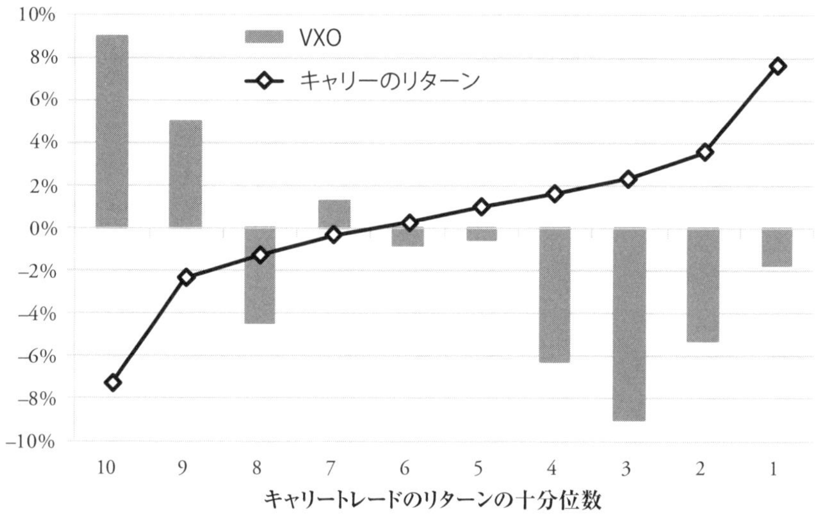

出所＝データストリーム、グローバルファイナンシャルデータ、CBOE、著者による算出値

位数にはボトム10％のリターンが含まれる。

　図4.2に示したものは各十分位数のキャリートレードのリターンの
メジアンで、このチャートにはアメリカの株式市場のインプライドボ
ラティリティ（CBOEのVXO指数）の変動率のメジアンも表示してい
る（もっとよく使われるVIX指数の算出が始まったのは1989年なので、
ここではVXO指数を使った。VIX指数とVXO指数の月々の変化率は
0.96という高い相関を持つため1989〜2018年までの間でVIX指数を使
っても同じ結果になる。VIX指数とマーケットボラティリティについ
ては第6章で説明する）。リターンの平均ではなくメジアンを使ったの
は、結果が少数の例外的なイベント（例えば、1987年10月に発生した
ブラックマンデー）の影響を受けないようにするためである。キャリ
ートレード戦略のリターンが最低の月（第10十分位数）は、マーケッ
トボラティリティが急上昇したためと考えられる。リターンが最高の
月はボラティリティが低下したためである。

　VIX指数やVXO指数を算出する基準となるS&P500そのものでも似たようなパターンが見られる。通貨キャリーポートフォリオのリターンが最悪の月は株式市場のリターンがマイナスであったこととも関係がある。一方、キャリートレードのリターンが良いとき（第1十分位数～第5十分位数）は、株式の月次リターンのメジアンは1.5％から3％以上である。

　図4.2では各十分位数のキャリーのリターンのメジアンを結んだ実線がよじれているが、これも興味深い。両側の十分位数のリターンのメジアンは隣接グループのリターンのメジアンから大きく乖離している。つまり、キャリートレードのリターン分布はファットテールであることを意味する。

　私たちはリスクマネジャーの視点からもキャリートレードのリターンを分析してみた。レバレッジポートフォリオのマネジャーは一定の大きさの損失が出たらポジションを減らさなければならないのが一般的だ。リスクの限度を10％に設定し、前の最高値から10％下落したキャリートレードを割り出してみた。33年間のバックテスト期間においては、通貨キャリーポートフォリオがこのドローダウン水準に達したことは42回あった。**図4.3**はこの期間におけるS&P500のリターンとVXOの変動をチャート化したものだ。

　この図からは興味深い2つの特徴が分かる。この期間におけるドローダウンのパターンとドローダウン期における金融情勢のゆがみである。横軸は個々のドローダウンが終了した日を示している。この戦略の最初の10年で、10％のドローダウンが33回発生している。そのあとの23年間ではそういったドローダウンはわずか9回しか発生していない。しかし、最近のドローダウンは、株式市場のボラティリティの上昇とリターンの大幅な低下と関係があるため、大きい（最後のドローダウンは例外だ。なぜなら10％のドローダウンは18カ月にわたって続き、それまでで最長のドローダウンだからだ。この18カ月における

図4.3 通貨キャリーのドローダウン期におけるインプライドボラティリティの変動と株式リターン

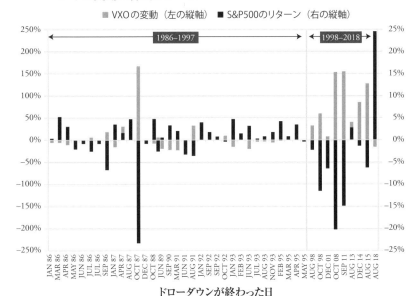

出所＝データストリーム、グローバルファイナンシャルデータ、CBOE、著者による算出値

S&P500のリターンは非常に高く、ボラティリティは低かった。もっと詳しく見てみると、キャリー戦略は17カ月にわたる若干マイナスのリターン期があり、そのあと2018年8月に7％下落した。これはトルコリラが約40％下落した時期と一致する。当時、リラはキャリー戦略のポートフォリオのなかで最大のロングポジションだった。この時期、インプライドボラティリティ［VXO指数］はおよそ5％上昇した。これはボラティリティが上昇したときのキャリートレードのドローダウンの値に一致する。しかし、これはボラティリティのマイルドな上昇にすぎず、同時期、S&P500は約3％上昇した。全体的に見ると、これはグローバル的にも悪い時期ではなく、ブラジルや南アフリカなどのほかの新興国にも若干波及したが、1つの新興国の緊張を示すエピソードにすぎなかった）。

68

　これを説明する１つの方法として、私たちのバックテストには新興
国市場も含めた。ポートフォリオは10の先進国の通貨からスタートし
て、データが入手でき次第、新興国市場の通貨を加え、最終的にはポ
ートフォリオは29の通貨で構成されるものになった。ポートフォリオ
のポジションを増やすことで、戦略は分散され、ドローダウンは減少
した。もう１つの説明は、新興国市場の通貨は高金利であることが多
いため、キャリー戦略は新興国市場の通貨をロングして、先進国の通
貨はショートする傾向があるというものだ。新興国市場の通貨はグロ
ーバルな株式市場に非常に敏感で、最近のドローダウンはボラティリ
ティの急上昇とS&P500の下落によるものと考えられる。

　ところが、先進国の通貨だけに限定したバックテストも同じパター
ンを示しているのだ。ポートフォリオのドローダウンの大部分は最初
の10年で発生しており、最近のドローダウンはボラティリティの急上
昇と、株式市場の下落がその要因だ。つまり、キャリーのリターンと
金融情勢の悪化とを関連づけるものとして、新興国市場をバックテス
トに含める必要はないということになる。

　このチャートにはキャリートレードの損失と金融情勢との関係のス
キューも示されている。キャリートレードの損失は、キャリートレー
ドの損失がS&P500の上昇とボラティリティの低下に関連づけられる
ときよりも、S&P500の下落とボラティリティの上昇とに関連づけられ
るときのほうがはるかに大きくなる傾向がある。これらの比較を行う
ときは注意が必要だ。なぜなら、チャートのヒストグラムは期間が３
日から168日までのばらつきがあるからだ。しかし、リスク管理の観点
から言えば、キャリーポートフォリオのパフォーマンスが悪いときは、
ほかの資産市場のパフォーマンスも悪いということが言える。つまり、
キャリー戦略はほとんどの金融ポートフォリオのリスクを減らすので
はなく、増幅させるということである。

高まりつつある通貨キャリートレードと株式キャリーとの相関

　キャリーのドローダウンは金融市場が不況のときに発生する。それならば、経験則から言えば、キャリーのドローダウンは実体経済が不況のときにも発生すると言えるのだろうか。簡単なリサーチデータからの証拠はあるが、決定的なものとは言えない。GDP（国内総生産）や工業生産成長率といった実体経済を表す尺度はそうたびたび測定されるわけではないため、私たちは長期にわたる実体経済の尺度と通貨キャリートレードのリターンとの関係を調べてみた（グローバルな実体経済の代理として、アメリカのGDPと工業生産成長率を使った）。例えば、キャリーポートフォリオのリターンが最悪だった重複しない6カ月期間をランキングし、実体経済がそれに連動して下落しているかどうかを調べた。両者には明確な相関はなかった。

　これらの期間における工業生産成長率のメジアンは1％を上回った。これは、6カ月期間を無作為に選んだときに期待される数値に近い。極端なリターンだけを見ても状況は変わらない。通貨のキャリートレードのリターンが最悪だった10回の6カ月期間では、工業生産成長率がマイナスだったのは2回だけである。それに、キャリートレードのリターンは不況のときに必ずしも悪いわけではない。私たちのバックテスト期間では3回不況が発生したが、最初の2回の不況のときはキャリーポートフォリオのリターンはプラスで、リーマンショックのときの不況では2.7％のマイナスだった。

　もちろんこれはキャリートレードのリターンと実体経済との実証研究に基づく関係を見るうえで決定的なものではない。一定の状況の下では、通貨キャリートレードのドローダウンが実体経済の減速の引き金か、前兆になることはある。例えば、キャリートレードはグローバルな信用創造において重要な役割を果たすようになったため、信用状

態が逼迫すれば、数四半期あとの不況の引き金になるかもしれない。その
ためには国ごとにキャリーと信用との関係（どちらがどちらの引き
金になるか）をもっと詳しく調べる必要がある。前の第3章ではそう
いった時間的なずれについて、主要なキャリーレシピエント国におけ
る状況証拠を提示した。

　本書の後半（第8章）では、キャリーは広範な意味においてビジネ
スサイクルの原動力になっていることについて論じる。しかし、金融
市場はますます複雑化し、キャリートレード（ボラティリティの売り
トレード）は、通貨市場だけでなく、株式市場、社債市場、コモディ
ティ市場、住宅市場と、どの市場ででも行うことができる。さまざま
なキャリートレード間の相関は時間がたてば必ずしも一定値に落ち着
くわけではない。例えば、S&P500市場のキャリートレードが拡大して
いるのに、少なくとも一時的にはコモディティ市場でキャリートレー
ドがクラッシュすることもある。たとえ広範な意味においてキャリー
がビジネスサイクルに影響を与えるとしても、どの1つのタイプのキ
ャリートレードも経済と高い相関を持つのかどうかははっきりとは分
からない。これについてはあとで詳しく調べる。

　こうした理論があるにもかかわらず、提示された証拠によれば、通
貨キャリー戦略のパフォーマンスが悪いときは、株式市場のボラティ
リティは高いという傾向がある。これについての確証を得るために、通
貨のキャリートレードの月次リターンとCBOE（シカゴオプション取
引所）が作成したシンプルな株式キャリー戦略の指数の相関を調べて
みた。

　CBOEは、オプション価格から予想されるボラティリティは、オプ
ションの期間中の実際のボラティリティ（第9章で説明するボラティ
リティ構造の特徴を参照）よりも高い傾向があるという事実を検証す
るために、さまざまなシンプルな戦略（https://www.cboe.com/us/
indices/indicessearch/）を作成した。ここで検証する2つの戦略は、

図4.4 通貨キャリートレードのリターンとCBOEのショートボラティリティ戦略の相関係数

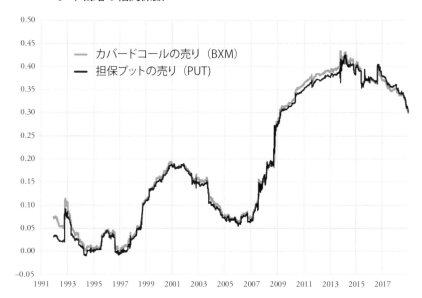

出所＝データストリーム、グローバルファイナンシャルデータ、著者による算出値

プレミアムを得るためにオプションを売って、株式市場のボラティリティがオプション価格から予想されるボラティリティよりも低いときに利益になるキャリー戦略だ（1つはBXM戦略で、これはS&P500株価指数ポートフォリオを買って、その指数の期近オプションを売るというもの。もう1つはPUT戦略で、これはマネーマーケットアカウントを担保にしてS&P500のプットオプションを売るというもの）。つまり、これらの戦略はボラティリティの売り戦略ということである。図4.4は通貨のキャリー戦略のリターンと5年のトレーリング期間で測定したCBOE指数（BXMとPUT）の月次変動の相関係数をトラッキングしたものである。

　こういったCBOE指数が存在するのはそれ自体非常に興味深い。CBOEが初めてショートボラティリティ指数を作成したのは2002年で、

それ以降いろいろな指数を作ってきた。これはCBOEがさまざまな戦略の潜在的利益とリスクを推定するためのヒストリカルデータを提供することで、ボラティリティリスクプレミアムをとらえたいという投資家の関心の高まりに応えたものであることは明らかである。

　図4.4を見ると、私たちのバックテストの最初の10年では通貨キャリーと株式キャリーの相関は低かったことが分かる。これは、1986〜1995年までの期間における10%のドローダウンの多くはS&P500のボラティリティの上昇とは無関係であるという前のセクションで述べたパターンに一致する。

　このチャートからは、相関が時間とともに高まっていくことも分かる。相関は、リーマンショックが発生した2008年に急上昇したが、金融危機が終わったあとでも上昇している。同じパターンは先進国の通貨だけを含む通貨キャリートレードでも見られる。したがって、株式ボラティリティとの相関が上昇しているのは、キャリーポートフォリオに新興国市場の通貨を加えたからではない。

　アメリカの株式ボラティリティが通貨キャリーのリターンに大きな影響を及ぼしているという結論は学術研究によって裏付けられる。経済学者リカルド・カバレロとジョセフ・ドイルは2012年のワーキングペーパーで「VIX先物ロールダウン」（これについてはあとで説明する）という戦略に対するリターンを算出した（リカルド・J・カバレロとジョセフ・B・ドイル、「Carry Trade and Systemic Risk: Why Are FX Options So Cheap?」、マサチューセッツ工科大経済学部のワーキングペーパー 12-18、2012年12月）。VIXロールダウン戦略は歴史的にS&P500のボラティリティを売ることで利益を稼ぐ。通貨キャリーポートフォリオのリターンの大部分は、このS&P500ショートボラティリティ戦略への効果的なイクスポージャーで説明することができることを彼らは発見した。VIXの先物データは入手が制限され、2004年からのデータしか入手できないため、通貨キャリーポートフォリオ

のリターンとS&P500のボラティリティとの関係が、私たちのバック
テストが示すように、過去20年の特徴を表しているのか、あるいはず
っと前から存在していたものなのかどうかは分からない。

　私たちは、通貨キャリーのリターンとアメリカの株式市場のボラティ
リティとの実証研究に基づいて導かれた関係は、比較的最近の現象
ではないかと考えている。この現象は金融市場がますます統合化され
ていることを示している。通貨キャリートレードはボラティリティの
売りとなるように構築されるが、通貨キャリートレードに直接的な影
響を及ぼすのは外国為替レートのボラティリティのはずだ。S&P500が
金融市場においてますます中心的な役割を果たすようになれば、その
ボラティリティはすべてのキャリー戦略にとって重要であるというこ
とは実証研究によって裏付けられる。つまり、将来的なキャリーのア
ンワインド（巻き戻し）は、アセットクラス全体を取り巻くほどの大
きな影響を及ぼすだろうということである。これは非常に重要なポイ
ントで、このあとの議論の中核となるものだ。

金利差が縮まれば通貨キャリーのリターンは減少する

　最近、通貨キャリーのリターンが低下しているのは、特に先進国に
おけるグローバルな金利差が縮まっているからだ。**図4.5**は私たちの
通貨のフォワードデータから導出した１カ月物インプライド金利の最
高金利と最低金利のスプレッドを示したものだ。私たちのサンプル期
間の最初の10年は、先進国の金利には大きなスプレッドがあった。当
時の先進国における金利スプレッドは、最近において新興国の通貨に
見られるスプレッドに近かった。

　この理由の１つは、イタリアリラが含まれているからだ。イタリア
は高インフレが長く続いたため、金利は高かった。しかし、これでは
十分な説明になっていない。私たちの先進国母集団のなかでイタリア

図4.5　最高金利と最低金利の金利スプレッド

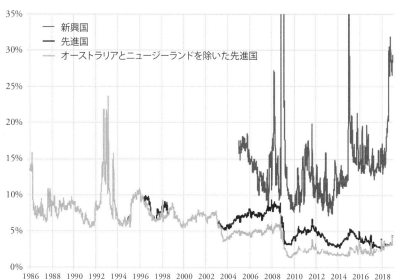

出所＝データストリーム、グローバルファイナンシャルデータ、著者による算出値

　が高金利だったのは、1986〜1998年までの期間ではわずか31％の期間にすぎない。その間、ニュージーランドとオーストラリアはおよそ半分の期間で最高金利だった。イギリスもまたインフレ率の高い国で、観察期間のおよそ8％の期間で最高金利だった。

　オーストラリアとニュージーランドは少なくとも2018年まではほかの先進国のなかでは高金利が続いた（ニュージーランドの通貨フォワードから導出したインプライド金利は、2016年の終わり以降のアメリカの金利とほぼ同じで、ときどきアメリカの金利より高くなったり低くなったりした）。これらの2カ国をサンプルから外すと、最高金利と最低金利のスプレッドは金融危機以降はほとんどの場合3％を下回り、時には2％を下回ることもあった。先進国の通貨キャリートレードで得られる利益機会はこの40年間で大幅に縮小し、最近では史上最低を記録している。

図4.6　通貨戦略におけるアンレバレッジキャリー

凡例：
—— 全通貨
先進国の通貨

出所＝データストリーム、グローバルファイナンシャルデータ、著者による算出値

　この利益機会の縮小は、バックテストポートフォリオが稼ぐ実際の
キャリーを見れば分かる。キャリーとは簡単に言えば、ポートフォリ
オがロングポジションで稼ぐ金利から、ショートポジションにかかる
インプライド借り入れコストを差し引いたものだ。**図4.6**は１ドルの
資本に対して１ドルをロングし、１ドルをショートするポートフォリ
オのキャリーを示したものだ。これに対して、私たちの標準的なバッ
クテストはこのイクスポージャーの５倍のイクスポージャーをとる。し
たがって、キャリーも５倍になる。しかし、ここでは、単位をなじみ
のある目盛りに合わせ、最高金利と最低金利のスプレッドの生データ
に関する前のチャートと直接的に比較できるようにするために、１ド
ルの資本に対して１ドルをロングし、１ドルをショートするというイ
クスポージャーを使う。

　リーマンショックのあと短期金利が下落すると、先進国のキャリー
ポートフォリオのキャリーも徐々に下落し、それからずっと低いまま

である。ショートポジション（つまり、借り入れ）のなかにはマイナ
ス金利で調達することを想定しているものもあるため、キャリーが過
大評価されている可能性はある。つまり、実際の借り入れコストは私
たちの通貨のフォワードデータから予想されるものよりも高い可能性
がある。下限をゼロと想定すると、最近におけるキャリーは１％も低
くなるだろう。

　投資家たちはこのスプレッドの縮小にどう対応したのだろうか。１
つは、レバレッジを上げてキャリートレードを続けるというものだ。最
近の通貨のボラティリティは私たちのバックテストの最初の20年のボ
ラティリティに近く、通貨間の相関はいくぶん上昇している。先進国
のキャリーポートフォリオでレバレッジを上げれば、リスクも大幅に
上昇する。したがって、オーストラリアドルやニュージーランドドル
のような通貨に対するキャリーによる資本流入はこれまでに比べると
不安定になるだろう。

　先進国のスプレッドの縮小に対するもう１つの対応は、キャリー戦
略を新興国の通貨にもっとアグレッシブに適用するというものだ。**図
4.5**と**図4.6**を見れば、新興国市場ではスプレッドは先進国ほど縮小
していない。よって、新興国市場を含むポートフォリオのキャリーは
縮小していない。実際には母集団に流動性フィルター――一定の取引
高閾値を達成した通貨のみをサンプルに加える――をかけていなけれ
ば、キャリーはむしろ拡大していただろう（本章末の囲み記事を参照）。

　とはいえ、この閾値に達した新興国の通貨でも先進国の通貨に比べ
れば流動性ははるかに低い。BISデータによれば、先進国の通貨の日々
の取引高のメジアンは、新興国の通貨の約３倍で、先進国の通貨の日々
の総取引高は新興国の通貨の５倍だった。スプレッドの縮小に対して
新興国の通貨の通貨キャリートレードリスクを増やすのであれば、過
去よりも現在のほうがキャリーポートフォリオの流動性リスクは高い
ため、将来的なアンワインド（キャリートレードの巻き戻し）が為替

レートに与える影響は大きくなることが予想される。これはすでに発生している。例えば、2018年のトルコリラの崩壊のときがそうである。

キャリーポートフォリオのポジションはBISデータと一致

第２章と第３章では、オーストラリア、ブラジル、中国、インド、インドネシア、トルコは最近において最も重要なキャリーのレシピエント国であることを示すBISデータを見てきた。これは銀行のバランスシートに基づくキャリー資本の流れを表す、あまり正確ではないが直接的な推定だ。通貨キャリーポートフォリオではこれらの国の通貨は大きなロングポジションになるので、BISデータを見ても驚くには当たらない。

表4.2は私たちの検証の最後の５年間におけるポートフォリオの平均最大ロングポジションを示したものだ。ただし、これらの国はロングポジションを取った国の半数にすぎない。検証の最後の10年においては、ネットロングポジションの３分の２を若干下回るポジションが新興国の通貨によるものである。つまり、キャリートレードの成果の大部分は、先進国の通貨で借り入れたお金を新興国の通貨に移転させることで得られたということになる。

先進国のなかではオーストラリアドルとニュージーランドドルはキャリートレードでは常にレシピエント通貨として目立った存在である。これもまたBISの経済データに一致する。先進国の通貨のみを含む私たちのバックテストでは、過去10年においてはロングポジションの半分以上がこれら２カ国の通貨によるものだ。新興国も含めたグローバルキャリー戦略でも、これら２カ国の通貨はロングポジションだ。

表4.2　キャリーポートフォリオにおける平均最大ロングポジション
　　　　（2014〜2018年）

国	平均ロングポジション
トルコ	11.8%
ブラジル	11.4%
ロシア	10.9%
南アフリカ	9.6%
インド	9.5%
メキシコ	8.0%
インドネシア	7.2%
中国	6.3%
ニュージーランド	5.4%
マレーシア	5.4%
オーストラリア	4.2%

出所＝データストリーム、グローバルファイナンシャルデータ、著者による算出値

通貨キャリーの歴史から得られる教訓

　キャリートレードは基本的にレバレッジトレードだ。これについてはこれまでの章でも述べてきたが、このあとの章でも繰り返し述べていく。私たちのバックテストによれば、純粋な投資戦略としてのキャリートレードでは、従来のアセットクラスのリターンの絶対水準に対抗するためには大きなレバレッジ（10倍）をかける必要がある。2008年以降、世界的に金利スプレッドが縮小してきたため、より大きなレバレッジをかける必要が出てきた。

　レバレッジ戦略においてはドローダウンは大きな影響を持つため、これらの情報は重要だ。レバレッジを使うということは、ポジションが少しだけ変化しても資金のすべてが失われることもあるため、リスク管理の観点から、一定の閾値に達したら、ポジションの決済を余儀なくされることを意味する。リスク管理は自分たちで設けた限度による

ものであると同時に、損失を穴埋めするために追加的担保の差し入れを求める貸し手がマネジャーに強いるものでもある。いずれにしても、銀行の取り付け騒動に似た状態が発生しやすくなる。損失を出せばポジションは減り、マネジャーは彼らに逆行する市場でトレードすることを、そして、新興国の通貨の場合は非流動的な市場でトレードすることを余儀なくされる。これによって損失はますます増え、損失が増えればポジションをさらに減らさなければならない。為替レートの動きが極端になるためレバレッジをかけないトレーダーが市場に呼び込まれるか、中央銀行が状況を安定させるために介入するまで、この悪循環は続く。この「破産リスク」という考え方はキャリーを理解するうえで非常に重要だ。これについてはこのあと議論する。

　通貨のキャリートレードでは昔に比べると高いレバレッジを使うようになった。したがって、将来的に発生するキャリークラッシュはより深刻なものになることが予想される。オーストラリアやニュージーランドのほか、キャリートレードの主要なレシピエント国である新興国市場では、キャリークラッシュはより厳しいものに感じられるだろう。これを示す最近の例は2018年7〜8月にかけてのトルコリラの暴落である。これについては前章の終わりで述べた。

　この数年間におけるブラジルでもこれに似たようなことが発生した。ブラジルはそれまでキャリートレードの主要なレシピエント国だった。したがって、前述したようなキャリークラッシュが発生する主な候補国だった。2014年、ブラジルレアルは対ドルに対して下落し始め、この下落が最終的にはキャリークラッシュへとつながった。2015年の初めにはブラジルレアルはわずか2カ月で対ドルで20％も下落し、夏にはおよそ2カ月で再び25％以上下落した。今やキャリートレードは信用創造のなかで重要な役割を果たしているため、キャリークラッシュは過去よりも実体経済により深刻な影響を及ぼすことが予想される。ブラジルとトルコのケースは警鐘としてとらえるべきである。ブラジル

経済は2015〜2016年にかけての全四半期で景気は後退し、この２年間で景気は８％も縮小した。トルコも同じようなものだった。

　総合的に言えば、通貨キャリー戦略は多くの小さな利益と、時折発生する大きな損失を含むものだ。特に過去20年間におけるドローダウン期は金融市場の不況に一致する傾向があった。さらに、通貨キャリーと株式キャリーの相関も上昇している。つまり、グローバルボラティリティの１つのリスクファクターが将来的にすべての形のキャリーを動かす原動力になるかもしれないということである。これが本当なら、将来的なキャリークラッシュはすべてのアセットクラスに同時に影響を及ぼす可能性が高い。グローバルボラティリティのこの１つのリスクファクターの性質については本書の後半で述べる。

　キャリークラッシュは将来的にはもっと厳しいものになる可能性が高い。なぜなら、スプレッドの縮小によって、通貨のキャリーポートフォリオでとられているすでに高いレバレッジがますます上昇する可能性があるからだ。特に新興国市場はキャリートレードのドローダウンに敏感だ。マネーマネジャーの動きを模倣するように作成した私たちのバックテストポートフォリオは、先進国で借り入れた資金を常に新興国に移転させる。銀行のバランスシートを示したBISデータを見ると、これは現実世界で大規模な形ですでに起こっている。しかし、新興国の通貨は先進国の通貨に比べると流動性ははるかに低く、またブラジルやトルコで見たように、キャリートレードのアンワインド（キャリートレードの巻き戻し）に対応するためには、新興国の通貨は大幅な下落が必要となる。

通貨キャリーのバックテスト

　このバックテストでは1986〜2018年までのデータを使う。33年

分の日々のデータを使って、最低、10通貨のポートフォリオを構築する。日々のデータには大きなノイズが含まれているが、ノイズは、アセットクラス間のキャリーリターンを調査したコイジェン、モスコウィッツ、ペダーセン、ブリュットの論文（「Carry」、ジャーナル・オブ・ファイナンシャル・エコノミクス、2018年、vol.127、no.2、197-225）のなかで使われているアルゴリズムに似たアルゴリズムを使って除去する。

　私たちの検証では日々のスポットレートと１カ月物の為替の先渡しレートのデータが必要になる。また、対象とする通貨は、BISが３年ごとに行うグローバルな為替取引高サーベイで、グローバルな為替取引高の最低0.2％を占めるものを選ぶ。2016年に行われた最新のBISサーベイによれば、この0.2％のカットオフ値は日々の取引高ではおよそ100億ドルに相当する。0.2％のカットオフ値は２つの問題に対処するために選んだ半恣意的な数字だ。１つは、私たちはテストポートフォリオは実際の市場で適度なサイズで行われる戦略にしたかった。このカットオフ値によって高金利の非流動的な通貨を外すことができる。これらの通貨を含めばリターンは実際よりも高くなる可能性がある。もう１つは、少なくとも数年はキャリートレードの最近のレシピエント国を含めたかった。このカットオフ水準は主に過去20年の新興国市場に影響を与えるが、サンプルの最初の部分においてはアイルランド、ポルトガル、フィンランドといったヨーロッパの小国を外すことができる。フランスフランやイタリアリラといった伝統的なヨーロッパ通貨で私たちの基準に合う通貨はサンプルに含める。これによって、ユーロがスタートするまでの数年はリターンには上昇バイアスがかかるかもしれないことは織り込み済みだ。しかし、1980年代と1990年代の通貨市場における私たちの経験から言えば、これらの通貨はキャリートレード戦略に含まれていた。

　これらのポートフォリオはロングポジションとショートポジションを同量ずつ取る。レバレッジは独立したパラメーターとして設定した。ポートフォリオのウエートはその通貨の米ドルとの金利差に基づく。例えば、任意の時点における日本円のポートフォリオポジションは以下のように表すことができる。

ウエート$_{日本円}$＝目標レバレッジ×（ランク$_{日本円}$－［通貨の数＋1］÷2）

　通貨のランク付けとポートフォリオのリバランスは毎日行うが、実際のリバランスはすぐには反映されないので、2日間の執行タイムラグを設ける。トレードコストは取引ごとに課される。トレードコストは通貨によって異なり、3ベーシスポイント（日本円）から2％（ロシアルーブル）までの開きがある。実際のコストは時間とともに変化し、トレードサイズによっても変わってくるので、これは単純化したものだ。

　ほとんどの投資家はリスク調整済みポートフォリオウエートを算出するのに、通貨のボラティリティと相関の推定値を使う。しかし、私たちはこの方法は採用しなかった。結果がボラティリティや相関を推定する方法に左右され、これら2つの要素を最適化フレームワークのなかでどのように組み合わせるかに左右されたくなかったからだ。

　金利差は、20日の移動平均を取ることで平滑化された1カ月物の為替の先渡しレートから予想される短期金利を使って算出した。平滑化することで時折現れるデータの大きな値を除去することができる（投資家はこういったデータ値の急上昇には対応しないことが多い）。最近行われた多くの研究によれば、外国為替の先渡し市場から推定されるインプライド金利は銀行間市場で報告される

金利とは一致しないことが分かっている。これはカバー付き金利パリティに反するもので、持続することは不可能だと長い間考えられてきた。なぜなら、表面的には無リスクの裁定機会が得られることになるからだ。しかし、ほとんどの通貨キャリー戦略はフォワード市場で実行されるため、私たちのアプローチにはトレーダーが実際に入手可能なレートが反映されていると思っている。これはバックテストリターンと実際のリターンを乖離させる可能性のあるもう１つの前提であることは私たちは認識している。

第5章

キャリーのエージェント

The Agents of Carry

機関投資家の負債の特徴

　金融統計や経済統計と金融市場の動きからは、キャリートレードが今や世界の金融市場全体に拡大していることは明らかである。キャリートレードは広義の意味ではすべてのタイプのボラティリティの売りを含む。本書では、キャリートレードが今やこの枠を超えて、世界の金融市場を支配するまでの力をつけてきたこと、そしてその延長としてグローバル経済の支配的な決定的要素になってきたことについて説明する。キャリーを理解しなければ、ビジネスサイクル、すなわちグローバル経済の動きを理解することはできない。

　本書は、キャリー台頭の理論的根拠を説明し、実証研究に基づく証拠を分析し、その結果についての見通しを立てることに主眼を置いている。したがって、キャリートレードを実際に実行する機関投資家といった重要な部分についてはやや脇が甘くなってしまった感がある。しかし実際には、キャリーの拡大は、その構造がキャリーを行うインセンティブを与えるさまざまなタイプの機関投資家の拡大と密接な関係がある。さらに、キャリーが金融市場を動かす主要な原動力になるにつれて、機関投資家やその他の企業はキャリーの台頭をより利用できるように進化してきた（おそらくは新たなタイプの企業が生まれた）

と仮定することができる。

では、どういったタイプの機関投資家がキャリーのエージェントになっているのだろうか。まずは、こういった機関投資家の負債の特徴、報酬体系、彼らがかけるレバレッジについて考える。なぜなら、これらはキャリートレードを行うインセンティブと能力を創造する重要な要素になるからだ。

第4章では、キャリーのドローダウンは資産価格の下落とボラティリティの上昇によって金融市場が混乱状態に陥った「悪いとき」に発生することについて見てきた。ほかの条件が同じならば、これは一見魅力的には思えないリターン特性を生み出す。私たちは景気が悪いときにも利益を生み出す戦略に投資したいと思うはずだ。安全な避難場所としての役割を果たすアセット（例えば、ドイツ国債）の最近の利回りはマイナスだ。投資家がこういったアセットを保有するために喜んでお金を払うのは、景気が悪いときに保険の役割を果たしてくれるからだ。

これは裏を返せば、キャリートレーダーはほかの人が避けたいと思うようなリターン特性を引き受ける見返りとして、プレミアムを受け取るということである（キャリー戦略は流動性を提供することでもプレミアムを受け取ることができる。これについては本書でこのあと詳しく説明する。保険を提供することで得られるプレミアムと流動性を提供することで得られるプレミアムを分離することができるかどうかは分からない）。どの機関投資家がこうしたプレミアムを得るのに最も有利な立場にあるのだろうか。キャリーのドローダウンは景気の悪いときに発生するため、キャリートレーダーは非常に長期で借り入れをしているか、少なくとも景気の悪いときに借り入れをあまり増やさなくてよいことが理想的だ。

キャリーの報酬インセンティブとレバレッジの重要性

　キャリートレードは「何も起こらない」ときに利益を生む戦略であると説明してきた。第4章でも述べたように、通貨のキャリートレードは、時に大きな損失に見舞われることもあるが、比較的安定した利益を得ることができる。逆に、キャリートレードの売り、つまりボラティリティの買いの場合はこれとは反対で、常に小さな損失が出て、時に大きな利益が出る。

　短期リターンを報告する義務のある機関投資家はキャリー戦略を取り入れようというインセンティブが働く。なぜなら、キャリー戦略を使えば、利益を定期的に報告できるからだ。小さな損失を常に説明することが求められ、将来的に大きな利益が出ることを約束するよりも、小さな利益を頻繁に報告して、時に大きな損失を報告するキャリーのような特徴を持つポートフォリオを持つほうが心理的にはるかに楽である。

　報告された利益を基に組織が現金報酬を得られる場合、インセンティブは特に強くなる。従業員も同じような形態で報酬を得ることができるのなら、キャリーを使うことに対するインセンティブはさらに高まる。トレーダーやポートフォリオマネジャーは四半期ごとの損益や年間損益に基づいて給料が支払われ、そのあとで損失を出してももらった報酬は返さなくてもよいのであれば、彼らはキャリーのようなキャッシュフローを持つ戦略を好むだろう。

　レバレッジはリターンを増大させる。しかし、キャリー戦略では時に大きなドローダウンが発生するため、キャリー戦略にレバレッジを適用すれば破産リスクは高まる。キャリーにはある程度のレバレッジは必ず含まれる。したがって、自分の資金を運用している人にとって、レバレッジのかかったキャリー戦略は魅力的には思えない。しかし、ほかの人の資金を運用するプロのマネジャーにとっては、多くの管理手

数料が入ってくるので、話は違ってくる。レバレッジを使ったプロの
トレード戦略はキャリーに引き寄せられる。

この理由を理解するには、ネガティブキャリー戦略のメカニズムを
考えてみるのがよい。ネガティブキャリー戦略は本質的にほとんどの
時間帯で損失を出す。レバレッジ戦略がお金を失うとき、グロスイク
スポージャー（運用資産を全資本で割った比率）は上昇する。グロス
イクスポージャーは貸し手がリスクを測る尺度なので、これが上昇す
れば、トレーダーはイクスポージャーを許容水準にまで下げなければ
ならない。ネガティブキャリートレーダーの利益はキャリークラッシ
ュが発生したときに発生することが多いが、イクスポージャーを減ら
せば稼げる利益は減る。キャリークラッシュが十分に長い間隔で発生
するとすれば、レバレッジのかかったネガティブキャリートレーダー
はキャリークラッシュが発生したときにはすでにポジションを手仕舞
っている可能性もあり、そうなれば利益はまったく手に入らない。レ
バレッジポートフォリオを運用するこうしたメカニズムを考えると、ロ
ングキャリー（キャリーの買い）に対するインセンティブが強くなる
のは当然だ。これについては第9章のボラティリティとオプショナリ
ティのところで詳しく説明する。

さらに、キャリーからの絶対期待リターンを魅力的な水準にまで押
し上げるには、レバレッジをかけることが必要になることが多い。過
去10年間の中ごろに標準的だったキャリー戦略── 1％で米ドルを借
りて、4％でニュージーランドドルを貸す──を考えてみよう。レバ
レッジをかけず、為替レートが不変だとすると、このトレードの年間
リターンは3％だ。プロのマネーマネジャーや機関投資家のリターン
目標はもっと高いのが普通である。レバレッジをかけることでキャリ
ートレーダーは絶対リターンで見て、魅力的なリターン目標を達成す
ることができる。つまり、高いレバレッジを使わなければ、ほとんど
のキャリートレードには魅力はなく、レバレッジをかけている人はそ

もそもショートキャリー（ボラティリティの買い）などやりたがらない。

　この事実からはキャリーの致命的な欠点が見えてくる。つまり、レバレッジは破産リスクを増大させ、キャリーはレバレッジと切っても切れない関係があるということである。したがって、キャリーのドローダウンには参加者が破産するリスクが含まれているのである。これはつまり、キャリーの拡大は金融システムのシステミックリスクを引き起こす可能性があるということである。キャリーの拡大に伴って、中央銀行の最後の貸し手としての関与が増えてきたのはけっして偶然ではない。キャリーの拡大と中央銀行の介入との間には密接な関係がある。

ヘッジファンドはキャリーの重要なエージェント

　ヘッジファンドの負債特性、報酬体系、レバレッジはどうだろう。ヘッジファンドはキャリーのエージェントになるのだろうか。ヘッジファンドがキャリーにとってメリットとなる負債特性を持っていないのは明らかだ。ヘッジファンドの負債は大きく分けて、株主資本、投資家資本、短期借り入れの3つだ。これら3つの負債のなかで、最も長期の負債は株主資本だ。株主資本は時として純資産の大きな比率を占めることもあるが、全負債に対してはわずかな比率にすぎない。

　投資家資本はもっと重要で、通常、四半期ごとか、1年ごとに引き出す機会がある。しかし、ここにはゲートと呼ばれる規制があり、投資家は資金を短期で引き出しできないようになっている。しかし、リーマンショックの2008年にはゲートは機能しなかった。3つ目の短期借り入れはリターンを向上させるために使われるもので、銀行から突然回収されることもある。したがって、ヘッジファンドの負債は性質的に短期のものが多く、少なくともこの基準で考えれば、ヘッジファ

ンドはキャリー戦略を行う良い媒体とは思えない。さらに言えば、借り入れが短期であるため、ヘッジファンドはキャリーを行ううえでは危険な媒体とさえ言える。ヘッジファンドの運用者が自分のお金を多く出資しているときは、キャリーにはかかわりたくないと思うだろう。しかし、ヘッジファンドの組織化が進み、運用者が他人のお金を管理するようになったため、キャリーが採用される可能性は高い。

　ヘッジファンドの負債特性はキャリーとは相いれないものだが、彼らの報酬体系はキャリーを採用するうえでの強力なインセンティブになる。ヘッジファンドは毎年、利益の一部をプロフィットシェア（利益の配分）として受け取る。これは歴史的に20％だった。4年続けて利益が出ていて5年目に損失を出しても、4年分のプロフィットシェアを受け取ることができる。たとえ5年目の損失がその前の利益を上回っても、報酬を返還する必要はない。この報告システムと報酬体系を考えると、ヘッジファンドがキャリーのようなペイアウトを持つ戦略に引き付けられるのは当然と言えよう。

　また、ファンドに雇われた個人トレーダーやポートフォリオマネジャーレベルでも同じインセンティブは働く。トレーダーのボーナスにはそのトレーダーが運用しているポートフォリオのパフォーマンスに関係のある要素が必ず含まれる。事実、トレーダーはヘッジファンドに魅力を感じる。なぜなら、ヘッジファンドでは個々のマネジャーの出す結果によって、その報酬が決まるからである。いったん現金によるボーナスが支払われたら、そのあとの結果によって前の利益が吹き飛んでしまおうとも、ボーナスを返還する必要はない。これは、会社に対するクライアントの料金構造とまったく同じ構造だが、けっして偶然ではない。したがって、会社全体も会社内の個人もキャリーのような戦略を追及するインセンティブを持つ。

　ヘッジファンドなどの機関投資家がキャリーを取り入れる可能性があるかどうかを判断する3つ目の判断基準は、レバレッジの存在だ。す

べてのヘッジファンドはレバレッジを使っている。もちろん、使うレバレッジの水準は会社によって大きく異なる。これは、ヘッジファンドがキャリー戦略を取り入れるうえでの１つの要素になる。

著者はヘッジファンドを立ち上げたり、資金を運用したり、クライアントとしてヘッジファンドとかかわってきた経験を持つが、これらの記述は一般論にすぎないということに注意してほしい。とはいえ、レバレッジと報酬モデルの複合効果によって、ヘッジファンド業界全体はロングキャリーを採用するというインセンティブを持ち続けることになるだろう。

ヘッジファンドのキャリートレードが意味するもの

20年前のヘッジファンドは金融市場では小さな存在だった。ヘッジファンドリサーチ（HFR）によれば、1996年末現在のヘッジファンドの運用資産はおよそ1200億ドルだった。これは、世界の株式市場や債券市場の0.25％を下回る数字だ。しかし、今やヘッジファンド業界はもう小さな存在ではない。ヘッジファンドリサーチによれば、2018年末現在のヘッジファンドの運用資産（AUM）は3.1兆ドルに上り、1996年の25倍に増大した。ちなみに、世界の株式市場の時価総額は同時期でおよそ３倍に増加した。さらに、ヘッジファンドの影響力はレバレッジとトレード頻度という２つの追加的ファクターによって拡大した。

レバレッジを使うということは、ヘッジファンドは運用資産によって表される額をはるかに上回るポジションを持っていることを意味する。これは1998年に破綻したヘッジファンドの雄と言われたLTCM（ロング・ターム・キャピタル・マネジメント）の例を見るとよく分かる。1998年のLTCMの運用資産は50億ドルにすぎなかったが、25倍のレバレッジをかけて1250億ドルものポジションを保有していた。

レバレッジはヘッジファンドのポジションを増大させるだけでなく、

許されるドローダウンの範囲も小さくなるため、ポートフォリオは非常に不安定なものになる。大きなレバレッジをかけたポートフォリオでは比較的小さな損失が発生しても、追証を求められることになる。追証に応じるためにポジションの清算を余儀なくされる。ポジションの清算は市場が逆行したときに行われることが多いため、強制的な売りはさらなる強制的な売りへとつながり、売りの悪循環に陥る。LTCMがコントロールしていた1250億ドルは、伝統的な投資家がコントロールする同額の資産よりもはるかに扱いにくいものだった。LTCMのレバレッジは極端なものではあったが、同じ原理はレバレッジポートフォリオ全体に当てはまる。市場に対する影響力とポートフォリオの不安定さは、特に景気が悪いときに増大する。

トレード頻度も、ヘッジファンドのコントロール下にある証券のマーケットインパクトを増大させるという意味では、レバレッジのような働きをする。アクティブにトレードされるヘッジファンドのポートフォリオは価格や流動性に大きな影響を及ぼすことが多い。保有株を毎月回転させるヘッジファンドはその年の終わりにはポートフォリオを12回入れ替えたことになる。それが価格に与える影響を考えると、このヘッジファンドは、証券を複数年にわたって保有する伝統的なヘッジファンドに比べると、10～20倍の影響力を持つことになる。

レバレッジとトレード頻度が組み合わさると、ヘッジファンドは運用資産から想定される影響力よりもはるかに大きな影響力を持つ。この20年で運用資産が25倍に増えたとすると、ヘッジファンドが市場に及ぼす影響はこの25倍をはるかに超える。ロングキャリーに対する構造的なインセンティブを考えると、キャリーが世界市場に与える規模と影響はこの20年間で大きく増大したとしても何ら驚くほどのことではない。

ソブリン・ウエルス・ファンドはキャリー戦略のもっともな候補者

　この20年で規模と市場に対する影響力が拡大したもう１つがソブリン・ウエルス・ファンド（政府系ファンド）だ。ソブリン・ウエルス・ファンド・インスティチュートによれば、ソブリン・ウエルス・ファンドの2018年末現在の運用資産はおよそ7.5兆ドルに上る。1996年末現在で5080億ドルだったことを考えると大きな成長だ。

　ソブリン・ウエルス・ファンドの成長はキャリーの増加にどれくらい貢献したのだろうか。負債特性で言えば、ソブリン・ウエルス・ファンドはキャリーを行うのに理想的な媒体だ。ソブリン・ウエルス・ファンドはさまざまな形態をとるが、共通点は、借り入れの期間が非常に長いことだ。例えば、ノルウェー政府年金基金グローバルはノルウェーの石油収入を運用する基金だ。2017年の年次リポートで発表された資産合計は1.07兆ドルだった。対応する負債の97％は「株主資本」（非常に長期の株主資本）として分類されていた。ノルウェーは最終的にはこのお金の一部を使って石油収入以外のものにも投資する計画だが、これらの負債は長期にわたって返済期限が来ることはない。

　ノルウェーは景気の悪いときに資産を売るというプレッシャーに直面することがないため、このノルウェーの基金はキャリー戦略に投資するのに理想的な立場にある。事実、この基金は３つの有名な金融関係の大学にその基金の運用に関するリポートを書くように依頼した。これらの大学はこのファンドの負債の特徴を、投資戦略を促進するうえで理想的なものであると報告した。彼らはこのファンドの特徴に合った戦略を推奨しているが、その１つが通貨キャリーだった。

　さらに、ソブリン・ウエルス・ファンドは適切と思えるときはレバレッジを使うこともできる。つまり、彼らが魅力的と思えるキャリートレードを見つけたら、長期リターン目標に見合った期待リターンを

得るために、トレードにレバレッジをかけることができる。また、彼らのバランスシートは非常に強力（資産をたくさん持っている）なので、キャリー戦略の短期的なドローダウンを乗り切ることができるため、フルサイクルのリターンをとらえることができる。

　一方、彼らは外部株主を持たず、多くの場合、結果を開示することもほとんどか、まったくない（ノルウェー政府年金基金は例外）ので、定期的にプラスのリターンを生み出す戦略を追及する必要もない。さらに、ヘッジファンドのようなプロフィットシェアも受け取らない。こういった意味では、ソブリン・ウエルス・ファンドにはキャリートレードを採用することに対するインセンティブはない。

　しかし全体的に見れば、ソブリン・ウエルス・ファンドの多くは、その負債構造とレバレッジを使えることを利用してキャリーを採用しようとしているように思える。また、彼らは市場に対する保険のもっとも な提供者であるとも言える。そして、莫大な資金を持っているので、キャリーを行ううえでヘッジファンドよりもはるかに安全な媒体であると言える。

　一方、多くの寄付基金も、長期負債特性という点ではソブリン・ウエルス・ファンドと同じである。彼らは自分たちのことを半永久的な機関投資家であると認識し、毎年、基金の資金のほんのわずかな部分しか使わないという考えの下で活動している。その額は不変のルールにのっとって決められている。つまり、負債はビジネスサイクルによって上下動することはないということである。理論的にはこれはキャリー戦略にとって好都合だ。

　しかし、寄付基金はソブリン・ウエルス・ファンドよりも監視の目が厳しく、公に対する責任説明も多くを求められる。寄付基金はソブリン・ウエルス・ファンドよりも規模は小さく、さまざまな使命を持ち、投資スタイルは保守的だ。さらに寄付基金の多くはレバレッジに制限がある。これは恒久的な資本喪失リスクを避けるためだ。こうし

たもろもろの事柄を考えると、寄付基金はキャリーの重要なエージェントとみなすことはできない。もちろんこれは一般論にすぎない。大きなファンドで、特にお抱えのマネジャーがいるファンドは、間違いなくキャリーを行っている。しかし、寄付基金はキャリー戦略を長期的に成長させるうえで重要なエージェントになるとは思えない。

グローバル投資銀行のプロップトレードでクローズアップされる報酬インセンティブのパワー

2014年にボルカールール（銀行のプロップトレードの禁止）が導入される以前は、投資銀行（ここでは「投資銀行」は広い意味で使っている。なぜなら、世界的な巨大投資銀行は銀行持株会社［ゴールドマンサックス、モルガンスタンレー］になったり、銀行に買収［メリルリンチ、ベアースターンズ］されたり、閉鎖［リーマン］されたりしたからだ。UBSやドイツ銀行のようなヨーロッパの総合銀行は昔から商業銀行業務と投資銀行業務に従事してきた）ではプロップトレードが盛んに行われていた。もちろん、そこにはさまざまな報酬体系があったが、核となるのは、損益に基づいて年間ボーナスが支払われ、そのあとで損失が出ても報酬を返還する必要はないというものだった。この報酬制度は投資銀行がキャリーのような特徴を持つトレードを推し進めるうえで大きなインセンティブとなった。

興味深いのは、投資銀行の負債特性はキャリートレードに最適な構造とは真逆のものだったことだ。負債の部のほんの一部が株主資本だった。負債には長期負債が含まれているとはいえ、負債のほとんどは短期負債だった。つまり、キャリー戦略にとって悪いときは、債権の取り立てによってさらに悪化するということである。

思い起こせば、2008年はキャリー戦略にとって最悪の年だった。また、2008年には投資銀行の債権の取り立ても発生した。その結果は人々

がよく知る世界的な金融危機の発生である。負債特性がキャリー戦略には不向きであるにもかかわらず、投資銀行は依然としてキャリートレードを行っている。これは投資戦略を推進するうえでの報酬インセンティブのパワーを物語るものだ。

しかし、2014年以降、投資銀行のプロップトレードの規模は縮小されていった。噂ではプロップトレードグループの多くはヘッジファンドに移ったという。あるいは、プロップポジションは今でも存在するが、帳簿のなかにうまく隠されているという人もいる。しかし、こういった話は証明のしようがない。ボルカールールが導入され、システミックリスクに対する規制が強まったことを考えると、過去数年においてはキャリーの拡大が銀行によるものとは考えにくく、これはこれ以降も変わることはないように思える。

プライベート・エクイティ・レバレッジド・バイアウトは一種のキャリートレード

これまでインセンティブというレンズを通して機関投資家のキャリートレードへの関与について見てきた。プライベート・エクイティ・レバレッジド・バイアウトに関してはもっと直接的なアプローチを試みたいと思う。キャリーの中核となる経済的特徴は、流動性の提供、レバレッジ、ボラティリティの売りの3つで、プライベート・エクイティ・ファンドも同じ特徴を持つ。

キャリートレードは比較的短期の取引だ。第4章で評価したキャリー戦略では、日々の取引を想定した。しかし、これは一例にすぎない。キャリートレードはリスクの性質によって定義するものであり、取引の長さによって定義するものではない。典型的なキャリートレードは資金を借りて、その資金を流動性が低く高利回りの資産に投資する。これはまさにプライベートエクイティによるレバレッジドバイアウト

（LBO。対象企業の資産を担保とした借入金による買収）の手法だ。彼らは投資家資本（株主資本）と負債とを合わせて、益回りが実際の負債コストを上回る企業のポートフォリオを買う。もちろん、彼らの最終目的はこれらの会社を高い価格で売ることだ。したがって、従来の通貨キャリートレードよりもキャピタルゲインが重視される。しかし、プライベートエクイティによるレバレッジドバイアウトの基本的な特徴は、負債コストと買収対象となる会社の資産のリターンとの間の、レバレッジで何倍にもなったイールドスプレッドを得ることである。

　プライベートエクイティのリターンがレバレッジで調整されれば、そのリターンは公開市場のリターンと変わらないというリサーチャーもいる。これはなかなか難しい問題だが、もしこれが本当なら、プライベートエクイティ会社の所有者はレバレッジド・エクイティ・ポートフォリオ（借金を背負った会社のポートフォリオ。特に、スタッフォード［2017年］によると、小型バリュー株ポートフォリオ。バイアウト会社は歴史的に見ると収益が平均以上の小会社をバイアウトの対象にしてきた。しかし、最近ではバイアウトファンドには潤沢な資本が集まるようになったため、公開企業とほぼ同じ収益を出す大企業をバイアウトの対象にすることが多くなった。E・スタッフォードの「Replicating Private Equity with Value Investing, Homemade Leverage, and Hold-to-Maturity Accounting」、ハーバードビジネススクールのワーキングペーパー、2017年5月）を作成するために投資家から莫大な手数料を徴収していることになる。投資家はレバレッジド・エクイティ・ポートフォリオを自分たちで簡単かつ安価に作成できるのに、なぜこういった「サービス」に大金を払うのだろうか。

　それは、上場株を保有するのに借金をすれば、リターンのボラティリティで測定した彼らのポートフォリオリスクは高まるからだ。プライベート・エクイティ・ファンドに投資すれば逆の効果がある。それはなぜかというと、プライベートエクイティ会社自身が、投資対象の

企業価値の評価を行っているからだ。したがって、彼らは借金を背負った会社のポートフォリオを保有しているとはいえ、市場価値で評価が決まる上場株よりもはるかにスムーズなリターンを報告することができる。AQRキャピタルのリサーチャーによれば、プライベート・エクイティ・ファンドの報告されたベータ（プライベートエクイティのリターンと公開市場のリターンとの相関）は、平滑化によって調整したあとでも1.0を下回る（A・イルマネン、S・チャンドラ、N・マッキーン、「Demystifying Illiquid Assets: Expected Returns for Private Equity」、AQRホワイトペーパー、2019年2月）。

つまり、ポートフォリオボラティリティといった従来のリスク尺度で見れば、上場株式から非上場株式（プライベートエクイティ）にシフトすることでポートフォリオのリスクは低減されるということである。2018年12月のS&P500の10％の下落といった短期的な調整はプライベートエクイティのポートフォリオのリターンにはほとんど反映されない。世界的な金融危機のときに発生した極端な下落さえも平滑化される。例えば、2008年10月から2009年3月にかけてS&P500は31.6％下落した。ケンブリッジアソシエーツが発表した同時期のプライベート・エクイティ・ファンドのリターンの指数の下落はわずか18.8％だった。続く2四半期にS&P500は大幅に上昇し、リターンは32.4％だった。これに対してプライベートエクイティ指数は10.6％上昇した。プライベートエクイティ指数は流動性が低く、多くの借金を背負った会社を含んでいるとはいえ、大恐慌以来の最悪の信用危機のときでも上場株式よりもはるかにリスクは少なかったように見える。

もちろん、S&P500が2009年3月以降これほど回復しなかったとすると、プライベートエクイティ指数はおそらくは市場指数に追いついていたはずであり、もしかすると追い抜いていたかもしれない。短期間でリターンを平滑化し、価格の反発を待つことは、ボラティリティセラーが追及する平均回帰に賭ける戦略に似ている。もちろん、この場

合、平均への回帰は数日ではなく、長期間（何カ月）かかる。しかし、経済的には、イクスポージャーとリスクの点で言えば、これは「押し目で買う」——第6章と第9章で説明するボラティリティの売り——に似ている。言うまでもなく、ボラティリティの売りはキャリーの中核となる特徴だ。

　本書の後半ではキャリーが主としてインサイダー（富と政治的コネクションを持つ人々）に有利な戦略であるとして、その政治社会的な特徴について考察する。プライベートエクイティも同じ特徴を持つ。普通の人々はプライベートエクイティには投資できない。プライベートエクイティに投資できるのは裕福な人か、今まで見てきたような機関投資家のみである。プライベートエクイティに投資できるほどの富を持った人でも、優秀なマネジャーにコンタクトできるのはほんの一握りの人たちだけだ。プライベートエクイティの手数料から引き出される価値とプライベート・エクイティ・ファンドが稼ぐリターンのほとんどはインサイダーの領域なのである（「普通の人々」がキャリーのリターンが得られるのは、プライベートエクイティに投資する機関投資家が年金受給者のために投資しているときだけである。例えば、カナダの年金基金がプライベートエクイティの投資家の場合などがそうである）。

　したがって、プライベート・エクイティ・バイアウトはキャリートレードに当たる。こうした取引の拡大パターンは、グローバルキャリートレードの拡大パターンと同じである。2005〜2007年にかけてバイアウトは急成長し、リーマンショックの最中とそのあとは崩壊し、最近になって再び盛り返してきた。バイアウト業界は拡大と崩壊の周期を繰り返す業界なので、2地点間の比較では誤解を招くおそれがある。バイアウトに投じられる資本の規模は20年前よりもはるかに増えている。例えば、毎年この業界の詳細な調査を行っているベイン・アンド・カンパニーによれば、この業界が最も強かったのは過去5年で、2018

年だけでも世界的なバイアウトの総額は5820億ドルに上った（「Global Private Equity Report」、ベイン・アンド・カンパニー、2010年と2019年）。この額は1995〜2002年までの総額とほぼ同じだ。今やプライベートエクイティはキャリーの台頭に欠かせない要素になっている。

企業もキャリー戦略を行うようになった

　本章ではキャリーの潜在的エージェントとして金融機関に焦点を当ててきた。最近ではノンバンクもキャリーに熱心に取り組んでいるという証拠が出てきた。ノンバンクの通貨キャリートレードにおける役割については第2章と第3章で議論した。

　この事実を裏付けるさらなる証拠がBIS（国際決済銀行）の経済学者のバレンティナ・ブルーノとヒョン・ソン・シンの2015年の論文のなかに見ることができる（V・ブルーノとH・S・シン、「Global Dollar Credit and Carry Trades: A Firm Level Analysis」、BISワーキングペーパー、No.510、2015年8月）。ブルーノとシンはアメリカ外にある個々の企業に関するデータを収集し、米ドルによる借入の規模、時期、用途について分析した。この分析によれば、新興国市場の企業はバランスシートにすでに現金があるときに多くの米ドルを借り入れていた。既存の現金はおそらくは設備投資に使われるため、さらに米ドルを借り入れたのは純粋にキャリートレードを行うためではないかとブルーノとシンは言う。

　彼らは国内のキャリートレードの魅力を測る尺度を開発した（米ドルとの金利差に為替レートのボラティリティを掛けたもの）。彼らは、キャリートレードが魅力的に思えるときにドル建て債券の発行が増えたことを発見した。さらに米ドルで調達したお金は最終的には現金で持つ可能性が高い。米ドルで借り入れて、現地通貨で貯金するのは純粋なるキャリートレードである。これには例外があるが、ブルーノと

シンは、新興国市場の企業のキャリーに似た活動には一貫したパターンがあると結論づけている。

　中国企業をより詳細に調査した2018年のホアン、パニッツァ、ポルテスの論文でも、似たような結果が報告されている（Y・ホアン、U・パニッツァ、R・ポルテス、「Corporate Foreign Bond Issuance and Interfirm Loans in China」、全米経済研究所、2018年4月）。彼らは企業を収益性とリスクに基づいて分類し、リスクの高い企業は金融機関の活動をまねた投機活動を行うことで収益を伸ばそうとする傾向があることを発見した。こうした企業はキャリートレードのリターンが高いときにドル建て債券を発行する傾向が高く、これらのお金を設備投資に使うよりもほかの企業に転貸しする傾向が高い。金融機関によるリスクの高い経済セクターに対する貸し出しを制限することを目的に導入された2009年と2010年の新たな規制のあと、キャリートレード活動は大幅に増えた。金融機関の貸し出しが制限されたことで、ノンバンクがシャドーバンクとして暗躍し始め、米ドルで資金調達したお金を同じセクターのほかの企業に貸し出しを始めたのである。

　世界的な金融危機のあと、外債だけでなく社債発行も大幅に増えた。GDP（国内総生産）に対する比率として見たアメリカのノンバンクの社債の発行残高は最高値を更新した（**図5.1**）。これはGDPが基調レベルを上回った長期にわたる経済成長の終わりごろに起こった。

　この社債発行の大部分は自社株買いに充てられた（**図5.2**）。アメリカのノンバンクのセクターは危機後の長期的な経済成長の最中にレバレッジを大幅に増やした。これもまた大規模なキャリートレードと見ることができる。プロフィットシェアも平均を上回った。金融関係者は高いプロフィットシェアは前向きな動きと見ることができると言うだろうが、危機後の実質金利水準が低いのはしっくりこない。経済理論によれば、資本収益率と資本コストは一致しなければならない。つまり、低い実質金利水準を考えると、長期的な将来のROI（投資収益

図5.1　アメリカのノンバンクの社債発行額（GDPに対する比率）

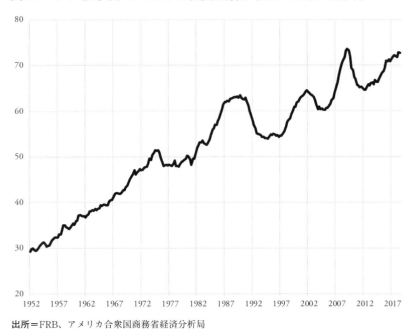

出所＝FRB、アメリカ合衆国商務省経済分析局

率）とROE（自己資本利益率）は低くなることが予想されるということである。

　経済そのものにおけるプロフィットシェアはキャリーを促進する機能を果たすようになったと言えるだろう（これについては第8章で詳しく議論する）。人々がこれを認めるかどうかは別として、企業が低金利で借り入れをし、そのお金で高利回りの金融投資を行うのはキャリートレードにほかならない。たとえその企業が米ドルで借り入れて、高利回りの国内の通貨資産に投資する非アメリカ企業だとしても、低金利で借り入れて自社株買いをするアメリカ企業だとしてもである。危機後にキャリートレードを推進してきた唯一の経済セクターはノンバンクのセクターだと言っても過言ではないだろう。

図5.2　アメリカのノンバンクの社債発行と自社株買い

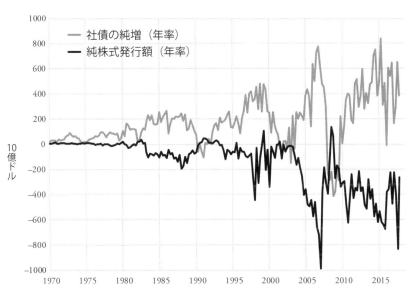

出所＝FRB

世界の金融市場の変容

　世界の金融市場はこの20年で大きく様変わりした。ヘッジファンド
は富裕層の資産を運用する小さなニッチ産業から今や巨大な機関アセ
ットマネジャーになり、ソブリン・ウエルス・ファンドは政府関連機
関から集めた長期資本プールを預かるグローバルフォースに成長した。
どちらもキャリーに参加するインセンティブを持つ。企業のバランス
シートからは、新興国市場の企業は国際資本市場に参加してキャリー
に似た彼ら独自の活動を行うようになったことが分かり、企業セクタ
ーはレバレッジを大幅に上げてきたことが分かる。これらはキャリー
の構造的成長を促進する重要な原動力となってきた。キャリークラッ
シュによって彼らのインセンティブが変化しないかぎり、キャリーの
成長は今後も続くとみて間違いないだろう。

ここでは触れなかったが、キャリーの成長に関係する近代の金融市場の別の特徴がある。高頻度トレード（HFT）会社はその名が示すとおり、コンピューターアルゴリズムによる矢継ぎ早のトレードと取引所への瞬時のアクセスを特徴とする。高頻度トレード会社の活動の大部分は、流動性を提供するマーケットメーク取引に等しい。第9章では、株式市場における押し目買い、ボラティリティの売りの先物、オプションの売り、マーケットメーク（買い気配値と売り気配値のスプレッドから利益を得る）の関係について徹底的に議論する。究極的に言えば、これらはすべてキャリートレードになる。また、このあとの第6章では、S&P500そのものがキャリートレードになったことについて議論する。極端な頻度でトレードし、アメリカの株式市場でグローバルキャリーの中心として稼働する高頻度トレードは、キャリーレジームのなかで重要な役割を果たしていると結論づけるのはけっして無理なこじつけではない。高頻度トレードの台頭は、おそらくはキャリー台頭のもう1つの兆候と言えるのではないだろうか。

　金融市場ではキャリーが普及し、金融市場の構造はキャリーを促し、そこから利益を得るように進化してきた。したがって、キャリーという名の金融活動が重要性を増すと考えるのはごく自然なことではないだろうか。しかし、キャリーの台頭のなかで中心的な役割を果たしているのは、最も大きな影響力を持つキャリートレーダー、つまり中央銀行である。中央銀行は究極のキャリーエージェントである。中央銀行の強力なバランスシートは巨大なキャリートレードが行われていることを示すものだ。本書の後半では中央銀行がキャリーの台頭のなかで果たす重要な役割について議論する。

第6章

キャリーレジームの
基本的な性質

The Fundamental Nature of the Carry Regime

　本章ではキャリーが世界市場に与える影響を完璧に理解するうえで必要ないくつかの考えについて説明する。まず、ある程度のキャリートレードが期待され、望まれる理由について考える。キャリートレーダーは市場に流動性とレバレッジを提供するとともに、キャリークラッシュのリスクを引き受けることで報酬が与えられる。次に、キャリートレードの中心がなぜアメリカ市場なのか、特にS&P500のボラティリティトレードなのかについて考える。そして、それによってS&P500のボラティリティ（VIX指数）がなぜ世界市場における中心的なリスクファクターになったのかについて考える。そして最後に、中央銀行の市場活動がなぜ世界的なキャリートレードの拡大に直接的に貢献してきたのかについて考える。

キャリーレジームは自然現象なのか、それとも中央銀行の政策が生み出したものなのか

　第5章では、だれが金融市場におけるキャリートレードの中心的なプレーヤーになるのかについて議論した。キャリーの主要なエージェントであるキャリートレードのメーンプレーヤーの成長は、金融市場に「キャリーレジーム」というものを生み出してきた。キャリーレジ

ームとは、長期的に見るとキャリートレードを行う人々に莫大なリターンをもたらす金融市場のプライシング構造と市場の動きのパターンのことを意味する。莫大なリターンをキャリートレードのトータルリターンインデックスと表現するならば、トータルリターンインデックスは常に上昇し続けるが、時折、激しいキャリークラッシュによって暴落する。

　本章では、そして第９章ではもっと詳しく、アメリカの株式市場、特にS&P500におけるボラティリティの売り——ボラティリティキャリー——について見ていく。これは通貨キャリーほどにはよく理解されていないが、第４章のデータで示したように、世界のキャリーレジームの中心的存在になってきた。アメリカの株式市場では、キャリーを好む市場構造は市場のボラティリティ構造のなかに見ることができる。つまり、異なるオプションの価格に暗に含まれるインプライドボラティリティと市場の動きのなかで実際に発生したボラティリティの関係のなかに見ることができるのである。この１つの解釈は、この市場構造から得られるキャリートレーダーの利益は市場に対する流動性の提供者として、そのサービスに対して与えられる報酬であると考えることができる。積極的に収益を得ようとする投機家はレバレッジをかけているので、流動性というバックネットを必要とする。そうした投機家が流動性を必要とするとき、キャリートレーダーが流動性を提供する。

　S&P500のボラティリティ構造に組み込まれたキャリーのリターンが高水準なのは、厚みのあるアメリカ市場（S&P500を原資産とするデリバティブ市場やETF［上場投資信託］市場は世界で最も厚みのある株式リスク市場）でのキャリートレーダーは、アメリカ市場のレバレッジ投機家だけでなく、少なくともある程度はグローバル市場のレバレッジ投機家に対しても、流動性の活発な提供者でなければならないからだ。アメリカ市場ほどの厚みもなく、提供する商品もアメリカ市場

ほど多くない市場では、リスクヘッジのなかにはアメリカ市場の商品を使ったヘッジもあるだろう。したがって、S&P500はグローバルなキャリーレジームの中心となり、S&P500自体が究極のキャリートレードとなる。

これは一見無害なように見える。流動性を提供するというサービスのなかで行われる金融市場のプライシングには何か問題があるのだろうか。一方、私たちは、グローバルな通貨キャリートレードの拡大はリスクのミスプライシングと間違ったリソースの配分を生み、これを生み出しているのは中央銀行とその政策であると主張してきた。

これは一見矛盾しているように見える。グローバルな金融市場は「リスクオン」でトレードするか、「リスクオフ」でトレードするかという「マーケット・オブ・ワン」（2003 - 2007年のクレジットキャリーバブルのときに、モルガンスタンレーのストラテジストだったヘンリー・マクベイによって造られた言葉）に収束してきたことは長期にわたって広く認識されてきた。最近では、通貨キャリーがうまくいく（すべてとは言わないが）多くの期間で、S&P500のキャリートレードもうまくいくことは明らかだ。これは第4章のデータで示したとおりである。アメリカの金融会社の対外純資産に関するIMF（国際通貨基金）のデータ（米ドルで資金調達するグローバルな通貨キャリートレードの拡大の目安となるデータ）も、S&P500と通貨キャリートレードの間には明確な関係があることを示している（**図6.1**）。

通貨キャリートレードとは流動性を提供することでもある。キャリーのレシピエント通貨のほとんど（すべてではない）は新興国の通貨である。これらの国は急成長しているが、ボラティリティは高い。これらの国は資本流入に依存し、債券は先進国よりも格付けが低く、為替レートは管理されている。さらに、主要な先進国に比べると、政策は柔軟性に欠ける。つまり、これらの国は、先進国の株式市場でのレバレッジをかけた活発な投機家と同じである。これらの国は流動性を

図6.1　S&P500とアメリカの金融会社の対外純資産

出所＝IMF

　求める可能性が高く、危機のときには間違いなく流動性を求めてくるだろう。したがって、通貨キャリートレードは長期的にはプラスのリターンを上げ、その結果としてグローバルな通貨キャリートレードは拡大すると思われるが、これはキャリーのレシピエント国が資本や流動性を必要とするからである。

　これはある程度は正しいかもしれないが、通貨キャリートレードの場合、中央銀行やIMFがキャリートレードの拡大を促すために大きな影響を及ぼし、これによって不安定な世界になったことは明らかだ。この歴史については第2章で述べたとおりである。通貨キャリートレードと株式市場ボラティリティのキャリートレードとの間に類似点があるとするならば――これは理論的にも実証データからも明らか――、中央銀行の政策が株式市場ボラティリティのキャリートレードにも悪影響を及ぼしてきた可能性はある。

　キャリーレジームは自然現象なのか、それとも中央銀行の政策が生み出したものなのかという難問に答えると、それは自然現象である、と考えるのが妥当だと思う。これは単に金融市場だけにとどまらず、もっと基本的なレベルで考えることができる。これについては本書でこのあと説明する。キャリーは成長を促すモーターや潤滑油のようなものだ。しかし、キャリーがそのほかの市場の振る舞いや市場の力を支配するようになると、問題が発生する。問題は、利潤の追求（レントシーキング）や自由の破壊・侵害という形で起こる。金融キャリートレードの場合、一方には流動性を求める人々がいて、もう一方には流動性を提供する人々——キャリートレーダー——がいる。これは経済的な関係と見ることができるが、もっと広い意味では、力関係と見ることができる。

　キャリーの自然な力が搾取と思えるものに変容することは、経済学の教科書に出てくる理論的な自由市場経済では発生しないが、経済的自由をあまり持たない独占的な経済組織のなかでは発生する可能性がある。特に、ベースマネーが大きな裁量を持った中央当局（中央銀行）によって作られる金融・経済システムではこうした傾向が見られる。その場合、キャリーはその当局の意思決定を利用して、そのほかのマクロ金融的な勢力を支配し、最終的には中央銀行はキャリーに支配される可能性もある。そしてキャリーレジームはキャリーバブルとなるか、もっと大きなバブルとクラッシュとなって現れ、経済や社会全体を徐々に蝕んでいく。

　したがって、本セクションのタイトルである「キャリーレジームは自然現象なのか、それとも中央銀行の政策が生み出したものなのか」に対する答えは、両方ということになる。自然現象としてのキャリーは道徳的見地から言えば、ニュートラルか良いものであるということになるが、金融システムにおける当局（特に中央銀行）との相互作用の点では、有害となる可能性が高い。

S&P500におけるボラティリティの売り

　キャリーレジームを完璧に理解するには、キャリー、レバレッジ（負債）、流動性の関係を理解する必要がある。本章では、株式市場におけるボラティリティトレードの観点からこれを見ていく。次の第7章では、マネタリー経済の観点からこれを考える。

　ボラティリティに直接賭ける取引はオプション市場や先物市場で行うことができる。株式保有者は株式や株価指数のプットオプションを買って、株式や市場全体における大きな損失リスクを避けようとする。プットオプションを買うときはプレミアムを払う。プレミアムを払うことで、将来の満期日までにあらかじめ決められた価格（ストライクプライス。この場合は、現在の株価を下回る価格）でこの株式や株価指数を売る権利を得る。プットオプションの売り手は、株価がオプションのストライクプライスを下回って下落するリスクを引き受ける代わりに、プレミアムを受け取る。

　プットオプションの売り手はボラティリティの売りトレード（キャリートレード）を行っていることになる。売り手は株価や株価指数の価格が大きく下落しなければ、収入を得ることができる。株価や市場が比較的安定（ボラティリティが低い）していれば、このキャリートレードは利益になる。ご存じのように、プットオプションの価格は原資産の現在価格がストライクプライスからどれくらい離れているか、オプションの満期日までの時間、そして次の要素が重要なのだが、株価や株価指数のインプライドボラティリティによって値段が決まる。ほかの条件が同じなら、インプライドボラティリティが大きいほど、オプション料は高く、オプションの売り手が手に入れられる収入も多くなる。しかし、原資産価格がオプションのストライクプライスを下回って下落すると、オプションの売り手はお金を支払わなければならない。その額は原資産価格が下落するほど、つまり、原資産のボラティ

リティが高くなるほど多くなる。つまり、オプションの売り手はボラ
ティリティが予想よりも低ければ儲かるということである。なぜなら、
オプションの売り手は「ボラティリティを売って」いるからだ。

　ボラティリティとは価格がどれくらい動くかを測定したものであり、
オプション価格を決める重要な要素になる。将来の価格は現在価格を
中心とする範囲に分布する（ばらつき）。ボラティリティとはこのばら
つきがどれくらい広いかを示す数値だ。

　リアライズドボラティリティあるいはヒストリカルボラティリティ
は、過去の一定期間の値動き（価格変動の分布）を基に計算される。し
かし、ボラティリティそのものは変動しやすい。前月のボラティリテ
ィを測定したとしても、翌月にはボラティリティは変わっている。た
だし、その変動速度はゆっくりだ。つまり、ボラティリティには持続
性があるということである。前月のボラティリティは、１年後の日々
の価格変動を考えるのには使えないとしても、ほとんどの場合、明日
の価格変動分布の非常に良い推定値になる。したがって、将来発生す
るボラティリティの市場予測であるインプライドボラティリティは、す
でに発生したボラティリティに連動して動く傾向がある。ただし、イ
ンプライドボラティリティは通常、リアライズドボラティリティより
も若干高い。

　近代の金融市場では、インプライドボラティリティは直接売ること
が可能だ。その最も簡単で最もよく使われる方法は、VIX先物やシン
プルなVIX先物戦略に対応したETN（上場投資証券）を通して行うと
いうものだ。VIXは今後30日間のS&P500のインプライドボラティリ
ティを算出した指数で、S&P500指数のオプション価格を基に算出され
る（厳密にいえば、VIXは今後30日間のS&P500指数のインプライド
分散に対応したボラティリティである）。VIX先物はVIXを原資産と
する１カ月ごとに満期がくる先物である（今ではあまり使われなくな
ったVXO［インプライドボラティリティ指数］はS&P100のオプショ

図6.2　VIXの平均的なフォワードカーブ（2009〜2018年）

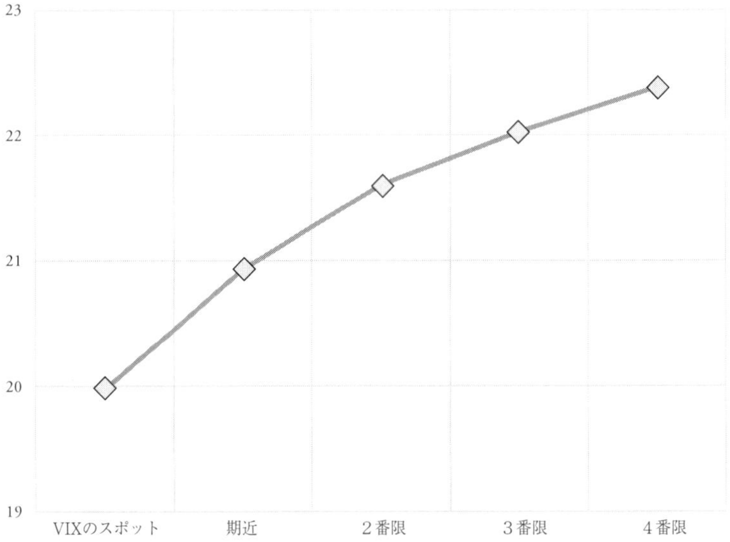

チャートは2009年の最初の取引日から2018年の最後の取引日までのVIXのスポット価格、VIXの期近価格、2番限価格……の日々の終値の平均を示している。フォワードポイントは限月カーブから外挿し、平均は2乗平均平方根として計算

出所＝CEOB先物取引所、インタラクティブブローカーズ、著者による算出値

ン価格を基に算出される指数で、歴史はVIXよりも長い。VXOはVIXよりもデータ履歴が長いため、第4章のヒストリカルデータの分析ではVXOを使った）。

　ほとんどの場合、VIX先物価格はVIXのスポット価格よりも高い。また、納会までの期間が長い先物は短い先物よりも価格が高い。つまり、VIX先物の限月カーブは右肩上がりになるということである。**図6.2**は金融危機以降のVIX先物の平均的なカーブを示したものだ。カーブがこの形状のときにVIXを売れば、ポジティブキャリーになり、それはキャリートレードになる。納会までの期間が長いVIX先物を売り、VIXのスポット価格が変わらなければ、先物価格は納会ではスポット価格に向かって下落するので、利益になる。これを「ロールイー

図6.3　VXX/VXXBの累積トータルリターン

期間はVXXが開始された2009年1月30日から2019年3月19日まで。VXXはすでに償還され、2019年1月30日にVXXBが誕生

出所＝Yahoo!ファイナンス

　ルド」という（VIX先物価格がスポット価格に向けてカーブの斜面に沿って下がっていく［ロールダウンする］ときにキャリートレーダーにもたらされる収入）。また、インプライドボラティリティが下落し、納会時にVIXのスポット価格が先物の売りを仕掛けたときよりも下がれば、さらに大きな利益になる。通貨キャリートレードと同じく、VIXのキャリートレードも2つの特徴を持つ——ロールイールド（通貨キャリートレードでは金利差に相当）と原資産価格の変動である。このケースの場合、原資産はボラティリティそのものである。

　また、VIX先物の買いは値段が高い。**図6.3**はリーマンショックの後半以降のVXX ETN（VIX先物を継続的にロールオーバーする商品で、満期までの平均期間は1カ月）のパフォーマンスを示したものだ

（目盛りは対数）。

VIX先物の売り——**図6.3**に示したラインの売り——は、ボラティリティが急上昇すれば大きなドローダウンに見舞われるが、常に利益を上げてきた。2010年5月、2011年8月、2015年8月、2018年2月はボラティリティが急騰し、VXXはそれぞれのケースで80％から180％上昇した。なぜVIXの売りは儲かるのだろうか。そして、なぜVIXの売りは極端なドローダウンに遭遇するのだろうか。つまり、なぜボラティリティは重要なのだろうか。

ボラティリティ、オプショナリティ、レバレッジ

ボラティリティが重要なのは、オプショナリティ（オプションの特性）の価格（コスト）がボラティリティによって決まるからである。オプショナリティはダイナミックな投資戦略を実行するなかで暗黙的にトレードされるものだ。最もシンプルな例としては、一定のレバレッジを維持することが挙げられる。キャリーレジームが基本的要素としてレバレッジを含んでいることを考えると、これは重要な概念だ。

例えば、投資家や投機家が常に200％のレバレッジでS&P500を買いたいと思っているとしよう。例えば、彼の手持ち資金が100ドルだとすると、200％のレバレッジでは200ドルのトータルポジションを持つことができる。市場が1％上昇すると、彼のポジションは202ドルになり、手持ち資金は102ドルになる。202ドルを102ドルで割ると200％に満たないので、レバレッジを200％に維持するためにはあと2ドル分の株を買う必要がある。逆に市場が1％下落すると、ポジションは198ドルになり、手持ち資金は98ドルに減少する。しかし、この場合、ポジションは手持ち資金の200％を超えるので、レバレッジを200％に維持するためには2ドル分の株を売る必要がある。

空売りした投機家の場合もレバレッジは同じように変化する。例え

ば、手持ち資金が100ドルの投機家が100％のレバレッジでS&P500の空売りポジションを持ちたいと思っているとしよう。市場が２％下落すると、彼は２ドルの利益を得て、手持ち資金は102ドルになる。しかし、彼が今持っている空売りのポジションの価値は98ドルにしかならない。レバレッジを100％に維持するためには、あと４ドル分の株を売る必要がある。しかし逆に、市場が２％上昇したとすると、手持ち資金は98ドルに減少し、ポジション残高は102ドルになる。空売りのポジションを手持ち資金に一致させるためには、４ドル分の株を買って、空売りのポジションを減らす必要がある。

　これらの例から分かることは、投機家がレバレッジをかけているか、あるいは空売りのポジションを持っているときに投資比率を一定に保つためには、資産価格が上昇すれば株を買い、下落すれば株を売らなければならないということである。価格が上昇したら買い、下落したら売るというこのパターンを「市場に沿ってトレードする」と呼ぶことにしよう。一方、アンダーレバレッジ（借り入れが少なすぎる）の場合、例えば、50％は株で保有し、50％は現金で保有するポートフォリオを持っている場合、ポジションをリバランスし、アンダーレバレッジを一定に保つためには、価格が上昇したら売り、下落したら買う必要がある。つまり、「市場に逆らってトレードする」ということである。

　市場に沿ってトレードするレバレッジ投機家は、買いのオプショナリティを持つ。市場が思惑どおりに動き続け、市場に沿ってトレードすれば、彼女は莫大な利益を得られる可能性がある。その代償として、市場の上下動（ノイズ）のなかで、彼女は高く買い、安く売るというトレードを絶えず行う必要がある。当然ながら、トレードするたびにコストがかかる。市場に沿ってトレードする場合のトータルコストは、資産価格のボラティリティに関係することは容易に分かる。資産が大きく上下動すればするほど、頻繁にトレードする必要があり、コスト

はかさむ。市場に沿ってトレードする場合のコストは、ボラティリティを2乗した値——つまり、分散——に正比例する（これは「ボラティリティドラッグ」とか「バリアンスドラッグ」と言うこともある）。

つまり、オプショナリティとは市場に沿ってトレードするか、市場に逆らってトレードするかということである。オプショナリティは非常に重要な概念だ。なぜなら、オプショナリティの価格（コスト）はボラティリティによって決まるからである。オプショナリティはボラティリティであり、ボラティリティはオプショナリティであるとも言える（オプションの場合、オプショナリティ——市場に沿ってトレードするか、市場に逆らってトレードするか——は、ギリシャ文字のガンマ γ で表される。これについては第9章でもっと詳しく説明する）。

レバレッジをかけている投機家がリバランスしなかったらどうなるだろうか。市場が彼女の思惑と逆方向に動き続ければ、彼女の資産はゼロになる。つまり、破産するということである。市場が突然大きく動く、つまり、市場が崩壊すれば、リバランスしようとしている投機家も破産とは無縁ではいられない。実際には、彼女の資産が一定の閾値を下回ると、彼女のブローカーはポジションを手仕舞いすることを要求するか、彼女に代わってポジションを強制的に手仕舞いする。これを「強制ロスカット」という。

信用取引でロングポジションを取っているときにこのような形でロスカットが発動するということは、価格が下落しているときに売ることを意味する。また、信用取引で空売りのポジションを取っているときにロスカットが発動するということは、価格が上昇しているときに買い戻すことを意味する。ロスカットが発動すると常に市場に沿ってトレードすることになる。市場に沿ってトレードするときの期待トレードコストは、投機家がリバランスすることでコストを明示的に支払う場合も、破産リスクを受け入れることでコストを支払う場合も同じだ。

　実際には、ロスカットが発動するのは全体的な金融情勢とブローカーの財務状況によるため、投機家の状況はさらに複雑になる。例えば、2007年8月に、投機家たちは米高利回り債のポジションに10倍のレバレッジをかけることができたが、1年後の最大レバレッジは4倍に減らされた。CDO（債務担保証券）の投機家たちはもっと悲惨で、2007年8月には最も格付けの高いCDOのトランシェは25倍のレバレッジをかけることができたが、2008年にはレバレッジはまったくかけられなくなった（チャン・ダイとサレシュ・サンダレサン、「Risk Management Framework for Hedge Funds: Role of Funding and Redemption Options on Leverage」、2010年）。

　レバレッジをかける投機家は市場に沿ってトレードすることを求められるが、これは流動性を要求することを意味する。レバレッジをかける投機家は流動性を要求することに対して喜んでお金を払うか、そうせざるを得ない。ボラティリティの売りによって得られる利益は、少なくともその一部はレバレッジをかける投機家に対して流動性を提供することに対する報酬と見ることができる。

　第5章でも述べたように、ヘッジファンドはレバレッジをかけてトレードを行う市場参加者であり、彼らの影響力はこの20年で大きく増大した。彼らの影響力が増大するにつれて、流動性の要求に対するコストも増大した。このコストがボラティリティのキャリートレードの収益源の一部になっているのである。もっと一般的に言えば、システミックレバレッジの水準が上がれば、市場の流動性はより多く必要になる。システミックレバレッジの水準が上がれば、流動性とレバレッジ（ボラティリティの売り）を提供することで得られるプレミアムはますます増大する。

　2018年には世界経済と世界市場でのトータル有効レバレッジは2007年のピークを上回った可能性が高い（国債を含めた累積債務のデータによれば、世界の対GDP［国内総生産］債務比率は上昇し続けてきた。

しかし、第3章で述べたように、偶発債務とバランスシートには計上されない債務を含む真のレバレッジの測定は有効レバレッジの測定よりもはるかに難しく、不可能と言ってもよいかもしれない）。もっと長期的な観点から見ると、金融化が進んだ過去数十年において世界はかつてないほど流動性が高まり、レバレッジも高まった。レバレッジが高まると、流動性はより一層要求されるようになる。つまり、市場の流動性の高まりはレバレッジに対するインセンティブを与えるということである。したがって、ボラティリティのトレードはかつてないほどに拡大し、重要性を増してきた。そうしたボラティリティ市場の中心がS&P500であり、VIXなのである。

レバレッジとキャリークラッシュ

キャリートレードの重大な特徴の1つは、それが必ずレバレッジを含むということである。キャリートレードが最終的には必ず崩壊する主な理由が、レバレッジ取引が不安定なためである。S&P500が世界市場を牽引し、グローバルキャリーの中心になってきており、株式市場のクラッシュリスクが現実味を帯びてきていると理解してよいだろう。

オプションの売りはキャリートレードだ。したがって、オプションの売りにはレバレッジが含まれる。ヘッジされていないアウト・オブ・ザ・マネーのプットの売り手がさらされる潜在的リスクを考えてみよう。オプションのプットを売ると、売り手はプレミアムを受け取る（プレミアムは原資産を普通に売買した場合の代金よりもはるかに安い）。しかし、市場が下落し、オプションがイン・ザ・マネーで満期を迎えれば、オプションの売り手には現在値よりも高い権利行使価格で株を買う義務が発生する。オプションの売り手は受け取れる現金をはるかに超える偶発債務を引き受けることになる。つまり、売り手のレバレッジが上昇したということである。一方、オプションの買い手は現在

値で原資産を買って、権利行使価格で株を売る権利を買ったことになる。買い手が得られる利益は支払ったプレミアムよりもはるかに大きい。買い手のこの権利は、市場の状況次第ではバランスシートが増大することを見込んだ売り手によって与えられたものである。

　あらゆる種類のボラティリティの売りトレードでは、受け取る額は確かで、支払う額が不確かであることによってリターンが得られる。例えば、前述したVIXのロールダウントレードでは、キャリートレーダーは長期のインプライドボラティリティを既知の価格で売って、将来的にスポットのVIXを未知の価格で買うことでポジションを手仕舞いする。VIXはゼロ以下には下がらないが、無限に上昇するので、ボラティリティの売り手にとっては常に値上がりリスクよりも値下がりリスクのほうが大きい。つまり、トレードにはレバレッジがかかっているということである。ボラティリティの売りは、オプションの売りであろうが、VIXの売りであろうが、ほかの形態（これのいくつかについては第9章で説明する）であろうが、レバレッジを提供することと市場の流動性を約束することが必ず含まれるのである。

　キャリートレードには本質的にレバレッジが含まれているという考えは、キャリーのおなじみの特徴──キャリークラッシュ──を理解するうえで役立つ。キャリートレードは中期的にはリターン分布は極端なスキューを持っていることが知られている。これについては第4章で実証データを使って詳しく説明した。キャリートレードのリターンはのこぎり歯状のパターンを持ち、上昇速度は遅く、下落速度は速い。これは、「昇りは階段、降りはエスカレーター」という言葉や「スティームローラーの前で5セント硬貨を拾う」といった言葉で表される。2007～2009年にかけて発生したリーマンショックまでの、そしてその間の対ドルオーストラリアドルのトータルリターンは典型的なキャリーのパターンを表している（**図6.4**）。

　のこぎり歯状のパターンはレバレッジ効果で説明がつく。簡単な価

119

図6.4　オーストラリアドルのトータルリターン（2006～2009年）

2007年のバブルのピーク前後のオーストラリアドルのトータルリターンを示している。この間のリターンにはキャリートレードの特徴がよく現れている

出所＝ブルームバーグ

格モデルによれば、これは「ブラウンノイズ」に似ている――ある日のリターンは翌日のリターンとは無関係――。しかし、レバレッジにアクセスすることでリターンの独立性は消える。キャリートレーダーがさらに大きなレバレッジをかける意思と能力があるかぎり、押し目は買い理由になり、押し目で買われる。したがって、かけるレバレッジは大きくなるが、価格は平均回帰し、上昇し続ける。しかし、レバレッジは無限に大きくなることはない。キャリートレードに新たなレバレッジが注がれなくなれば、価格は下落し、売りを余儀なくされ、それが価格のさらなる下落につながる。そしてレバレッジの解消が雪崩的に発生する。そして売り手に対する流動性は消失し、価格は一時的に平均回帰からモメンタム（下方）に変わり、ボラティリティは爆発

的に上昇する。

　S&P500のボラティリティの売りトレードは過去数年にわたってこの
パターンを明確に示している。2008年10月には最大のキャリークラッ
シュが発生し、ボラティリティが急上昇した。そして、2010年5月、
2011年8月、2015年8月、2018年2月にはミニクラッシュが発生した
（2018年2月のボラティリティの突然の急騰は「ボルマゲドン」と呼ば
れている。このときVIXは1日で2倍以上上昇した）。このようにボ
ラティリティが急騰すると、いかなる形態のS&P500のボラティリテ
ィの売りも失敗に終わる。スポットと期近のインプライドボラティリ
ティは急騰し、VIXカーブは反転する。リアライズドボラティリティ
は現在のインプライドボラティリティ水準さえ上回り、市場は一直線
に下落する。

　ボラティリティはレバレッジのコストであり市場流動性の価格であ
るため、キャリークラッシュはキャリー資産のボラティリティ価格の
上昇として理解するのが一番分かりやすい。キャリー資産のボラティ
リティそのものはトレード可能だが、それもまたキャリートレードだ。
キャリー資産のボラティリティは、レバレッジをかける段階ではゆっ
くりと下落し、低水準で推移し、売り手に利益をもたらす。そして、そ
のあとのレバレッジを解消する段階では一気に上昇する。また、キャ
リー資産にはレバレッジがかけられ、キャリー資産市場には流動性を
要求するレバレッジ投機家がいるため、キャリー資産のボラティリテ
ィの売りは儲かる。逆に、資産のボラティリティの売りにレバレッジ
を幅広く適用することで、原資産そのものがキャリートレードになる。
S&P500のボラティリティの大量の売りによってS&P500そのものがキ
ャリートレードになるのも同じ理由である。

　より大きなレバレッジをかけたキャリートレードの期待リターンは
下がることはないが、それはスキューが大きいことを意味し、もっと
大きなクラッシュを引き起こす。スキューリスク、つまりクラッシュ

リスクが十分に大きければ、ボラティリティはどういった期待リター
ンプレミアムに価格付けされようと、それが適正な価格になる。プレ
ミアムが大きいほど、ボラティリティの売りにはより大きなレバレッ
ジがかけられ、スキューリスクは目に見えない形で上昇し、自らを流
動性の提供者だと思っている人々は瀬戸際で流動性の要求者に変わる。
システミックレバレッジが極端に大きく、流動性に対する要求が最高
潮に達している今日のような世界では、多くの人々や多くの参加者が
組織的にボラティリティを売っているからといって、ボラティリティ
の売りに対する長期的リターンが必ずしも低くなるわけではない。こ
れは、ボラティリティが極端に激しいショートスクイーズになる傾向
があることを意味する。

ボラティリティは貨幣の価値

アメリカ市場の厚さと、そこで提供されるさまざまな金融商品によ
って、S&P500は今やグローバルなキャリーレジームの中心となってき
た。S&P500に連動するデリバティブとETFは世界の株式リスクにと
って最も流動性の高い商品だ。S&P500はほとんどの株式リスクトレー
ドと高い相関を持ち、世界で最も重要なベンチマークだ。したがって、
S&P500はそれを原資産とするデリバティブを通して、流動性の低いさ
まざまな商品のポジションやリスクのヘッジに使われる。つまり、
S&P500は世界のヘッジなのだ。このようにS&P500は、流動性の低い
商品からのオプショナリティに対する要求を吸収し、したがってプレ
ミアムを吸収する。関連ついでに言えば、ボラティリティ指数はほか
の市場にもあるが、VIXほどよく使われているものはない。また、こ
れらのボラティリティ指数に対する先物やオプションも存在するが、
VIXの先物やオプションほど流動性のあるものはない。したがって、
S&P500のボラティリティを表すVIXは、リスクの一般レベルの点か

らも、オプショナリティの価格の面からも、市場関係者や研究者から
は世界の金融市場における「グローバルボラティリティ」の最高の代
理とみなされているようだ。

　第4章で示したデータからは、S&P500のボラティリティは究極的に
は唯一のグローバルボラティリティであることは自明だ。なぜこれが
重要なのだろうか。それは、グローバルボラティリティは世界で最も
重要で最も稼げるリスクファクターだからである。

　金融理論は、「リターンにはリスクが付き物」という考えから始まる。
リスクはすべてが等しいわけではない。リターンを提供してくれるの
は、痛みを伴うリスク、つまり、人々がお金を払ってでも逃れようと
する不快な不確実性のみであるのは明らかだ。リスクによっては分散
可能なものもある。分散可能なリスクはリターンは提供してくれない。
なぜなら、こうしたリスクはたくさんあれば相殺されて、組み合わせ
れば無リスクポートフォリオを作成することができるからだ。

　では、分散できない痛みを伴うリスクとはどういったリスクのこと
を言うのだろうか。資本資産価格モデルによれば、それは市場リスク
である。もっと近代的な理論では、「確率的割り引きファクター」とか
「プライシングカーネル」といった専門用語が使われる――これは、最
も重要なのは、「悪い時代の自己共分散」（ジョン・H・コクラン著『資
産価格論［Asset Pricing］』［改訂版］。アンティ・イルマネン著『期
待リターン』［きんざい]）であるということである。これは直観的に
は次のようになる――最悪のときにドローダウンを被る戦略や資産は、
長期にわたって豊かなリスクプレミアムを持つ（第4章では、キャリ
ートレードは景気が「悪いとき」、つまり金融市場や経済にとって最悪
のときに最悪のドローダウンを被る傾向があることを示す実証証拠に
ついて調べた）。ドローダウンが起こり得る最悪のときというのは、資
金を失っているにもかかわらず、現金（ドル）が最も価値を持つとき
である。

では、ドルが最も価値を持つのはどんなときだろうか。標準的な経済モデルは「消費効用」——現実世界におけるドルの効用——に注目する。これらのモデルによれば、余分な1ドルが特に価値を持つのは、経済が収縮しているとき、物価が上昇しているとき、人が腹をすかせ寒いとき、人がご飯を食べて体を温め、身を守るためにそれを本当に必要としているとき、人が命を守るためにをそれを必要しているときである。なるほど、これは合理的な考え方だ。

　これは正確にはどういう意味なのだろうか。まず、飢えと寒さは無視して考えてみよう。つまり、現実世界を無視するということである。例えば、「その人」を銀行、シャドーバンク（影の銀行）、ヘッジファンド、会社——飢えや寒さを感じないもの——であると仮定しよう。こういう実体は、飢えて死にそうな人と同じくらいに、命を守るために本当にその1ドルを必要とするだろうか。借金をしているときだけはそうだろう。破産リスクに直面しているとき、致命的な追証に応えなければならないときはその1ドルを必要とするだろう。

　その1ドルは、1ドルを必要としない投機家にとっても、価値を持つ。なぜなら、どこかでだれかがそれを必要としているからだ。つまり、その1ドルの持つ価値は、その人やその実体に必要なレバレッジを与えるためにその人に貸すことで得られる利回りである。その人に必要な流動性を与えるためにその人と取引することで得られる利回りがその1ドルの持つ価値である。1ドルはそれが最も利回りが大きいときに最大の価値を持つ。レバレッジの世界やキャリーとそのリスクに支配された世界では、ドルが最も価値を持つのはボラティリティが高く、上昇しているときである。「1ドルの限界効用は、ボラティリティの価格」なのである。

　言い換えるならば、VIXが上昇しているとき、貨幣の価値とそれを保有したいという要求も上昇する。そして、貨幣に対する需要はすべての資産のリターンを合わせたものに一致する。VIXが上昇すると、投

資家はリスク資産を保有するよりも現金を保有することを好む。すると、資産価格は急激に下落する。ボラティリティが上昇すると、相関が急上昇し、分散効果が消えるのはこのためだ。キャリークラッシュのときは、現金以外に身を隠す場所はない。キャリーレジームがグローバルになった現在は特にそうだ。逆に、VIXが下落すれば、つまり、ボラティリティがキャリートレードによって抑制されれば、貨幣を保有したいという要求も下がり、資産間の相関も下落する。ボラティリティと相関が低下するため、リスク資産のポートフォリオは貨幣のように安定してくる。事実、キャリーレジーム拡大の特徴の1つは、人々がさまざまな資産を貨幣の代理として持つようになることである。なぜならこうした資産は安定しているように思えるからだ。これについては次の第7章で説明する。もちろんこの安定は幻想にすぎない。そして、これらの資産のリスクがキャリークラッシュで明らかになれば、「真」の貨幣を保有したいという要求は爆発的に上昇する。

S&P500のボラティリティが「グローバルボラティリティ」になったということは、S&P500のボラティリティは一般的流動性リスク——貨幣の価値を決めるリスク——であるということである。つまり、世界一稼げるリスクということである。それと同時に、一般的流動性リスクプレミアムを吸収することで、S&P500は、高い期待リターンと恐ろしいほどのスキューを持った究極のキャリートレードになる。フラッシュクラッシュや1987年10月のブラックマンデーのように発生確率がほとんどゼロに近いイベントが発生する確率は、ほとんどゼロから意味のある数値に上昇する。

これはまた、景気後退や経済の混乱によってS&P500は下落することはないことを意味する。今や景気後退や経済の混乱はS&P500の下落によって引き起こされている。2011年のユーロ危機が急激に始まったのは次のように解釈することができる。一般的流動性リスクプレミアムの拡大によってイタリアとスペインの経済は破綻した。もっと正

確に言えば、これらの国の実態が明らかになったといったほうがよい
かもしれない（2015年の後半の市場の低迷によってグローバル経済が
弱体化し、弱い経済を強くするために世界が一致団結して取った金融
政策は2016年初めに最高潮に達したが、これもまた同じように解釈す
ることができる。そして、2018年の終わりにも同じようなサイクルが
繰り返された）。一般的流動性リスクプレミアムの拡大は、一言で言え
ば、VIXが上昇したことを意味する。アメリカの株式市場でキャリー
クラッシュが起こるときはいつも、流動性に依存し高いレバレッジを
かけた世界経済は壊滅的な影響を受け、危機に逆戻りする。

　しかし、その後、キャリートレードは再び増大する。これがキャリ
ートレードの特徴である。

中央銀行はボラティリティの最大の売り手

　ボラティリティの売りはレバレッジと流動性を提供する。これから
考えれば、最も重要なボラティリティの売り手は最後の貸し手という
ことになる。2012年にオープンエンド型QE（量的金融緩和政策）で
あるQE3を発表したFRB（連邦準備制度理事会）は流動性とレバレッ
ジを積極的に提供してきた。つまり、莫大な量のボラティリティを効
果的に売ったということである。QE3によってFRBのバランスシート
は膨らみ、2012年の終わりの2.9兆ドルから2014年の終わりには4.5兆ド
ルになった。FRBをボラティリティの最大の売り手とみなすならば、
ボラティリティの売りは株式市場にとって極めて重要であるという主
張は、FRBが株式市場にとって極めて重要であるという従来の主張に
一致する。これはよく知られたチャート（**図6.5**）を理解するうえで
役立つ考えだ。

　図6.5からは極めて需要なことが分かる。これは次の第７章（キャ
リーレジームの金融界における悪影響）の内容につながるものだ。

図6.5　S&P500とFRBによる長期証券の保有額

― S&P500（左の縦軸）
― FRBの満期が５年を超える長期証券のトータル保有額（右の縦軸。単位＝10億ドル）

出所＝Yahoo!ファイナンス、FRB

　図6.5のチャートや同じ関係を描いた似たようなチャート（例えば、FRBのトータルバランスシートと株式市場の関係やマネタリーベースと株式市場の関係を描いたチャート）は金融市場関係者や評論家の間ではよく知られている。最近では、FRBがQE3を発表したときに株式市場は急上昇する、と言ったアナリストやアセットマネジャーも金融市場におけるヒーローになった。チャートが示すように、株式市場は実際に急上昇した。QE3の結果として株式市場が上昇すると言った人々は、「株式市場は必ず上昇する。なぜなら、FRBが金融システムにお金を大量に注ぎ込むからであり、そのお金の一部は株式市場に流れ込む」と口をそろえて言った。

　しかし、株式市場が上昇した本当の原因はこれとは少し違うような気がする。2013〜2014年にかけて株式市場が大きく上昇したのは、FRB

が経済に莫大な資金を注入したからだ、という考え方は正しいとは思えない。市場が本当にFRBが極端に通貨供給量を増やしたことによって上昇したのであれば、物価、商品・サービスの価格、賃金も上昇したはずだ。しかし、この間の物価は低く、金価格（金融インフレの指標とみなされることが多い）も低かった。実際にはインフレよりもデフレリスクを心配する声のほうが大きかった。FRBによる通貨供給量の増加は株価は上昇させるが、ほかの物の価格は上昇させないと信じるのは、FRBは真の富を創造できると信じることに等しい。しかし、FRBが、半永久とは言わないまでも、真の富を創造できるとは思えない。これは基本的な経済学や常識に照らしてみれば分かるはずだ。

　アメリカの株式市場が上昇した本当の理由は、S&P500がキャリートレードになり、FRBのQE政策がボラティリティの大量の売りだったからである。おそらくFRBは最大のキャリートレーダーになった。FRBのバランスシートは、一般に出回るゼロ金利で調達した現金を含む、低金利の負債によって調達した米財務省証券や不動産担保証券といった利付証券を大量に保有した巨大なキャリートレードそのものなのである。

　FRBによるキャリートレードの増加によって、最終的にはキャリー全般から得られるリターンは下落するだろう。前にも説明したように、キャリートレードは極端な損失が出る確率が非常に低く、性質的に流動性を提供するトレード（したがって、プレミアムを要求できる）なので、巨額のリターンを期待することができる。中央銀行が巨大なキャリートレーダーになることによって、キャリーの将来的な期待リターンは低下するはずだ。なぜなら、中央銀行が巨大なキャリートレーダーになるということは、キャリートレードに大量の資本が提供されることを意味するからだ。しかし、当面は資本の余剰的な供給は機能するので、キャリーの実現リターンは上昇する。そのあと何が起こるかというと、一連のキャリーバブルとキャリークラッシュの結果とし

てキャリーレジームが形成される。キャリーバブルとキャリークラッシュのサイクルが繰り返されるたびに、中央銀行の介入は徐々に増加するため、世界の流動性の要求から発生する均衡プロセスをはるかに超えて、バブルもクラッシュも次第に巨大化する。

　第2章で通貨キャリートレードについて議論したとき、特に強調したのは中央銀行の介入である。これは一種のモラルハザードを生む。中央銀行の通貨市場に対する介入と、中央銀行が為替レートが大きく動いたときに介入する準備があるという事実は、通貨キャリートレードをさらに魅力的なものにする。すべてのキャリートレードは同じ現象のさまざまな側面を表すものである、したがって、通貨キャリートレードと株式市場ボラティリティの売りトレードは等価であるという考えが示唆するものは、中央銀行によるボラティリティの売りはモラルハザードを生み出すということである。言い換えるならば、量的緩和とその結果として発生する中央銀行のバランスシートの巨大化はモラルハザードの量を示していると言えるだろう。

　また、FRBのボラティリティの売りと通貨キャリートレードとの間には非常に直接的な関係がある。これについては第12章で詳しく説明する。グローバルな通貨キャリートレードが大幅に縮小したとき（例えば、2008年終わりに発生したリーマンショック）、FRBは通貨スワップによって米ドルでの資金調達を可能にした。FRBとほかの中央銀行との通貨スワップ（ドルを彼らに貸す）は、FRBの外国為替市場への介入を意味する。ヨーロッパにおけるドルの借り手を考えてみよう。借り手は高利回りの国内通貨に投資するためにドルを借りたが、キャリークラッシュのときには借りた資金（ドル）の借り換えができない（これは特に東ヨーロッパで実際に起こったが、2008年にはユーロ圏でも起こった）。FRBは欧州中央銀行やそれに相当する中央銀行にドルを貸し、その中央銀行は（国内の銀行を通じて）困窮した借り手にそのドルを転貸しする。ドルの借り手はキャリートレードを行ったこと

になる。したがって、ポジションの清算を強いられることはない。借り手は、キャリークラッシュのときに信用取引しているトレーダーを苦しめる追証から解放される。中央銀行の介入がなければ、借り手は外国為替市場でドルを買って、借りたドルを返さなければならないだろう。借り手のこういった行為によって、対ドルの国内通貨の為替レートにはさらに下方圧力がかかることになる。中央銀行が通貨スワップを拡大させるという行為は、貨幣経済の観点から言えば、中央銀行が外国為替市場に介入するのと同じである。

　ドルキャリートレード残高とFRBの通貨スワップ残高は逆比例の関係にある。キャリートレードが縮小すると、縮小した民間の通貨キャリートレードはFRBによる通貨スワップの拡大に取って代わられる。つまり、FRBはほかのキャリートレーダーが清算を余儀なくされるときに、そのキャリートレーダーに代わって参入してくるキャリートレーダーであるということである。この場合、FRBの通貨スワップによるバランスシートの拡大は明らかにキャリートレードだ。これについては第12章で詳しく説明する。

　FRBの介入——ボラティリティの売り手、キャリートレーダー、モラルハザードの創造主としてのFRB——は姿は違っても、同じ現象を違う方法で見ているだけである。FRBがキャリートレーダーとして活動すれば、キャリークラッシュの規模は限定され、そのあとに続くさらに大きなキャリーバブルの誘発因子になる。

　FRBはQEを連続的に行使することによってバランスシートを拡大させ、記録的な利益を上げた。これを容認する市場関係者もいるが懸念を示す人もいる。例えば、FRBは2015年には1000億ドルの利益を財務省に納付した。キャリーバブルではキャリートレーダーは莫大な利益を手にする。懸念を示す人は、FRBの莫大な利益がいつの日か莫大な損失になるかもしれないことを心配した。2018年、この不安は的中し始めたように思える。キャリーの莫大な利益が長く続いたあとでは

必ずキャリークラッシュが発生することを考えれば、私たちがFRBが
巨大なキャリートレーダーであることを認めれば、この不安は現実の
ものになると考えてよいだろう。

第 7 章

キャリーレジームが
金融界に及ぼす悪影響
The Monetary Ramifications of the Carry Regime

キャリーレジーム

キャリートレードは，関連する資産の市場価格のボラティリティが低く維持されるか、下落すれば、莫大なリターンを生み出す。これが長く続き、キャリートレードが莫大なリターンを生み出し続けることを期待して、資金はどんどんキャリートレードに引き寄せられる。時間とともにキャリートレードに注がれる資金は増え、最終的には市場がキャリートレードに支配されるようになる。これを「キャリーレジーム」という。

第6章では、キャリーレジームは自由市場経済における自然現象なのか、それとも中央銀行や政府関連機関の政策によるものなのかという疑問を提起した。私たちの答えは、キャリーは自然現象だが、少なくとも過去20年の間に世界の金融市場で発生したキャリーレジームは、中央銀行、なかでも特にFRB（連邦準備制度理事会）がこの自然現象にエネルギーを注いだ結果でもあるというものだった。

しかし、話はこれで終わりではない。過去20年にわたって存在したキャリーレジームや同じ経済的影響を持つものに似たキャリーレジームが、たとえ中央銀行が存在しなくても発生する可能性はあっただろうか。また、現在のキャリーレジームは永遠に続くのだろうか、それ

とも中央銀行が存在するかぎりにおいてのみ存在するのだろうか。これについては本書でこのあと詳しく説明するが、今この問題を取り上げたのは、キャリーレジームの経済的影響、特にキャリークラッシュの性質を考えるうえで役立つからだ。

これまでの章でも述べたように、キャリークラッシュはキャリーレジームにおいて避けて通ることのできないものだ。しかし、キャリーレジームが中央銀行の存在に依存し、究極のキャリークラッシュによって中央銀行システムが崩壊するのであれば、クラッシュによってレジームが終わることもある。あるいは逆に、キャリークラッシュが発生するたびに中央銀行が介入すれば、さらに大きなキャリーバブルが発生し、そのあともっと大きなキャリーバブルが発生する可能性が高い。つまり、キャリーレジームは不安定なもので、最終的には自己崩壊する可能性もあるということである。

今日のグローバルなキャリーレジームは中央銀行の政策によって発生したものとみなすことができる。したがって、今日のキャリーレジームは中央銀行の巨大な力を表すものであると言える。しかし、キャリーレジームの金融界への影響は中央銀行の力を弱体化させる。これはパラドックスだ。FRBは度重なる金融危機に終止符を打つために20世紀初頭に設立された。繰り返されるキャリークラッシュを前に無能さを暴露したFRBは、21世紀には廃止される可能性はあるのだろうか。

反キャリーレジームが出現する可能性があることについては第10章で議論する。つまり、少なくとも現在の形でのキャリーレジームは常に存在するものではないということである。キャリーレジームは終わる可能性があり、もし終われば、中央銀行システムの終焉によって反キャリーレジームが出現する可能性がある。

キャリーレジームにおける貨幣

　キャリーレジームの貨幣効果はなぜ中央銀行の力を弱体化させるのだろうか。これに答えるにはまず貨幣の性質というものを、つまり中央銀行の力の源である貨幣の供給を支配する力を理解する必要がある。

　貨幣とは、支払い手段や資本損失を伴わないで支払い手段に簡単に変換できる資産と定義される。一般に支払い手段として最も広く受け入れられているのは現金である。銀行預金は資本損失を伴うことなく１対１のレートで現金に簡単に変換できるので、貨幣とみなされる。例えば、マネーマーケットファンドは貨幣を測定する幅広い尺度に含まれるが、マネーマーケットファンドを支払い手段に即座に変換するのは銀行預金よりも難しい。マネーマーケットファンドは一般に資本損失リスクがほとんどないと考えられているが、2008年の金融危機を見ると、必ずしもそうとは言えない。

　貨幣資産のいくつか、例えば当座預金残高はほかの資産よりも貨幣の純粋な定義に近いため、マネーサプライについては異なる統計学的尺度が存在する。狭義のマネーサプライであるM1には、支払いに即座に利用できる貨幣——現金と当座預金——が含まれる。また、広義のマネーサプライ（例えば、M3）には、長期定期預金のように、支払いに利用できるが、即座に利用できるものではない貨幣が含まれる。

　信用は銀行制度によって創造される。銀行が貸し出しを行うと、銀行は借り手の口座の貸方にその金額を計上する。これが信用の創造である。借り手が貸方に計上されたお金を何かの支払いに使うと、創造された信用は別の人の手に渡る。信用の創造はシステムのなかで行われるものだ。しかし、伝統的な視点で見ると、このプロセスをコントロールしているのは中央銀行である。民間銀行の貸し出し能力、したがって信用創造能力は、流動資産残高、特にその銀行が中央銀行に持つ交換尻や準備金によって制限される。銀行がお金を貸し出ししすぎ

ると、創造された信用は銀行を離れる（一般に使う目的がなければ長期でお金を借りる人はいない）ため、銀行は中央銀行の交換尻を失うことになる。中央銀行におけるその銀行の残高は、顧客の口座で引き落とされた小切手や支払いを決済すると借方に計上される。銀行はこの資金を銀行間取引市場で調達することができる。しかし、システム全体で最大の支配権を持っているのは中央銀行である。中央銀行のみが準備金の総額を増やすことができる。

　中央銀行は、担保を取って民間銀行にお金を貸し出すことによって、あるいは民間銀行やほかの民間セクターから資産を買うことによって、準備金の総額を増やすことができる。準備金とは、銀行が持つ純粋な形の流動性で、「ハイパワードマネー」のことを言う。例えば、中央銀行が量的緩和の一環として会社や個人から資産を買うと、民間銀行が中央銀行に保有する準備金は増え、マネーサプライも増える。中央銀行が銀行ではない会社から債券を買えば、その会社に対してお金を支払う。これは、その会社が民間銀行に預金をすることを意味するだけでなく、その民間銀行が中央銀行に対してお金を貸し出したということでもある。中央銀行がその債券の支払いを小切手で行い、その小切手がいったん民間銀行の口座に入ると、小切手は民間銀行の手に渡る。そして小切手が決済されると、中央銀行はその民間銀行の中央銀行における準備預金を貸方に記入する。

　このように中央銀行は経済における最大の流動性——民間銀行の準備金——を支配することができるのである。そして、その支配力によって中央銀行は理論的には経済におけるトータルマネーに強力な影響を及ぼすのである。民間銀行は、中央銀行に十分な準備金（ハイパワーな流動性）を置いておかなければ、お金を貸すことも信用を創造することもできないし、そういった能力も限定される。少なくとも伝統的な金融理論ではそうなっている。

　伝統的な貨幣理論では、短期金利は経済における信用需要（会社や

個人がどれくらいお金を借りたいか）と、流動性の提供に関する中央銀行の政策の結果として決まるものだ。中央銀行が高い信用需要の結果として経済におけるマネーサプライを制限しようとすれば、短期金利は高くなる。中央銀行はハイパワーな流動性（準備金）を比較的制限しようとする傾向があるが、高い信用需要から発生した民間銀行の流動性に対する高い需要に対して、流動性が制限されれば、短期金利は上昇する。

　インフレ率が高いと、当然、長期金利も高くなる。長期金利の上昇を効果的に抑えるためには、短期金利は少なくとも長期金利と同じくらい高くなければならない（つまり、利回り曲線は平坦か右肩下がりになる）。短期金利が長期金利よりも低ければ、短期金利での信用需要は強くなり、インフレと成長によって信用需要は強いまま維持される。短期金利が長期金利よりも大幅に低ければ、中央銀行は流動性の供給を制限しようとはしない。このケースの場合、中央銀行は民間銀行が要求する流動性（準備金）を比較的低いレートで提供する。

　これは単なる理論にすぎない。しかし、理論は数多くの暗黙の了解に依存するものだ。借り手が海外の非常に低金利の通貨で借り入れができるため、国内の金利に無関心で、為替変動リスクや借り換えができないリスクを気にしなくてもよい理由があったとしたらどうだろうか。これは第2章から第4章にかけて詳細に議論した通貨キャリートレードのケースだ。さらに、中央銀行は伝統的なマネーサプライをコントロールすることができたり、強力な影響を与えることはできるが、貨幣として機能し、中央銀行がコントロールできなかったり、限定的にしかコントロールできないほかの金融資産が存在したとしたらどうだろうか。

　ディビジアマネーとはマネーの量を加重平均として算出しようという試みであり、さまざまな貨幣性資産はその「貨幣らしさ」の程度によって重み付けされる。適切な重みは金利構造から導き出されること

が多い。金利を払わない現金は、貨幣性資産のなかでもっとも重みが大きく、マネーマーケットファンドのような資産は現金よりもはるかに重みが小さい。リーマンショック以降のアメリカのディビジアマネーは、通貨供給量の伸びが低いことを示していた。

しかし、純粋な形態の貨幣とあまり貨幣らしくない代替貨幣や非貨幣性資産とを分けるものは、貨幣らしくない貨幣の価格の現金に対するボラティリティである。貨幣の定義には、将来のある時期に支払い手段に変換できる資産が含まれている。例えば、ある人が数カ月以内に必要になる車を買うために貯蓄をしているとしよう。彼女の貯蓄の一部が、株価が大きく変動する高リスクの会社の株式だとすると、車を買うときにその株を売った代金を当てにすることはできない。しかし、貯蓄を銀行預金で持っているとすると、車を買うときにどれくらいのお金があるかは明確に分かる。しかし、ETF（上場投信）を持っていたとしたらどうだろうか。ETFの価格は安定しており、価格が下がらないと彼女は確信している。彼女はそのETFを銀行預金と同じような貨幣とみなすだろう。

つまり、資産価格のボラティリティが抑えられ、最終的には非常に低くなるキャリーレジームでは、さまざまな金融資産が貨幣のような資産とみなされるようになるということである。キャリーレジームが拡大するにつれて、利回りが低く、価格ボラティリティも低いもっといろいろな金融資産が貨幣に含まれてくるだろうし、資産の保有者が貨幣とみなす貨幣の有効マネーサプライも拡大するだろう。これを表現する1つの方法としては、マネーの量を測る伝統的な尺度においてはマネーの量は増えていないかもしれないが、「貨幣らしさ」は増大すると言うことができる。

これは、中央銀行が有効マネーサプライ——貨幣とみなされる貨幣の量——に対して直接的な支配力を失うことを意味する。中央銀行は伝統的なマネーサプライに対してのみ影響力を持つ。なぜなら、中央

銀行は伝統的な銀行システムに対してのみ直接的な支配力を持つからである。キャリーレジームの拡大に伴って貨幣のような資産とみなされる金融資産は、銀行の負債ではなく、ノンバンクのような銀行以外の企業の負債である。

　つまり、キャリーレジームは非貨幣性資産をリスクが低いように見せかけ、それらの資産の利回り（金利）を下げ、より貨幣らしく見えるようにするということである。したがって、有効マネーサプライは増えるように見える。これが中央銀行が非貨幣性資産の名目価値を保証しているという考えの結果としてそうなるのか、中央銀行が引き込まれ、危機リスクを避けるために資産価値を保証せざるを得ない市場によって引き起こされるプロセスなのかは別にして、中央銀行はこのプロセスを引き起こす媒体なのである。

　突き詰めれば、資産の貨幣らしさの度合いは、中央銀行や政府がその資産を支持したり、引き受ける度合いに依存する。暗黙の了解の下であろうが明示的であろうが、中央銀行や政府による支持がなければ、投資家や一般大衆が、以前は非貨幣性資産だったものを貨幣と同じような資産として認めることはないだろう。リーマンショックたけなわの2008年、アメリカ政府はマネーマーケットファンドを一時的に保証する政策を打ち出した。また、ヨーロッパではユーロ危機の真っただ中にECB（欧州中央銀行）が「必要なことはどんなことでもする」政策を発表した。つまり、ECBは周辺ヨーロッパ諸国の債券の価値を保証する準備があると言ったわけである。これらを含め、リーマンショック後の実験的なすべての金融政策によって、さまざまな金融資産の貨幣性は増大したということができる。

　中央銀行が資産の暗黙の了解の下に保証を行うことで、中央銀行は資産を買う意思があることを示したので、資産の流動性は上昇するだけでなく、保有者の資本損失リスクは減少する。したがって、資産の貨幣性は高まる。中央銀行の資産に対する暗黙の了解の下の保証によ

って、資産は中央銀行の偶発債務になる。これはまさに資産に貨幣性を与えることにほかならない。中央銀行の信用創造の力は絶大なので、これを行うことができるのは中央銀行だけであるが、この力をこのような形で使うことで、その力は弱体化する。つまり、貨幣性をコントロールする力が弱まるのである。これが最も顕著に表れるのがキャリークラッシュである。キャリークラッシュが発生すると、貨幣性は消え、貨幣と同じように思えていた金融資産は突然、リスクの高い非貨幣性資産に逆戻りする。

キャリーレジームのデフレ的性質

キャリーの拡大によって資産の貨幣性は増大し、したがって有効マネーサプライも増大するが、長期的にはキャリーレジームはインフレ圧力ではなく、デフレ圧力を生み出す。これも矛盾する話だ。キャリーは資産の貨幣性を増大させ、貨幣需要に対してマネーサプライが増えれば、価格は上昇しインフレになると考えるのが普通だ。しかし、キャリーレジームではこれと逆のことが起こる。

2007〜2009年にかけての金融危機の最中とそのあと、中央銀行が実験的金融政策を矢継ぎ早に打ち出すと、多くのハードマネー信奉者（ゴールドバグズ。金本位制推進論者）たちは高インフレやハイパーインフレになると自信満々に予測した。しばらくは金の価格は急騰したが、高インフレにはならなかった。ただし、株価と特定の地域の不動産価格は例外的に上昇した。ゴールドバグたちが理解していなかったのは、これらの政策によって非貨幣性資産の価値が保証された、もっと正確に言えば、保証されたように見えたということである。これによってキャリーレジームは大きく拡大した。長期的には、キャリーレジームは基本的にインフレを引き起こすというよりも、デフレを引き起こす可能性のほうが高いのである。

　キャリーレジームは長期的に見ればデフレ的性質を持つ。なぜなら、キャリーレジームは非常に高い負債水準を持つ経済環境のなかに存在するからである。これは基本的には正しい。キャリーレジームはシステミックレバレッジの上昇を意味し、これは負債の上昇を意味する。キャリーはレバレッジを使って流動性を提供し、イールドスプレッドの縮小と資産価格のボラティリティの低下を通じて、非貨幣性資産の貨幣性を拡大させる。この代表例が債務証券だ。キャリーレジームは負債に依存し、負債の性質を、少なくとも一時的に貨幣のような性質に変えるのである。

　負債はそれ自体デフレ的性質を持つ。ほかの条件が一定ならば、負債水準が収入に比べて非常に高い場合、信用需要は低くなる。負債が多ければ、当然ながらさらに資金を借りようという気持ちはなくなるはずだ。信用需要が低ければ、金利がどんな水準にあっても、マネーサプライの成長は低くなる。なぜなら、貨幣は銀行信用の拡大を含むプロセスによって創造されるからだ。

　したがって、キャリーレジームでは信用需要の成長は長期にわたって抑えられる。これは経済の長期的な成長にマイナスの影響を与える。もちろん、これは極端なキャリーバブルのときは当てはまらない。キャリーバブルは強い投機的な信用需要を生む。つまり、キャリークラッシュが発生するまで、信用は弱い長期的トレンドを上回って成長し続けるということである。超過的負債から発生するデフレに対する長期的なプレッシャーを弱めるのがこのキャリーバブルなのである。

　キャリーレジームによって経済における資源の配分は最適レベルとは言えないものになる。キャリーレジームは金利スプレッドの縮小を生む。これは、中央銀行やほかの政府機関やIMF（国際通貨基金）のような国際機関は過剰な為替ボラティリティ、一般的には資産価格のボラティリティは容認せず、負債を後押しするという前提に基づくものだ。つまり、信用リスクは自由市場の視点から言えばミスプライス

されるということである。これは、負債は少なくとも一部は社会化される という考えを示すものだ。デフォルトコストや失敗コストは少なくとも一部は経済全体や世界経済全体で負担するということである。

　信用リスクのこのミスプライシングは、利益の出ない投資が正当化される以上に長続きし、投資よりも消費が多すぎることを意味する（消費者関連負債の金利が正当化される以上に低くなるため）。OECD（経済開発協力機構）加盟国の生産性が低い原因を調査したOECDの経済部門による2017年の論文は次のように述べている。「生き残れない企業が金融危機の遺産によって生かされているケースが増えている。その原因と考えられるのは、銀行の寛容性、長期にわたる金融刺激策、危機によって誘発された中小企業支援策の持続である」（ムーゲ・アダレット・マッゴーワン、ダン・アンドリュース、バレンティン・ミロー、「The Walking Dead? Zombie Firms and Productivity Performance in OECD Countries」、OECD経済部門ワーキングペーパー、No.1372）。

　世界的に見て、経済に対する中央銀行の介入と政府の過度な関与（負債とリスクの「社会化」）は、貯金が少なく、借金による消費が多く、実物投資に対する予想リターンが低い国を生んだ。人気のあるケインズ経済学とは裏腹に、世界的な問題は貯金が多すぎることではなく、少なすぎる貯金と多すぎる負債だった。国のなかには貯金が多すぎる国もあった。特に中国がそうだ。しかし、その貯金の大部分は非生産的な投資に消費された。世界的な問題は、少なすぎる貯金と資源の不適切な配分とによって経済成長率のトレンド（長期的に持続可能な平均経済成長率）が非常に低くなるということである。その結果、金利が非常に低くなる。これは債務負担がほとんど持続不可能であることを意味する。なかには明らかに持続不可能なケースもある。

　極端なキャリーレジームは長期にわたる低い経済成長を生み出すが、レジームのなかで長く続くキャリーバブルは、バブルによって生み出された物の生産量によって、短期的にはGDP（国内総生産）の数値を

押し上げる。これは注目に値する。GDPの算出方法を考えれば、資源の長期的な不適切配分が固定されれば、つまり、消費が多すぎ、経済が消費財やサービスの生産に過剰に費やされ、不動産投機が多すぎ、超高層マンションが過剰に建造されれば、キャリーのさらなる拡大を生み、それによってGDPは上昇し、経済も上昇する。長期的な平衡状態に対して、車の生産量が多すぎるかもしれないが、負債のイールドスプレッドがさらに縮小して車の資金調達コストが低くなれば、資金を借りて2台目の車を買おうという人もいるかもしれない。マンションの建設は多すぎるかもしれないが、イールドスプレッドの縮小によって住宅ローンがさらに低くなり、不動産の資金調達条件が緩和されれば、家主希望の人や投機家は資金を借りて別のアパートを買おうとするかもしれない。このプロセスは、経済成長率のトレンドをさらに下げ、測定されたGDPを短期的に上昇させる。

　経済成長率のトレンドと金利は徐々に下がり、最終的にはゼロになる。これを「消失点（vanishing point）」と言う。今日のGDPは将来のGDPを犠牲にして成り立っている。これは、従来の経済的展望とはまったく逆であることを認識することは重要だ。従来の経済学者は成長が成長を生むと信じていた。つまり、新たな仕事が創出され、新たな需要が生まれれば、GDPは成長し、その成長がさらなる成長を生むということである。GDPの成長に限界はないということである。しかし、キャリーレジームは、従来の経済分析から想定されるような市場経済から、私たちをますます遠ざけていることを理解しなければならない。従来の言葉で言えば、キャリーレジームによって、リスクが個人や個々の会社や金融機関などによって負担され、市場で価格付けされる市場経済から、リスクが社会化される、あるいは社会化されると認識される経済へと変わったということである。

　債務負担が高く、経済成長は極めて限定的で、実物投資に対する予想リターンが低いキャリーレジームでは、デフレになる可能性が高い。

デフレになれば、貨幣を保有したいという要求は高まる。例えば、だ
れかが銀行に1万ドル預けていて、物価やサービスの価格が上昇しな
ければ、その人は銀行に1万ドルを預けたままにしておいたほうが安
心だろう。一方、物価が年率100％上昇し、その上昇率がさらに高くな
っている状況では、その人はその1万ドルを価値が上昇するような別
のものにできるだけ早く交換したいと思うはずだ。極端なインフレ下
では貨幣を保有したいという要求は弱まり、デフレ下では貨幣を保有
したいという要求は強まる。

　したがって、長期的にデフレ圧力が強くなるキャリーレジームでは、
貨幣を保有したいという要求は長期にわたって強まる傾向がある（キ
ャリーバブルのときは「真の貨幣」に対する要求は弱まる）。キャリー
レジームでは、一般に人々や企業は彼らの資産の大部分を貨幣の形で
保有したがり、収入の大部分を貨幣の形で持つことで安心感を得る。経
済学者の観点から言えば、これは、貨幣の流通速度が低下しているこ
とを意味する。マネーストックの大部分が貯金の形で保持されている
からである。

　しかし、図7.1を見ると、アメリカ経済と金融システムはこの20〜
30年でキャリーレジームに入っているが、伝統的な意味での貨幣を保
有したいという要求は弱まっている。金融資産全体に対する比率で見
ると、アメリカの一般家庭が保有しているお金（現金と銀行預金）は
比較的少ない。特に1990年代、2003〜2007年、2009年以降のキャリー
バブルたけなわのときは、金融資産全体に対する一般家庭のマネー保
有率は大きく減少した。

　では、アメリカの一般家庭はどういった形で資産を保有してきたの
だろうか。彼らは、いろいろなタイプの債券や債務証券や株式や投資
信託（債券と株式の投資信託）といったほかの金融資産の形で資産を
保有してきた（図7.2）。

　金融システムや経済システムがデフレ的性質や少なくとも低インフ

図7.1　金融資産全体に対するアメリカの一般家庭のマネー保有率

出所＝FRB

レ的性質を持っているとするならば、アメリカの一般家庭は資産を現金で持つよりもなぜ株式や投資信託で持ちたがるのだろうか。従来的には、「ある程度のリターンが欲しいから。でも現金は大きなリターンを生まないから」と説明されてきた。特に今日のような低金利時代には現金のリターンはほとんどない。しかし、実際には、現金のリターン（実質ベース）は過去のもっとインフレだった時代よりも高い。株式や投資信託にはリスクがあり、リターンをまったく提供してくれない時期もある。デフレのときは特にそうである。

　本当の答えは、一般家庭は株式や投資信託をリスクのあるものだとは認識していないからである。彼らは、現金以外の株式を含む金融資産を現金と同様に、中央銀行や政府の責任だと認識するようになった。株式市場が大幅に下落すれば、FEBが何とかしてくれるだろうと彼ら

図7.2 アメリカの一般家庭が資産を株式と投資信託で保有している比率と現金で保有している比率

金融資産全体に対する株式と投資信託の比率
金融資産全体に対する現金の比率

出所＝FRB

は思っている。結局、FRBはお金を刷ることができるじゃないか、と彼らは思っているのである。

図7.1は一般家庭の金融資産全体に対するマネー保有率を示したものだ。図7.3はGDPに対するマネー保有率を示したものだ。これを見ると、1990年代に大きな損失が発生したあと、資産は再び預金に振り向けられていることが分かる。負債デフレの傾向があることを考えれば、これは納得がいくが、これは予想されていた数値よりも低い。

ただ、図7.4を見ると様相が違ってくる。図7.4は、一般家庭のマネーに、確定利付き証券（国債、政府機関債券、地方債、社債、外債）を伝統的に現金に近いものと認識し、キャリーレジームでは現金のような資産とみなされるようになったものとして含めたものだ。確定利付き証券をマネーに含めると、一般家庭の保有する貨幣のような金融資産のGDPに対する比率は過去数年では前の期間よりも上昇している。

図7.3　対GDP比で見たアメリカの一般家庭の現金保有率

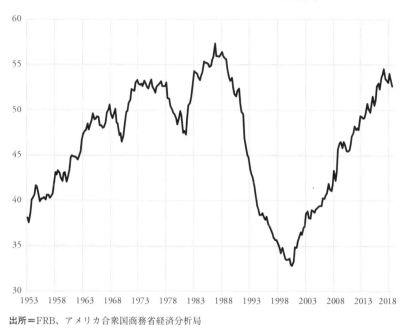

出所＝FRB、アメリカ合衆国商務省経済分析局

　図7.4は図7.3よりも実態をより正しく表しているというわけではない。マネー保有者の本当の認識を調べるには——もしそんなものが測定できるのであれば——、チャートをもっと過去にさかのぼる必要がある。しかし、キャリーレジームが拡大している現在に近い期間については、図7.4に近いものになるはずだ。中央銀行の介入が進むにつれて、貨幣のような資産の範囲は拡大し、各資産はより貨幣に近いものになってきた。

　言い換えるならば、貨幣を保有したいという要求は、長期にわたって、全金融資産やGDPに対する比率を示すチャートが示す以上に上昇してきたということである。一般大衆の貨幣を保有したいという要求は対全資産比や対GDP比で見ると上昇し、その要求は貨幣の機能を満たすと認識されるさまざまな資産によって部分的に満たされてきた。

図7.4 一般家庭が保有する現金のような金融資産のGDPに対する比率

出所＝FRB、アメリカ合衆国商務省経済分析局

　この視点は2007～2009年におけるリーマンショックとその後に見られた現象をもっと簡単に説明するのに役立つ。第一に、大きな金融危機のあと、基調となるトレンドが負債デフレになったことから予想されるように、貨幣を保有したいという要求は大きく上昇した。第二に、その要求は、中央銀行の介入によって貨幣性資産が増大したことで部分的には満たされた。貨幣の面から言えば、これはキャリーレジームの最も重要な要素である。これは有効マネーサプライが増大したことを示している。少なくとも最初は厳しいデフレが発生しなかったのはそのためだ。

　しかし、キャリーレジームにはマクロレベルで見ると明らかなように、必ず「ウイークリンク」（小さな部分のもろさが全体を壊しかねない世界の仕組み。グローバル経済には悪夢のようなもろさが含まれて

いる）が含まれる。キャリーレジームは最終的にはキャリークラッシュを引き起こすという側面を持っているのである。ウイークリンクについては第2章の通貨キャリートレードのところで触れた。2003〜2007年にかけてのメジャーなウイークリンクは、巨大な信用キャリートレードだった。高リスクな住宅ローンが低金利で資金調達され、住宅価格バブルを引き起こした。そして、リーマンショックのあと、それよりもさらに大きなキャリーバブルが発生したとき、アメリカの株式市場、そしてその延長として企業セクターがウイークリンクとなった。

　リーマンショック以降、さまざまな資産の貨幣性が増大し、それによって株価は上昇した。ノンバンクは一般大衆によって貨幣の代理と認識される債券を発行することができた。そして、債券発行で得た資金で自社株買いをする。このプロセスを通じて、一般大衆は価格の上昇した株式を「貨幣」と交換する。つまり、ノンバンクが銀行——貨幣性負債を持つ借金を背負った実体——のように見えてきたということである。少なくともキャリークラッシュのときまではそうだった。

キャリークラッシュとデフレショック

　キャリーレジームにはキャリークラッシュが付き物であることはこれまでの章でも述べてきた。キャリークラッシュとは、ある意味、伝統的な市場勢力や経済勢力が、少なくとも従来の市場システムとしての機能を徐々に失いつつあるシステムのなかで、何とか努力して踏ん張るときでもある。キャリークラッシュが起こるたびに、中央銀行や政府の介入は進み、それが市場経済の終焉を早める。しかし、キャリークラッシュでは、従来の市場勢力が再び幅をきかせてくる。キャリートレードの予想リターンが高いのは、1つにはキャリークラッシュが発生するからだ。

　キャリーレジームが、非貨幣性資産の貨幣性を増大させるレジーム

であるとするならば、キャリークラッシュは経済的にもっと深い意味を持つ。キャリークラッシュはキャリーレジームの鏡像ではなく、キャリーレジームの主要な特徴が一時的に激しく逆転したものと考えたほうがよい。キャリークラッシュでは、ボラティリティは急上昇し、キャリーレジームが拡大したときに創造された流動性は消える。キャリーレジームに人工的に支えられてきた資産価格や為替レートは崩壊する。レバレッジの解消が矢継ぎ早に発生する。そして、投機家の多くは追証を迫られる。

　第6章で述べたように、グローバルなキャリーレジームではVIXは貨幣の価格と理解することができる。したがって、ボラティリティの急上昇は貨幣価格の急上昇と見ることができる。金融資産のボラティリティが天井知らずに上昇すれば、金融資産の貨幣性は失われる。ボラティリティがさらに高まれば、社債やジャンクボンドETFのような貨幣と同等に見られてきた金融資産は突然、ただリスクの高い金融資産になってしまう。ここで突然上昇するのが真の貨幣に対する需要である。これは急激なデフレを意味する。なぜなら、中央銀行が真のマネーサプライを急激に増大させることができなければ、既存の真のマネーサプライは不足するからである。これは激しい貨幣性デフレを意味する。急激な悪循環のなかで、負債の真の負担は急上昇し、信用需要は崩壊する。

　この力学が意味するものは、キャリークラッシュに関係するデフレはショックという形で発生するということである。従来の経済学者（メディアで見かけてきたすべての経済学者）は、雇用統計、生産動態統計、消費者支出、マネーサプライ値までも精査し、そこから未来を予測する。彼らが前提とするのは、経済はスムーズに発展するというものである。仕事が創出され、マネーサプライが増え、インフレ率が安心できる水準であれば、景気後退やデフレのリスクはない。しかし、キャリーレジームはスムーズに発展することはない。キャリーレジーム

は不連続に発展する。マネーサプライは増えるかもしれないが、いったんキャリークラッシュが起これば、真のマネーサプライは不足する。インフレ率は1桁台の低い数値で推移してきたかもしれないが、キャリークラッシュが起これば突然マイナスになることもある。これまでも述べてきたが、株式市場のクラッシュは景気後退の兆しではなく、景気後退そのものである。キャリーバブルとキャリークラッシュのサイクルとビジネスサイクルは同じものになってきた。

　これから導き出される結論は若干直観に反するかもしれないが、キャリーレジームは中央銀行の力を弱めるということである。キャリーバブルのときは中央銀行は強大に見える。中央銀行が経済や金融市場を支持することで、キャリーバブルはさらに拡大し、中央銀行はさらに力をつけるかに見える。しかし、いったんキャリーが崩壊して、キャリークラッシュが始まれば、中央銀行は混乱するだけである。中央銀行が2009年に行ったように、キャリーバブルを復活させることに成功し、キャリーレジームをさらに拡大させれば、中央銀行には力があるという幻想は、おそらく以前にも増して強くなるだろう。しかし、現実は、中央銀行はキャリーレジームをコントロールするどころではなく、キャリーレジームの囚人と化す。中央銀行はキャリーレジームとレントシーキングの拡大に没頭する化け物となるのである。

　本章では、キャリーレジームは基本的にデフレの性質を持つが、少なくともキャリーバブルの間は、それまで貨幣とみなされなかった資産の範囲を拡大する効果を持つことについて述べてきた。資産の貨幣性を拡大させるこのプロセスによってデフレを寄せ付けず、それどころか、長期にわたってインフレが続くように見える。この観点から言えば、キャリーレジームは不安定な不換紙幣システムのなかで、不安定な貨幣的均衡を維持する市場メカニズムと見ることができる。キャリーレジームが存在しなければ、システムはデフレスパイラルと債務破壊に陥るだろう。

総合的に言えば、キャリーレジームは、簡単に市場の変調をもたらす可能性があるという意味で、極めて不安定であると言えるだろう。基本的には、過度な負債とレバレッジを容認してきた貨幣制度は不安定だ。これは不換紙幣システムがもたらしたものだ。キャリークラッシュは必ずしもキャリーレジームの終焉を意味するわけではない。中央銀行がキャリーレジームを復活させ、再びキャリートレードサイクルを開始させることもあるからだ。そのためには、中央銀行は真の貨幣を保有したいという急激に上昇する要求に応えるべくマネーサプライを十分に増やし、さらに負債とリスクは社会化されるという認識を拡大させなければならない。市場参加者が、中央銀行や政府の介入によって、キャリーからは利益がもたらされ、損失からは守られるとか、損失は経済全体で負担されると信じれば、彼らは再びキャリートレードを始めるだろう。こうして、新たなキャリーバブルが始まるのである。

第**8**章

キャリー、金融バブル、ビジネスサイクル

Carry, Financial Bubbles, and the Business Cycle

キャリーレジームにおけるビジネスサイクル

　ビジネスサイクル、つまり経済における景気回復、好景気、景気後退のサイクルについてはさまざまな理論が提起されてきた。

　従来は、経済が拡大して成熟期に入ると、経済の余力は徐々に減少し、「産出量ギャップ」（潜在産出量＝潜在GDP［国内総生産］と実際の総産出量との差。GDPギャップともいう）は縮まると考えられてきた。そして、失業率が下がるにつれて賃金は上昇する。そして、徐々にインフレ圧力が強まり、金利は上昇する。やがて、これらの圧力は消費力を食いつぶす。金利が高まれば、住宅ローンの借り主やほかの債務者は押しつぶされ、経済は不況に陥る。

　一方、従来のマネタリストは中央銀行の政策とマネーサプライの成長をより重視する。マネタリストの観点から考えると、経済がオーバーヒートし始めると、経済成長は止まる。経済の成長が続けば、銀行信用を含む信用需要は増える。マネーサプライの成長を安定的に維持するためには、中央銀行は金利を上げる必要がある。しかし、中央銀行が金利を上げるのは非常にゆっくりだ。景気が過熱しているのに短期金利が低すぎれば、銀行信用に対する需要は高まる。その結果、マネーサプライは急激に増加し始める。中央銀行の動きは遅いため、資

産価格は急騰し、信用と貨幣はさらに増加する。そして、最終的には
インフレになる。これによって中央銀行はもっと積極的に行動せざる
を得なくなるが、インフレ率はしばらくの間は上昇し続ける。なぜな
ら、インフレ率は遅行インディケーターだからだ。その結果、経済に
おける消費力は縮小し、経済は不況に陥る。中央銀行が政策を緩める
まで、下落する資産価格によって不況は悪化の一途をたどる。こうし
てサイクルは再び始まる。

　これら2つの考え方、特にマネタリストの考え方は、資産価格、特
に金融資産価格に重要な役割を与える。資産価格は金利やマネーサプ
ライに反応し、消費行動に影響を及ぼす。経済成長の段階で金利が低
すぎれば、マネーサプライと信用需要は増え、資産価格は上昇する。こ
れは消費を促し、経済はさらに拡大する。その結果、経済はオーバー
ヒートしてインフレになる。物事の仕組みを表すこのモデルでは、資
産価格は依然として経済に直接関係があるものととらえられる。金融
資産価格が上昇しているということは、経済がうまく回り、これから
もうまく回り続けることを意味する。経済評論家は、将来的にはイン
フレと金利上昇の心配はあるが、今のところは景気後退の兆しはどこ
にもないと言うだろう。

　しかし、経済をキャリーの観点から見ると、話はまったく違ってく
る。キャリーの力が強い経済は、債務負担が大きい経済である。流動
性は、マネーサプライの大きな増加に起因するものではなく、レバレ
ッジ（キャリートレード）の使用と金融ボラティリティの抑制に起因
するものである。経済が拡大すると、経済や金融における流動性は高
くなり、資産価格は上昇する。しかし、金融資産価格の上昇も、高い
流動性も、キャリーの直接的な結果として生じるものだ。経済成長――
ほとんどの場合、可逆的――もまたキャリーの結果として生じる。第
7章で述べたように、キャリーは高いプロフィットシェアを生み出し、
将来のGDPを犠牲にして、新たなGDPを生み出す。

　極端なキャリーの世界では、金融資産価格が高くても、経済が「現在は良い」かどうかは保証されない。キャリークラッシュは突然発生することもある。キャリークラッシュが発生すると、レバレッジは持続できないほどの極端な水準にまで達してしまっている。キャリークラッシュは経済クラッシュを意味し、ほぼ確実に金融危機と経済危機を発生させる。ビジネスサイクルはもはや経済の振動が長期にわたってスムーズに進むパターンではなくなり、着実ではあるが地味な成長が続き、時に激しいショックに見舞われるといったパターンになる。これは本書で述べたキャリートレードのリターンのパターンとまったく同じである。ショックを予測しようとすれば、従来の経済学者とはまったく異なる予測アプローチが必要になるだろう。

キャリーバブルとキャリークラッシュ

　キャリーに支配されたこの経済の世界で経済危機を予測しようとすれば、キャリーレジームがどのように発生するかを理解する必要がある。経済危機とはキャリークラッシュを意味する。キャリーレジームは、キャリーバブルが長く続き、その長いキャリーバブルの途中で時に大きなキャリークラッシュが発生する結果として発生する。グローバルな金融市場では、強力なキャリーバブルが発生したのは、1993〜1997年、1999〜2000年、2003〜2007年、2009〜2011年、2012年以降の期間である。特に大きなキャリークラッシュが発生したのは1998年、2000年、2008年で、小さなキャリークラッシュや調整が発生したのは2011年、2015年、2018年である。2011年のキャリークラッシュは、FRB（連邦準備制度理事会）が介入して量的緩和政策を実施したため、限定的だったと言えるだろう。

　グローバルな金融市場は極めて複雑だ。キャリートレードは、ジャンクボンドを含む債務証券から、通貨（通貨キャリートレードについ

ては第2章から第4章を参照）、株式市場（次の第9章で述べる押し目買い戦略をはじめとするボラティリティの売り）、原油などのコモディティなどのすべての金融市場や金融商品で行うことが可能である。2008年に発生した大きなグローバルキャリークラッシュのときのように、キャリートレードがすべての金融市場でダメになる（同時キャリークラッシュ）時期もあるだろうが、異なる市場で発生したキャリーバブルとキャリークラッシュが常に完全相関の関係にあるとは必ずしも言えない。

　第7章では、キャリークラッシュは市場の流動性や経済における流動性の枯渇と関係があることについて述べた。これが最もよく当てはまるのは、ボラティリティの急上昇が貨幣のような資産（例えば、債務証券や債務証券で構成されたETF［上場投信］）とみなされる金融商品を中心として発生するときだ。コモディティのようにあまり貨幣的でない商品でキャリークラッシュが発生した場合、投機ファンドはすぐにほかのキャリートレードに乗り換える可能性が高い。したがって、経済における流動性が枯渇し始めると、すべてのキャリートレードが一度に崩壊するのではなくて、崩壊するキャリートレードもあれば、キャリーバブルがさらに大きくなるものもある。流動性は減少するが、ある意味では、まだ機能すると思われるキャリートレードでは高い流動性を保っている。

　この現象を表す良い例が、2007〜2009年にかけてのリーマンショックの初期の段階における債券・株式キャリートレードと通貨キャリートレードとの関係である。また、2014年中ごろから2015年にかけての原油キャリートレードとS&P500のボラティリティの売りバブルとの関係も良い例である。

　2007年夏にリーマンショックが始まったとき、キャリートレードが圧力を受け始めると、信用スプレッドは拡大し始め、S&P500のインプライドボラティリティを測定したVIXは上昇し始めた。ところが、通

図8.1　原油価格とS&P500（2006〜2015年）

凡例：
- 原油価格（左の縦軸）
- S&P500（右の縦軸）

出所＝セントルイス連銀のFRED経済データ

貨キャリートレードバブルと原油のキャリートレードはさらに拡大した。第2章で述べたように、通貨キャリートレードはキャリークラッシュが始まってから1年後の2008年7月になってようやく崩壊し始めた。流動性が縮小した最初の段階では、投機を続ける余地があり、そうした投機はすべて通貨やコモディティのキャリートレードへと流れていったと思われる。

　原油のキャリートレードではこれはもっと明らかだ。これは、原油価格とS&P500を比較した簡単なチャートで確認することができる（**図8.1**）。

　コモディティのキャリートレードを構成するものは、用いられる定義においても、ほかのキャリートレードとの同等性という意味でも、通常考えられているものとは異なる。特に、原油は原油市場でコンタン

ゴ（順ザヤ）が発生したときに「キャリートレード」と言われること
もある。コンタンゴ状態になると、原油を現受けする原油トレーダー
が出てくる。増え続ける物理的な原油の保管にはお金がかかる、つま
り保管料（コスト・オブ・キャリー）がかかる。期先のものほど長い
間その商品を抱えておく保管料などがかさむため、価格はコスト・オ
ブ・キャリー「込みで」で決まってくる。しかし、これは市場の本来
あるべき姿を表すアービトラージにすぎない。将来的な強い期待需要
に応える必要から、先に行くほど価格は上がる。これとは対照的に、キ
ャリーは、私たちの知るところでは、市場の本来あるべき姿ではない。
正確に言えば、教科書に出てくる典型的な均衡モデルという狭い観点
から見れば、キャリーは市場の本来あるべき姿ではない。

　簡単な通貨キャリートレードを考えてみよう。このキャリートレー
ドでは、キャリートレーダーは低金利の通貨で資金調達し、得た資金
を高金利の通貨に投資する。フォワードカーブは右肩下がりだ。つま
り、高金利の通貨の先物価格は低金利の通貨から見ると先にいくほど
安いということである。一方、前述の原油アービトラージトレードの
場合、限月カーブは右肩上がりだ。原油市場で通貨キャリートレード
と同じようなことが起こるのは、原油の限月カーブが右肩下がり（バ
ックワーデーション＝逆ザヤ）で、先物トレーダーが原油価格が現在
よりも将来のほうが安くなることによる利益を期待して、原油を先渡
しで買うときである。

　原油のキャリートレーダー——この場合はキャリートレードであっ
て、アービトラージではない——は、限月カーブが右肩下がりのとき
に原油を先渡しで買うことで、原油を先渡しで売る必要のある原油生
産者に流動性を与えることになる。原油生産者、例えば原油の水圧破
砕業者が大きな負債を抱えている場合、負債を返済するために、将来
生産する原油の価格を固定する必要がある。原油を先渡しで売りたい
という彼らの要求によって、先物価格がスポット価格を下回れば、つ

まり、限月カーブが逆転してバックワーデーション（逆ザヤ）状態に
なれば、原油生産者のトレードの逆サイドにいるのは、安い原油先物
価格から利益を得ようとするキャリートレーダーである。この場合、キ
ャリートレーダーは原油生産者に資金を提供していると考えることが
できる。つまり、原油生産者の負債を買うということである。

　したがって、もし投機家がキャリートレードを行おうとするのであ
れば、ディスカウント（先物価格とスポット価格の差）から利益を得
ることを期待して期先の先物を買うだろう。前述したキャリートレー
ドの最初の特徴——「何も起こらなければ」利益になる——に立ち返
ると、原油価格が変化しなければ、納会までの期間の長い価格の安い
先物を価格の高いスポットにロールアップすることでキャリートレー
ダーは儲かる。価格のこの上昇のことをロールイールドと言う。こう
したキャリートレードが増えれば、キャリートレードは価格構造を支
えるものになるだろう。なぜなら、キャリートレードが増えることは、
市場におけるロングポジションが増えることを意味するからだ。

　このケースの場合、原油のキャリートレードは市場に流動性を与え
ると考えることができる。したがって、原油生産者は将来の生産をヘ
ッジすることが可能になる。生産者が大きな負債を抱えている場合、こ
れは非常に重要になる。しかし、本書の根底にあるテーマは、キャリ
ートレードを通じての「適切な」量の流動性の供給と、過剰な流動性
によって負債とレバレッジが持続不可能なまでに増えるのは紙一重の
差ということである。例えば、将来の原油産出量を考えると原油価格
はこれまで高すぎたとすると、これはコストの高い借金での原油産出
を促すことになるが、その産出は先物の高い価格でヘッジされている
としよう。キャリートレーダーが存在しなければ、先物のヘッジが増
えるにつれて、原油市場はバックワーデーションの状態になり、原油
の在庫は減少する。原油の在庫を持っている人は、スポットで原油を
売って安い先物を買ったほうがよい。こうして、限月カーブには売り

圧力がかかり、そのためスポット価格は下がり、原油の掘削や水圧破砕は減少し、将来の原油供給は減る。しかし、ロールイールドを得るために原油を先渡しで買うキャリートレードが活発に行われれば、こういったことは起こらない。全体的な価格構造は支持され、業界は借金をし続けて生産を続けるため、将来的な原油の供給は増え続ける。

このシナリオが発生する可能性は高いかもしれない。資金と専門知識を持ち、コモディティの生産者に流動性を提供することでプレミアムを稼ぐことのできるキャリートレーダーは、それ相応のリターンを得る。これらのリターンが目につくようになると、それを見たほかのキャリートレーダーが参戦してくる。こうしてよく知られる自己強化メカニズムが確立される。拡大するキャリーポジションは最初はトレーダーに利益をもたらすが、やがては市場は不安定になる。第5章で述べたように、このメカニズムは過去20年では以前よりも頻繁に起こっているが、これは驚くには当たらない。ヘッジファンドが増えたということは、機会が魅力的と思えばすぐにキャリートレードに使える資本プールがふんだんにあることを意味している。そして適切な量の流動性の供給はたちまちのうちにキャリーバブルに変わる。

しかし、通貨キャリートレードや株式市場とは違って、原油価格を支えることをビジネスとするような中央銀行は存在しない。原油価格を支えているのはサウジアラビアのような政府だが、そうなると事業を行ううえでの制約は大きくなる。したがって、原油のキャリートレードは、株式市場や通貨キャリートレードに比べると脆弱で短命なものと考えるべきである。中央銀行が直接市場に介入しないので、原油のキャリートレードでは不可避的な市場価格の調整は少し遅れる。

原油価格の動きと先物価格の構造からは、原油は2007年中ごろから2008年中ごろにかけて、そして2013年初めから2014年中ごろにかけて、巨大なキャリートレードが発生したことが分かる。しかし、そのあと原油価格はキャリークラッシュで崩壊した。急騰して暴落するという

図8.2　キャリートレードとしての原油（2006～2015年）

出所＝アメリカ合衆国エネルギー情報局

　値動きだけを見ても、キャリーバブルのあとには必ずキャリークラッシュが発生することが分かる。しかし、この説明を裏付けるほかの事実もある。**図8.2**はWTI原油の期近の価格と４番限と期近のサヤを示したものだ。2007年の終わりから2008年の初めにかけての期間と、2013年の初めから2014年中ごろにかけての期間では、期近は上昇しているが、４番限と期近のサヤはマイナスになっている。つまり、市場はバックワーデーション状態にあったということである。そのあとサヤが再びプラス（コンタンゴ）になったのは、期近が暴落したからである。

　金融市場やメディアの間では、2014年までの原油価格の上昇とそれに伴うアメリカでの原油生産量の増加は、アメリカ経済にとっては良いことだと考えられた。そして2014年の後半になって原油価格が暴落すると、原油価格の下落は先進国の消費者にとっては減税のようなも

のだというのが大多数の意見になった。これは実質所得を上昇させる。これはアメリカを含む先進国の経済成長にとっては良いことのはずだ。しかし、その裏では原油業界内での倒産や業界の過剰な負債を心配する者もいた。こうなると原油を低価格で提供することはできなくなる。

　しかし、実際にはもっと微妙な問題が絡んでくる。キャリーバブルの結果として発生するリスクのミスプライシングはリソースの不適切配分を生む。長引くキャリーバブルの最中には、バブルがなかったら経済はどうなっていたのかということはもはや分からない。

　ここでリソースの不適切配分の極端な仮想例を考えてみよう。資産バブルが経済に及ぼす影響を知る手掛かりになるはずだ。次のような例を考えてみよう。政府と中央銀行は、経済の最も重要な目的はチューリップの球根の価格を急激に上昇させることだと発表する。また、彼らは紙幣を無尽蔵に刷る準備があるとも言う。この目的を達成するために、彼らはチューリップ市場に介入するつもりだと言う。この発表を受けて、チューリップの球根の生産は急増する。農家はみんなチューリップの生産に転向し、多くの中小チューリップ業者や仲介業者が現れ、チューリップの球根の在庫は増え、チューリップの球根の投機が横行する。当分の間は測定されたGDP（バブルによって生み出された物の生産量）と民間セクターの利益は上昇するだろう。

　その後、チューリップバブルがはじける。政府と中央銀行は政策を転換し、市場の支援から手を引く。そうなるとチューリップ業界は崩壊し、チューリップ生産者の負債はデフォルトに陥る。今やチューリップの球根は安く買えるので、消費者やガーデナーにとっては好都合ではないかと言う人もいるだろう。その一方で、債務不履行が発生しGDPは低下するため、これは経済にとっては痛手だと言う人もいるだろう。どちらも正しいが、どちらも重要な点を見過ごしている。

　重要なのは、チューリップバブルの結果、GDPも富もバブルがなかったときよりも減少したということである。バブルの崩壊そのものは

バブル崩壊の瞬間における長期的なGDP予想を向上させる。なぜなら、この地域においては経済資源の無駄遣いはなくなるからだ。しかし、GDP予想を向上させるのに、もはや当局の介入は不要だ。したがって、当面はGDPも富や雇用も減るだろう。今やチューリップの球根が以前よりもはるかに安くなったという事実は、GDPと富の減少にとってはどうでもよいことだ。

　短期的な原油のキャリーバブルは、この例とは違って、政府の介入が直接的な原因ではなかった。しかし、短期的な原油のキャリーバブルはキャリーの台頭が及ぼす幅広い影響の1つと考えることができる。そして、キャリーの台頭は間違いなく政府と中央銀行の市場介入の結果として発生したものである。したがって、その結果も同じ観点で考えるのが妥当だろう。

　原油はほかのコモディティとは違うと、多くの人は言う。なぜなら、原油は経済コストの重要な要素であり、消費者支出の重要な要素であり、なくてはならないものだからだ。しかし、重要なのはこんなことではない。重要なのは、原油価格がバブルだったかどうかである。キャリーバブルは経済における資源配分をゆがめ、長期的にはバブルがなかった場合よりもGDPを減少させる。短期的には測定されたGDPは上昇するが、GDPのこの上昇は生活水準の上昇を示すものではない。キャリークラッシュが発生すると、バブルによって上昇したこの「偽の」GDPは消える。したがって、理論的にはキャリークラッシュは真の生活水準の長期予測を上昇させる。しかし残念ながら、キャリーレジームではキャリークラッシュのあとには必ずまたキャリーバブルが発生するのである。

リスクのミスプライシングと偽装されたキャリーバ
ブル

　既存のキャリーレジームの特徴は、個々のキャリーバブルはその前
に発生したキャリーバブルとは違っていたということである。すべて
の資産バブルの発端はキャリーにあるが、同じバブルは2つとない。さ
らに、キャリーレジームが進行すると、個々のバブルは前のバブルよ
りも大きくなる。しかし、これはプロの投資家だろうと、金融評論家
だろうと、市場関係者や参加者には分からない。キャリーレジームが
キャリーバブルとキャリークラッシュがサイクルを繰り返すことによ
って形成されるにつれて、金融システムのすべての側面、経済のすべ
てのセクターを包含するようになり、資産の従来の評価尺度は弱体化
していく。ウォール街は、PER（株価収益率）は高すぎないので株式
市場はバブルではない、と言うかもしれないが、これは企業利益がキ
ャリーバブルの燃料であるという事実を無視している。

　このようにキャリーレジームはキャリーバブルを偽装し、キャリー
バブルを従来の評価基準では認識しにくくしてしまう。キャリーバブ
ルがかつてないほどに巨大化しているというのに、これはパラドック
スという以外にない。第2章で述べた通貨キャリートレードの評価尺
度のように、もっと漠然とした評価尺度のほうがキャリーバブルは認
識しやすい。しかし、金融評論家はPER、金利に対する株式の配当利
回り、収入に対する債務返済といったバブルの側面同士を比較すると
きの1つの指標のみを重視する。アリにはゾウが見えないように、キ
ャリーバブルは大きすぎて評論家には見えないのである。

　キャリーレジームを決定づける特徴は、リスクが古典的な経済の均
衡モデルに比べると、必然的にミスプライスされるということである。
しかし投資家の観点からすると、リスクは必ずしもミスプライスされ
ているとは言えないかもしれない。これを認識することは重要だ。例

えば、ある投資家は破産した国の破産しかけている銀行が発行した債券を買うかもしれない。なぜなら、利回りがほかよりも高いからだ。その国は基本的に破綻していて、その銀行も倒産するかもしれないが、その銀行が本当に倒産すれば、彼のような債権者はIMF（国際通貨基金）や政府や中央銀行によって救済されることを知っているからかもしれない。政府の救済可能性をどのように織り込むかは、ムーディーズのような信用格付け会社にとっては最近の課題となっている。もし投資家が債権者に対する救済の可能性が高いと考えれば、その銀行の債券の利回りは救済のない場合よりも低くなる。このように投資家の観点からすれば、リスクはミスプライスされていないかもしれないが、自由市場ではリスクはミスプライスされる。

　リスクのミスプライシングはもっと複雑な形で発生することもある。2003〜2007年にかけてのキャリーの信用バブルのときはクレジットデリバティブやストラクチャードファイナンス（仕組み金融）が重要な役割を果たした。CDO（債務担保証券）は、高利回り債券やCDS（クレジット・デフォルト・スワップ）などをひとまとめにし、それをトランシェに分割して販売するもので、上位トランシェの償還が終了してから、下位トランシェ（エクイティトランシェ）の償還が行われる。これはリスクを曖昧なものにした。バブルが進行するにつれて構造が複雑になると、リスクはさらに曖昧化した。

　CDOの基本的な問題は、負債の束を構成する異なる要素間のリスクの相関が想定以上に高いことである。例えば、ジャンクボンドの束のうち、上位トランシェはリスクがほとんどか、まったくないと想定することは、その束のなかの原資産となる債券のデフォルトリスクは比較的相関が低いことを想定したということである。しかし残念ながら、アメリカの住宅市場が崩壊し、経済が崩壊すれば、何もかもが下落し、リスクは高い相関を持つことが分かった。

　しかし、こうなるように仕向けたのはキャリーだった。第2章で述

べたように、通貨キャリートレードは2006～2007年にかけて最高潮に達した。利回りを求めて、だれもがレバレッジキャリートレードに走った。ストラクチャードファイナンスはある意味、キャリーに対する願望を満たすために生まれたと言ってもよい。キャリーに内包されるリスクのミスプライシングを手助けしたのがストラクチャードファイナンスだったのである。

　2007～2009年にかけてのキャリークラッシュ（リーマンショック）のあとで起こったキャリーバブルは、危機の最中からそのあとにかけての中央銀行と政府による明確な支援のなかで発生した。これは、リスクを社会化するという意味でのリスクのミスプライシングだった。金融投機家の観点から言えば、「表が出れば私の勝ち、裏が出れば納税者の負け」ということである。

　FRBによる量的緩和政策からECB（欧州中央銀行）の「必要なことは何でもやる」政策まで、中央銀行の実験的金融政策と金融市場を支援するためにバランスシートを拡大させるという彼らの意欲は、中央銀行はあなたたちを後押ししているのだという強力なメッセージとして投機家たちに伝わった。第6章で述べたように、中央銀行の量的緩和はそれ自体が巨大なキャリートレードである。中央銀行は低利回りやゼロ利回りの債券——中央銀行が独占的に提供できるハイパワードマネー——を発行し、そこで得た資金で高利回りの債券を買ったからだ。中央銀行自体が巨大なキャリートレードを行っているのであれば、中央銀行の先例に従ってキャリートレードを行う投機家は失敗するはずがない。少なくとも一般的にはそう考えられた。リスクのミスプライシングはリスクの相関についての間違った計算とはほとんど無関係だ。もっと簡単に言えば、損失リスクを一般大衆が負うのに対して、投機家には利益がもたらされるということである。

　2008年の世界の金融システムの崩壊は、当時はこれまでで最悪の金融危機として受け取られた。しかし、2009年には早くも政府の救済と

中央銀行の極端な政策とによって、再び強力な強気相場が始まった。この転換の素早さは、新たなキャリーバブルの始まりを象徴するものだった。しかし、この強気相場をバブルと見る人はほとんどいなかった。そして、これをバブルと見た人はバブルが進むにつれて信用を失っていった。今にして思えば、懐疑主義者たちが気づかなかったのは、中央銀行と政府が2008年の金融崩壊の灰のなかから新たなキャリーバブルを創造することに成功したとするならば、そのバブルは必ず危機以前のバブルよりも大きくなるということだった。

　キャリーレジームのなかでは、個々のキャリーバブルはその性質を偽装するような形で発展していく。例えば、2000年にITバブルが崩壊したあと、すぐに別のまったく同じITバブルが発生したとすると、新たなバブルは規模的に最初のバブルを超えることは難しかっただろう。しかし、人々はそれほどバカではない。バブルの原動力はキャリーであり、キャリーは新たな資産バブルを強引に創造しようとする。しかし、キャリーがはっきりとした形で現れたバブルはある水準までいけば信じられるようになる。つまり、資産価格の上昇はある程度のもっともらしさを見せてくるということである。

　2009年に出現したバブルの新たな特徴は、キャリーバブルに企業セクターとノンバンクのセクター（シャドーバンクと言うこともある）がより直接的にかかわっていたことだ。2008年に銀行セクターはほとんど死にかけた。これによって規制が強まり、銀行もより慎重に行動するようになったことで、新たなキャリーバブルでは銀行は中心的存在になることはなかった。しかし、グローバルな経済成長率のトレンドがさらに下がると、FRBが金利をほぼゼロにまで下げ、長期金利も下落する。そんななかアメリカ経済とグローバル経済のほかのセクターがキャリータイプの活動を活発に行うようになった。頭角を現してきたのが企業セクターだった。企業が発行社債を増やして自社株買いを行い、1株当たりの利益を上昇させることはよく知られていた（第

図8.3　アメリカの対GDPプロフィットシェア（税引き後）

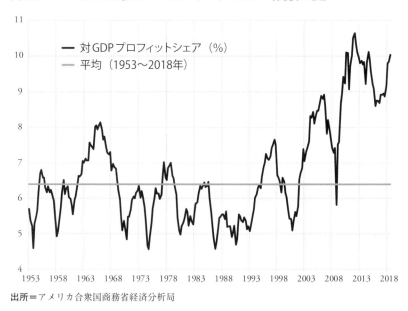

凡例:
— 対GDPプロフィットシェア（%）
— 平均（1953〜2018年）

出所＝アメリカ合衆国商務省経済分析局

5章の**図5.2**を参照）。しかし、あまりよく知られていないのは、企業は金融工学を駆使して総収入も増やしていたことである。つまり、キャリートレードによって利益を創出していたのだ。

　この状況証拠となるものがアメリカの対GDPプロフィットシェア（**図8.3**）である。プロフィットシェアは、第6章で述べたように、今や巨大なキャリートレードとなったS&P500に似たパターンで上昇している。経済成長率が下落しているときに、キャリーバブルとキャリークラッシュのサイクルによってプロフィットシェアが大幅に上昇したのはなぜなのだろうか。**図8.4**が示すように、アメリカの個人の純資産（富）の対GDP比率もプロフィットシェアの伸びとパターンが似ている。経済成長率のトレンドが下落しているのは紛れもない事実だ。これはGDPの平均実質成長率と生産性を示すデータからも裏付けられる。もっと重要なのは、これはますます下落していく実質金利（長期

図8.4　アメリカの対GDPの個人の純資産

出所＝FRB、アメリカ合衆国商務省経済分析局

金利をインフレ率で調整したもの）からも裏付けられる。2015年には世界的にほぼゼロになった実質金利が意味するものは、実物投資に対するリターンが非常に低く、経済成長率のトレンドも低くなるということである。

　ウォール街のストラテジストや金融評論家たちは、EPS（1株当たり利益）に対する株価水準を見て、また総利益に対する時価総額を見て、この超低金利を考えると、株価は快適水準にあるといえると言うだろう。しかし、彼らは対GDPプロフィットシェアが極めて高いという事実を見逃していたのである。GDPに対する富の水準が歴史的に非常に高かったのは、金融資産価格、特に株価が非常に高水準にあったからだ。もしウォール街のストラテジストの言うことが正しいとするならば、どういうわけだか奇跡的に、そして歴史的に悪かった経済に

よって、人々全員が大金持ちになったということになる。

　実質金利が非常に低いということは投資の実質リターンが非常に低いことを意味し、それはつまり、益回りが低いことを意味する（したがって、PERは高い）。しかし、これはまた持続可能なプロフィットシェアが非常に低いことも意味する。キャリーバブルが示したように、短期的には利益は大きくなる傾向がある。もし企業がほぼゼロの実質金利と極端に低い名目金利とによって、安いコストで資金調達ができるとすると、経営陣は社債を発行して、それで得た資金を現在の株式益回りの高い資産に投資したい気持ちになるのは当然だ。これによって、利益はいきなり上昇する。例えば、その資産が商用不動産で、ほかの多くの人も同じような取引をしているとすると、その商用不動産の価格は上昇し、その取引からもキャピタルゲインを得ることができる。

　しかし、現在の株式益回りを永久に持続できるわけではない。もし永久に持続可能だとすると、成長率のトレンドは上昇し、したがって金利も上昇するだろう。現在の株式益回りが持続するのは短期間だけである。なぜなら、前にも述べたように、キャリープロセスはGDPを短期的にしかサポートしないからである。いったんキャリークラッシュが発生すれば、経済は崩壊し、収益もなくなる。つまり、借金をして短期的収益を得ようとするのは賢明ではないことは明らかだ。

　従来の経済論理や常識に照らせば、経済成長率のトレンドが実質的にゼロで、低インフレの、したがってデフレリスクの高い経済環境で、借金をするのは賢明とは言えない。借金をするのに最適なのは、インフレ率が高いときである。なぜなら、高インフレは借り入れた元本の実質価値を減少させ、債務者の実質的な債務負担を減らすからである。しかし、2009年に始まったキャリーバブルでは、借金を増やした企業や組織や個人は、借金を増やしたことが吉と出た。これがキャリーバブルの特徴である。

キャリーレジームがキャリークラッシュのあとでも持続すれば、キャリーの論理どおりに、より多くの借金をした企業にキャリークラッシュを生き抜くだけの十分な資金があれば、新たな繁栄を手にすることができる。キャリーレジームが続くかぎり、キャリーレジームは経済論理を、最も資金を持つキャリートレーダーが最終的な勝者になるという論理に変えるのである。

キャリーバブルとポンジスキームの間に類似点はあるか

キャリーバブルとポンジスキームのメカニズムには明らかに類似点がある。例えば、キャリークラッシュから発生した新たなキャリーバブルは前のキャリーバブルよりも大きなものになる傾向があるというのは、莫大な額の償還要請を受ける可能性の高いポンジスキームのケースに似ている。もしポンジスキームが莫大な額の回金要請を乗り切り、そこから復活できれば、復活したポンジスキームの規模はより大きくなる。自信を試すテストを行い、それに成功すれば、自信を取り戻すことができるのと同じである。これと同じように、ポンジスキームは規模が拡大し続けなければならない。なぜなら、以前の出資者に配当金を払うためには、あとから参加する出資者の資金をその支払いに充てなければならないからだ。

例えば、バーナード・マドフによる史上最大級のポンジスキームの代名詞とも言えるシナリオを考えてみよう。これは完璧に非現実的な大きなだましのテクニックだった。マドフの巨大なポンジスキームが破綻したのは、リーマンブラザーズの破綻に端を発するグローバルキャリークラッシュが発生した2008年12月のことだった。マドフのスキームが破綻したとき、彼が顧客から集めたお金は650億ドルにも上っていた。

マドフが行っていたのは典型的なポンジスキームだった。彼は一貫して高いリターンを出しているかのように見せかけて、顧客の口座残高を増やし、顧客への送金は新たな顧客からの資金で賄っていた。リーマンショックのときにヘッジファンドが解約を求めた。しかし、マドフのポンジスキームはしばらく前からすでに顧客の回金要請に応じられなくなっていた。顧客の回金に充てる新たな資金が集まらなくなっていたからである。かつてはウォール街の中心的人物だったマドフである。もし彼が政府やFRBに泣きついて救済を求めることができたとしたら、どうなっていただろうか。財務省が彼の会社に高金利で多額のお金を貸し、FRBは流動性を提供し、マドフのファンドの支援を発表し、必要な流動性を提供していたら、どうなっていただろうか。

　もちろん、そういった確実な保証があれば、資金は再びマドフのスキームに流れ込んでいただろう。高いリターンが一貫して提供され、FRBから無尽蔵の流動性が提供されるのであれば、顧客は大船に乗った気分になれる。あるいは、そう信じただろう。やがて市場が回復し、新たなキャリーバブルが始まると、スキームの巨額の元本残高はかつてないほどに巨大化しただろう。顧客から新たな資金が集まれば、政府からの借金は簡単に返済できる。金融評論家はマドフの救済は大成功だったと言い、納税者は彼の借金のおかげで利益を得たと言うだろう。

　しかしやがては、ポンジスキームでは莫大な額の回金要請が再び起こるときが来る。そして、FRBと政府は彼のスキームを救済するかどうか再び判断が求められるだろう。この成長と崩壊、あるいは崩壊寸前のパターンは、政府と中央銀行の支援を引き出し、スキームの成長の新たなサイクルが始まれば成功するかに見える。このパターンはバブルとクラッシュを繰り返すキャリーレジームのパターンとうり二つだ。

　規模が比較的巨大で長く続くポンジスキームには4つの特徴がある。

①資産の価値は基本的には、スキームの参加者や投資家が権利を主張することができるか、生み出すことができる商品やサービスの将来的フローの点から考察されるべきものだが、スキームの資金はスキーム参加者や投資家の現金の入金額であり、同等の価値を持つ資産による担保がない、②顧客からの引き出し額が新たな顧客から入ってくる資金を長期にわたって上回ればスキームは破綻する、③一般にスキームは政府や当局者や名高い人によって支持されるか、表面的には支持される、④プロモーターやインサイダーが取る「手数料」が出資額に対して高すぎる。

　キャリーの概念と同じように、ポンジスキームの参加者（投資家）は、経済的には合理的とは言えないかもしれないが、参加者の観点からすると合理的なのである。これについて研究したのが元インディアナ大学の経済学者であるウツパル・バッタチャリアだ。その論文「The Optimal Design of Ponzi Schemes in Finite Economies」（Journal of Financial Intermediation, 2003年1月）のなかで彼は、破綻間近いポンジスキームでも、スキームが十分に大きく、破綻後には救済されることが見込まれ、出資がラウンドごとになされるならば、最終ラウンドに参加することは合理的だと言う。政府が救済すれば、必然的に非参加者がコストを負担することになる。この考えを拡張すれば、たとえそのスキームが末期でも、参加することは合理的であると解釈することができる。スキームの残りの寿命から得られる予想利益から参加者にかかる予想破綻コストを差し引いたものを、政府の救済によって非参加者にかかる予想破綻コストと比較してみれば、納得できるはずだ。

　長続きするポンジスキームの4つの特徴は、経済全体に適用すると、キャリーバブルの特徴とまったく同じである。少なくとも最初の3つは一致する。偽の富が存在することを示す1番目の特徴は、**図8.4**で示したようにキャリーバブルの特徴でもある。顧客の引出額が新たな

顧客から入ってくる資金を上回ればスキームは破綻するという2番目の特徴は、キャリーバブルを想起するものだ。スキームが長続きするのは、権威のある人に支持されたときだけであるという3番目の特徴もまたキャリーバブルの特徴だ。キャリーバブルの場合、支援するのはFRBと中央銀行だ。

これらから言えることは、キャリーバブルとポンジスキームは多くの共通点を持つということである。しかし、異なる点もある。相違点は、経済が発展していく過程を考えるうえで重要になる。最も重要な相違点は、キャリーバブルが経済的なリソースを非生産的な投資（もちろん、過度な消費と貯金不足もあるが）に不適切に分配するのに対し、純粋なポンジバブルはほとんどが過度な消費と貯金不足の形で現れるという点だ。

経済的観点から言えば、キャリーバブルは少なくとも古典的な経済均衡に対するリスクのミスプライシングによって特徴づけられる。一方、ポンジバブルはもちろん詐欺だ。しかし、合理的なポンジバブルとキャリーバブルとの境界線はあいまいだ。キャリーとポンジのもっと根本的に違うところは、キャリーレジームは社会やグローバル経済における権力の不均衡がもっと目立たない形で現れているという点だ。だから、キャリーレジームはポンジスキームよりも危険なのである。

第9章

ボラティリティ構造における キャリーを理解する

The Foundation of Carry in the Structure of Volatility

金融におけるキャリーレジームをもっと深く理解し よう

　資産市場やコモディティ市場において、キャリーバブルとキャリークラッシュが進行していくキャリーレジームは、単に金融市場の振る舞いを単に抽象的に表したものではない。キャリーレジームはグローバル経済を包含するまでになった。つまり、グローバル経済はキャリーレジームと同じ進行過程をたどるということである。安定した地味な成長が長期にわたって続いたあと、人々に不意打ちを食らわすごとく突然現れ、説明に窮する恐ろしい経済クラッシュと経済危機が発生する。これは多くの人に影響を及ぼし、さまざまな結果をもたらすパラダイムである。

　しかし、たとえこのことを理解したとしても、いくつかの疑問がわく。これらの疑問に正しく答えるのは難しい。キャリーレジームは避けることができないものなのだろうか。世界市場や経済は別の道を歩むことはできないのだろうか。キャリーレジームが避けられるものであるのなら、また永遠に存在するものではないのなら、それに代わるものは何だろうか。キャリーレジームが終わるのなら、いつ終わるのかをどうやって知ればよいのだろうか。

まずは、なぜアメリカが、特にS&P500がグローバルなキャリーレジームと市場ボラティリティ構造の中心にあるのかをもっと深く理解する必要がある。市場のボラティリティ構造はS&P500がキャリーレジームの中心にいるうえでの根本となるものだ。これを理解すれば、キャリーレジームの性質が将来的に変わる可能性があるのかどうかを解くためのヒントになる。

　本章では、第6章で紹介したボラティリティ構造をもっと深く見ていく。本章で扱う内容はデリバティブ市場に興味のない人にとっては漠然としたものに感じるかもしれない。逆に、デリバティブ市場のことをよく知っている人にとっては馴染みのある内容で、内容によっては簡単すぎると感じるかもしれない。本章の目的は、キャリートレード、つまりボラティリティの売りトレードからの期待リターンが、アメリカの株式市場のボラティリティ構造とリターンにどのように組み込まれているのかを解明することである。これは本書全体のテーマでもあるが、これは市場に流動性を提供する見返りとして市場はキャリートレーダーにリターンを与えなければならないと解釈することができる。レバレッジが大きくなった今日のような世界では、ボラティリティの売りに対しては大きなプレミアムが与えられる。つまり、キャリークラッシュによって中断されることはあるものの、キャリートレードに対するリターンは大きいということである。中央銀行の介入によって、中央銀行そのものが巨大なキャリートレーダーになり、彼らはより大きなキャリーバブルとキャリークラッシュを生み出し、キャリーレジームを形成する。そして、キャリーバブルの間はリスクは大きくミスプライスされる。

ボラティリティとオプション

　今日の金融市場でボラティリティがどのように価格付けされ、取引

されているかについては第6章で述べた。市場に沿ってトレードする
ということは、オプショナリティを買うということである。オプショ
ンを所有することには価値がある。だから、オプションを持つには資
金が必要になる。市場に沿ってトレードすることがオプションを買う
ことだとすれば、市場に沿ってトレードすることもまた資金がかかる
はずだ。このコストを測定するにはどうすればよいだろうか。もちろ
ん、特定のオプションのプレミアムを見るという方法もあるが、オプ
ショナリティのコストをもっと直観的に知る方法として、オプション
を所有したときのペイアウトの複製コストを考えるというものがある。
アット・ザ・マネーのコールオプションの場合、ペイアウト特性は簡
単でよく知られている。満期日に原資産価格がオプションの権利行使
価格を上回れば、ペイアウトは原資産価格と1対1の割合で上昇し、逆
に原資産価格が権利行使価格と同じか下回れば、オプションは無価値
となる。

　資産価格が100からスタートしたと仮定しよう。権利行使価格が100
で、満期が1カ月のコールオプションのペイオフを複製するために、投
機家はどんなトレードをするだろうか。最も簡単な方法は、価格が100
を上回るときはその資産を保有し、100を下回るときは保有しないとい
うことである。現在の資産価格は権利行使価格に等しいので、次の1
カ月の間に何も変わらなければ、このコールオプションのペイアウト
は満期時ではゼロで、ポジションはゼロだ。資産価格が翌日100を下回
ったままだと、投機家は何もしない。しかし、資産価格が100を上回っ
たら、投機家はただちに原資産を買う必要がある。次の1カ月で資産
価格が権利行使価格と同じか下回る状態から上回る状態に変わるたび
に投機家は原資産を買い、資産価格が権利行使価格を上回る状態から
下回る状態に変わるたびに投機家は原資産を売る必要がある。つまり、
コールオプションのペイオフを複製するということは、市場に沿って
トレードすることを意味する。このケースの場合、投機家がトレード

しなければならない回数は、資産価格が権利行使価格を上回ったり下回ったりする回数である。資産価格が権利行使価格を上回ったり下回ったりする回数が多いほど、トレード回数も増える（ここで述べるオプション複製戦略は、インプライドボラティリティを恣意的に低くしたオプションのブラックショールズによる複製戦略と同じである）。投機家がトレードするたびにコストがかかる。少なくとも、買い気配値と売り気配値のスプレッドコスト、コミッション、取引所手数料がかかる。コストは、市場が動く速さや、投機家がトレードするときの流動性によっては買い気配値と売り気配値のスプレッドが大きくなることもある。

　もっと一般的に言えば、オプションを効果的に複製するための一般則は、資産価格が権利行使価格を上回るたびに1単位分の原資産をプレミアムで買い、資産価格が権利行使価格を下回るたびに1単位分の原資産をプレミアムで売るのではなくて、オプションがイン・ザ・マネーで満期を迎えると投機家が予想する確率に等しい割合で原資産を保有するというものだ。例えば、資産価格が幾分か権利行使価格を下回っているが、満期までにはまだ時間があり、原資産価格のボラティリティが高く、満期までに権利行使価格を上回る確率が高いとする。例えば、投機家はオプションがイン・ザ・マネーで満期を迎える確率を40％と見積もったとする。したがって、投機家はその資産100株のオプションを複製するためにその資産100株のうち40％を保有する（オプションがイン・ザ・マネーで満期を迎えるこの予想確率はデルタとほぼ同じ）。価格が上下動するたびに、オプションがイン・ザ・マネーで満期を迎えると彼が予測する確率も上下動する。つまり、投機家は彼の複製戦略を維持するためには市場に沿ってトレードしなければならないということである。価格が上昇すれば買い、下落すれば売るのだ（その資産のボラティリティに対する彼の予測もまたオプションがイン・ザ・マネーで満期を迎えると彼が予測する確率に影響を与えるので、そ

の資産のボラティリティに対する彼の予測は比較的変わらないものと想定する）。この戦略を含め、どんな戦略でオプションを複製してもそのコストは資産価格のボラティリティに関係することは容易に分かるはずだ。

　逆に、オプションを売りたい投機家は、まったく逆の方法でトレードすることで、オプションを売ることで得られるペイオフを複製することができる。つまり、市場に逆らってトレードするということである。市場に逆らってトレードするということは、オプショナリティを売ることを意味する。市場に逆らってトレードするということは、価格が下がったときに買い、価格が上がったときに売ることになるので、負けポジションは増え続ける。第6章で述べたように、ボラティリティは買うよりも売ったほうがよいことは歴史が教えてくれているとおりである。ボラティリティの売りは費用が高くつく。つまり、ボラティリティの売りにはリスクプレミアム――無リスク金利を上回る分のプラスの期待リターン――があるように思えるということである。特に、アメリカの株式市場ボラティリティの売りには巨大なリスクプレミアムがある。これはグローバルキャリーレジームの性質を理解するうえで重要だ。

インプライドボラティリティを受け取り、実際に発生するボラティリティを支払うことによるボラティリティの売り

　S&P500のボラティリティを売る（例えば、VIX先物を売る）最も簡単な方法は第6章で述べた。しかし、ボラティリティの売りには実にさまざまな方法があり、これらの方法を理解することは、ボラティリティの売りが株式市場と、そしてその延長として、ほかの資産市場とどうつながっているのか理解するうえで極めて重要だ。

よく知られた重要な方法は、ある一定期間のインプライドボラティリティがリアライズドボラティリティを上回るときに利益になるトレードを構築することである。そのためにはデルタヘッジしてオプションを売ればよい。デルタヘッジという考えは非常に重要だ。

　オプション価格は、原資産価格が変われば変わる。例えば、満期に極めて近いディープ・イン・ザ・マネーのオプションを考えてみよう。このオプションはほぼ確実にイン・ザ・マネーで満期を迎え、オプション価格は現在の原資産価格からオプションの権利行使価格を差し引いたものに近い値になる。もし明日、原資産価格が少しだけ変化したとすると、オプション価格も原資産価格と1対1で連動して変化する。次に満期に極めて近いファー・アウト・オブ・ザ・マネーのオプションを考えてみよう。このオプションはほぼ確実にアウト・オブ・ザ・マネーで満期を迎え、オプション価格はほぼゼロになる。もし明日、原資産価格が少しだけ変化したとしても、オプションは依然として無価値のままだ。つまり、オプション価格は原資産価格に対して0対1で変化するということである。

　原資産の価格変動に対するオプション価格の変動率を示したものがオプションのデルタである。原資産価格が少しだけ変動することに備えて、トレーダーは任意のオプションを売るリスクまたは買うリスクを、対応するデルタポジションを買うまたは売ることでヘッジすることができる。もっと一般的に言えば、デルタが常に同じになるように原資産の変動に連動してトレードするポートフォリオを持っていれば、そのオプションを複製することができるということである。この複製ポートフォリオはオプションと同じペイオフを持つ。これはまさに私たちがオプション複製の可能性を説明したときに使った考えである。原資産をトレードすることで、オプションは複製できる、したがって、このヘッジできるという考えは、理論的にはオプションを簡単にトレードすることを可能にする。

　オプションのデルタは原資産価格が変動すると変動する。原資産価格の変動に対するデルタの変動率をガンマと言う。ガンマはオプショナリティである。オプションのポジションがポジティブガンマを持つとき、原資産価格が上昇すればデルタも上昇する。つまり、そのオプションポジションは原資産価格が上昇するとマーケットイクスポージャーが増えるということである。つまり、原資産価格が上昇すると、大きな利益が得られるということである。また、原資産価格が下落すると、そのオプションポジションのデルタも下落する。価格が上昇すればイクスポージャーは増加し、価格が下落すればイクスポージャーは減少するのは望ましい特徴だ。だから資金がかかる。このイクスポージャーのパターンは市場に沿ってトレードするのと同じである。逆に、ネガティブガンマを持つオプションポジションは市場に逆らってトレードするのと同じイクスポージャーパターンを持つ。これは大きな損失にさらされる可能性が高くリスキーだ。したがって、リターンを受け取る権利がある。

　デルタヘッジしてオプションを売るということは、そのオプションを売ると同時に、オプションの複製ポートフォリオを買うことを意味する。オプションの売り手はオプションを売ることで代金を受け取る。その代金は、オプションをその残存期間にわたって複製する期待コストに等しく、オプションのインプライドボラティリティによって決まる。売り手はこの収入を得る代わりに、複製ポートフォリオを管理するためのコストがかかる。オプションを複製するということは、オプショナリティを買うことを意味する。つまり、市場に沿ってトレードするということである。したがって、このコストは資産のリアライズドボラティリティによって決まる。このようにデルタヘッジしてオプションを売ることで得られる利益は、インプライドボラティリティとリアライズドボラティリティの差によって決まる。**図9.1**のように、インプライドボラティリティはリアライズドボラティリティを常に上回

図9.1　VIXとS&P500のリアライズドボラティリティ

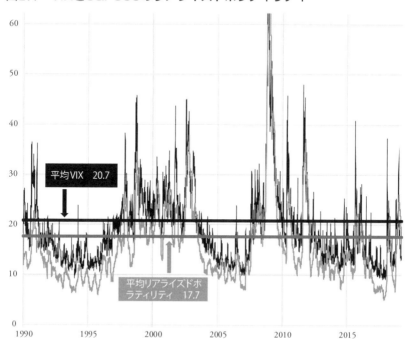

黒はVIXを表し、グレーは終値ベースのS&P500の60日トレーリングリアライズドボラティリティ（年次換算）を表している。測定期間は1990年の最初の営業日から2019年３月29日まで。水平線は同期間における平均VIXとS&P500の平均リアライズドボラティリティ。平均は２乗平均平方根として算出。長期間にわたるインプライドボラティリティとリアライズドボラティリティの差はおよそ３ボラティリティポイント

出所＝Yahoo!ファイナンス、著者による算出値

るので、デルタヘッジしてオプションを売ることは必ず利益になる。

　もしトレーダーがヘッジなしでオプションを売ったらどうなるだろうか。彼はオプションを売ることで代金を受け取る。その代わりに、満期日に原資産が権利行使価格よりも高いか低いかによって異なるペイアウトを買い手に支払うことになる。どんなトレードでも、ヘッジなしのオプションの損益はデルタヘッジしたオプションの損益に比べるとランダムだ。しかし、ヘッジなしのオプションを何回も売った場合、長期的な平均ペイアウトの額はデルタヘッジした場合と同じく、原資

産価格のボラティリティによって決まる。ヘッジなしの場合とデルタヘッジした場合の違いは、ヘッジなしの場合、ペイアウト額はトレーダーのヘッジ頻度にわたって測定したボラティリティではなくて、オプションの保有期間にわたって測定したボラティリティによって決まるという点だ。例えば、そのトレーダーが1カ月物のオプションを毎日ヘッジして売るのではなくて、ヘッジしないで売るとすると、平均ペイアウトは日次のリターンのボラティリティではなくて、月次のリターンのボラティリティによって決まる。

　リターンがそれぞれ独立した正規分布に従うという標準的な仮定の下では、年次換算した月次のボラティリティは年次換算した日次のボラティリティと同じになる。しかし、経験から言えば、月次のボラティリティと日次のボラティリティは異なる。この違いは、ボラティリティリスクプレミアムのまた別の要素と解釈することができる。

期近のリアライズドボラティリティを受け取り、期先のリアライズドボラティリティを支払うことでボラティリティを売る――つまり、押し目で買う

　デルタヘッジしたオプションを売るトレーダーの例に戻ろう。彼女はなぜヘッジしたいのだろうか。今述べたように、デルタヘッジしたポジションのリターンはヘッジなしのポジションに比べると、ノイズにさらされにくく、確実性が高いからだ。ヘッジすることによってオプションのショートポジションのリスクの一部をほかの人に移転させることができる。このリスクを受け入れた相手トレーダーはその見返りとしてリターンを要求してくるだろう。

　このリスクの性質は、相手トレーダーがどんなポジションを取らなければならないかを考えることで理解することができる。彼女はオプションのロングポジションを複製することでデルタヘッジをする。彼

女は市場に沿ってトレードしているわけである。彼女は特定の短期間にわたって、おそらくは数日にわたってかその日のうちに、ヘッジを調整する。したがって、相手トレーダーは同じ短期の時間枠で彼女と反対のことをする。つまり、相手トレーダーは市場に逆らってトレードすることでオプションのショートポジションを複製しなければならないということである。相手トレーダーはリスクを引き受けることでプレミアムを得る。そのリスクとは、彼女がヘッジポートフォリオを調整するのに使うのと同じ時間間隔で、市場に逆らってトレードすることで発生するリスクである。

　原資産価格の動きに逆らってトレードすることでオプショナリティを直接売る投機家にリスクプレミアムが与えられるというリターン構造とはどのようなものなのだろうか。それは、短期にわたって測定されるボラティリティのほうが長期にわたって測定されるボラティリティよりも大きいということである。特に、１カ月物のオプションのショートポジションを毎日複製する投機家（１カ月物のオプションのショートポジションを毎日デルタヘッジするヘッジャーの相手方トレーダー）は、日次のリターンのボラティリティが月次のリターンのボラティリティを上回ればプレミアムを取得できる。これは、S&P500の月次のボラティリティに対する日次のボラティリティの比を測定した**図9.2**が示すように、過去25～30年ではそうだったことは明らかだ。

　日次のボラティリティが月次のボラティリティを上回るということは、リターンは平均回帰するということである。短期的に見ると、ある方向に大きく動いているように見える動きは、長期的に見ると、一時的には逆行している傾向がある。この動きを直接的にうまく利用するにはどうしたらよいだろうか。

　オプショナリティの売りは市場に逆らってトレードすることを意味する。つまり、投機家は市場の動きと逆方向に市場が動いた分だけ買ったり売ったりするということである。例えば、100ドルからスタート

図9.2　S&P500の月次のボラティリティに対する日次のボラティリティ の比

日次のリターンの２年トレーリングボラティリティを、月次（21日間）のリターンの２年トレーリングボラティリティで割った数値を示している。１を上回るとき、２年トレーリング期間において日次のボラティリティが月次のボラティリティを上回っていたことを意味し、１を下回るときはその逆を意味する

出所＝Yahoo!ファイナンス、著者による算出値

したとすると、市場が１％上昇したら、持ち分の１ドル分だけ売り、市場が２％下落したら、持ち分の２ドル分だけ買うということである。この戦略を「１リアライズドガンマの売り」戦略と呼ぶことにしよう（逆の戦略は、「１リアライズドガンマの買い」戦略。市場の動きと同じ方向に市場が動いた分だけ買う）。この場合、頻度──複製ホライズン──を決める必要がある。例えば、毎日の終わりに日々の価格変動をチェックし、変動分だけポジションを調整するのであれば、「１デイリーリアライズドガンマの売り」になり、毎月の終わりに価格変動をチェックし、変動分だけポジションを調整するのであれば、「１マンスリーリアライズドガンマの売り」になる。

この方法でオプショナリティを売ると、リスクは大きい。投機家はいつも市場が上昇すると売るので、市場が上がり続ければ——上昇モメンタムが続けば——莫大な損失を被る可能性がある。同様に、投機家は市場が下落すると買うので、市場が下がり続ければ——下落モメンタムが続けば——資産をすべて失う可能性がある。この戦略はリスクがあるので、投機家はこうしたトレードをすることに対するプレミアムを必要とする。しかし、価格が上下動して最終的に開始点近くの価格に戻れば、投機家は価格の上下動に従って安く買い、高く売ることができていたはずだ。したがって、利益が得られたはずだ。利益は価格のボラティリティが大きいほど大きくなる。

S&P500にはこの30年間変わらない特徴が1つある。それは、市場ボラティリティが測定期間（複製ホライゾン）間で異なっていたということだ。特に、ボラティリティは1日のように短期間で測定したほうが、1カ月のように長期間で測定したものよりも高い。つまり、リアライズドガンマをボラティリティの高い短期ホライゾンで売り、ボラティリティの低い長期ホライゾンで買い戻せば儲けになるということである。リアライズドガンマをボラティリティの低い長期ホライゾンで買い戻せば、莫大な損失が出るリスクはその期間にわたってヘッジできる。1デイリーリアライズドガンマを売り、1マンスリーリアライズドガンマを買うという上で述べた戦略から得られる利益は、日次の分散（日次のボラティリティの2乗）と月次の分散（月次のボラティリティの2乗）との差に正比例する。**図9.3**はS&P500に対するこの戦略のヒストリカルリターン累積曲線を示したものだ。

図9.3からは、1987年10月以降、S&P500の平均回帰に賭ける戦略は常にプラスのリターンを提供してくれたことが分かる。最近のS&P500の平均回帰の動きが、指数先物の取引が開始された1982年から始まったものなのか、それとも1987年に未曽有の株式市場の大暴落が起こったあと始まったものなのかはよく分からない。もちろん、ポートフォ

図9.3　S&P500の21日リアライズドガンマから１日リアライズドガンマを差し引いた数値

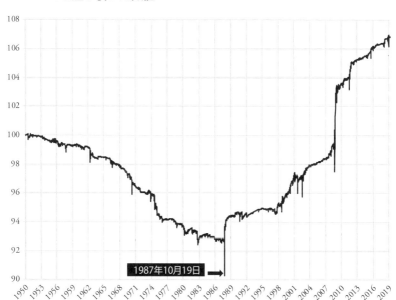

日次のリアライズドガンマを売って（毎日市場に逆らってトレードする）、21リアライズドガンマを買い戻す（21日間、毎日市場に沿ってトレードする）戦略のリターンパスを示している。1987年10月の株式市場の大暴落はこのチャートでよく分かる。2001年、2002年、2008年、2011年のドローダウンは1987年に比べると小さい

出所＝Yahoo!ファイナンス、著者による算出値

リオインシュアランスを可能にしたのは指数先物で、ポートフォリオインシュアランスは1987年の株価大暴落の原因と見られている。ポートフォリオインシュアランスはロングオプションを複製したものにすぎない。指数先物の取引が導入される前は、幅広い株価指数に対するポートフォリオインシュアランスといったモメンタム戦略（市場に沿って頻繁にトレードする必要がある）は、トレードのコスト面から見ても実用的ではないと思われていた。遠い昔、ここで説明した平均回帰ボラティリティプレミアムは、個々の株式の買い気配値と売り気配値の広いスプレッドに含まれていたと思われる（買い気配値と売り気

配値のスプレッドもまた一種のボラティリティプレミアムと考えることができる)。

　経験から言えば、この種の短期平均回帰戦略からの利益はすべてロングサイドからのものだ（つまり、市場が下落したときに買うことで利益が得られる）。ショートオプショナリティを複製するこのような戦略は、「押し目で買う」ことでうまくいく。

　今のトレーダーはみんな、押し目で買えば利益になることは知っている。なぜこれが利益になるのだろうか。1つの考え方としては、押し目で買う人は市場に必要な流動性を与えているからである。市場が下落すればトレーダーは売りたくなるか、売る必要がある。市場が下落すれば、トレーダーは売るためにお金を喜んで支払う（「ここから出してくれ〜！」とトレーダーは叫ぶ。緊急を要するときは悪たれ口をきくこともある）。これは、レバレッジポジションを持っているため、オプショナリティを買う必要のある——オプショナリティを買うために喜んでプレミアムを支払う——活発なトレーダーと同じである。

　押し目で買うリスクは何だろう。それは、日次のリターンのボラティリティと比べると、月次のリターンが非常に大きなマイナスになることである。市場が上昇することなく下がり続ければ、それがリスクになる。リターンがどんどん下がり続けるのがリスクだ。市場が長期にわたって下落から反転することなく、下落がさらなる下落を生む状態になることがリスクになる。もちろんキャリークラッシュによってレバレッジが枯渇すれば、こういった状態になる。

　余談だが、5年を超える長期にわたるアメリカ株式市場のボラティリティは、1年という短期のボラティリティを大幅に下回ってきた。これは、シラーPER（株価収益率）やトービンのqなどのファンダメンタルを考えることなく指数の長期評価をするとどうなるかについて教えてくれるものだ。

ボラティリティプレミアムの均衡構造

　ボラティリティの売りはオプショナリティを売ることを意味する。市場に逆らってトレードすることは、ボラティリティを売ることに等しい。ボラティリティの尺度にはいろいろなものがあるが、それらはインプライドボラティリティやリアライズドボラティリティのさまざまな期間に対応する。例えば、VIX先物の2番限は2カ月物フォワードインプライドボラティリティに対応し、オプションポジションを毎週デルタヘッジするという行為は5日リアライズドボラティリティに対応するといった具合だ。ボラティリティの売りはレバレッジを使うことを意味する。なぜなら、ボラティリティの売りは実質的にショートポジションを意味するからだ。つまり、価格が下落することなく上昇し続ける「資産」にオプショナリティを与えることに同意することを意味するということである（レバレッジをかけないショートボラティリティトレードが存在することには要注意。特に、担保で完全にカバーされたプットを売ることなどがそうである。これらのトレードでは一定量のボラティリティを売ることはない。なぜなら、損失がかさめばガンマ［有効なボラティリティのポジションサイズ］が縮小するからだ。例えば、担保で完全にカバーされたアット・ザ・マネーのプットを売る投機家を考えてみよう。売った直後に、市場が例えば30％も大きく下落する。するとボラティリティは上昇する。これは、ボラティリティを売る投機家が最もボラティリティを売りたい状態だ。しかし、売ったプットはファー・イン・ザ・マネーになるため、ガンマのほとんどはデルタに変わってしまうだろう。つまり、投機家はボラティリティにほとんどさらされることなく、原資産を買ったことになる。再びボラティリティを売るためには、投機家はここで新たなオプションを売る必要がある）。

　ボラティリティの売りはリスクがどうであれ、株を買うよりも高い

期待リターンが期待できる。なぜなら、ボラティリティの売りは、レバレッジをかけて売ること、そして無限の損失にさらされることを意味するからだ（例えば、2008年の5月から11月にかけて株式を買った投機家は資産のおよそ40％を失った。しかし、VIX先物を売っていれば、その約3倍の損失を出していた。また、2018年2月5日に株式を買った投機家は資産のおよそ5％を失ったが、VIX先物を売っていれば、資産の95％を失っていた）。レバレッジがかけられ、スキューを持つキャリーレジームでは、株価は上昇速度よりも下落速度のほうがはるかに速く、またボラティリティは下落するよりも上昇する可能性のほうが高い。したがって、ボラティリティの売りのほうが株を買うよりも期待リターンは高いという話は依然として成り立つ。

図9.4は1つの資産の均衡状態におけるボラティリティプレミアム構造をまとめたものだ。このチャートにはボラティリティの3つの重要な特徴が表されている。最初の特徴は、インプライドボラティリティが将来に行くほど増大するということである（上のライン）。これは直観的に分かると思う。これは、VIX先物の売りがVIXの期間構造のどの地点でも利益が出るための条件である（インプライドボラティリティの期間はチャートの上の目盛り。一番左側がスポットのVIX、一番右側が5番限のVIX先物）。

2つ目の特徴は、下のラインはリアライズドボラティリティ（年次換算）を異なる時間間隔のデータを使って算出したものを示したものであるという点だ（価格変動は通常の年に予想されるようなものに等しい）。1日とか1週間といった短い時間間隔で測定したボラティリティは、1カ月とか1年といった長い時間間隔で測定したボラティリティよりも大きい（リアライズドボラティリティの期間構造は瞬時から7年間隔までを、下の目盛りで示している）。

3つ目の特徴は、インプライドボラティリティはリアライズドボラティリティを下回ることはないということである。インプライドボラ

図9.4　均衡状態におけるボラティリティプレミアムの期間構造

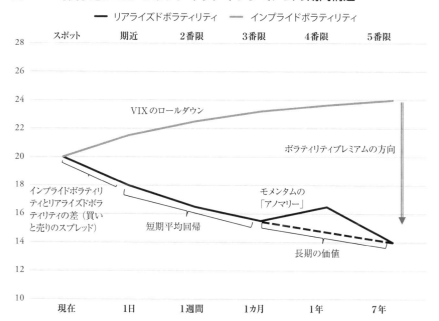

上のグレーのラインはインプライドボラティリティのスポットと先物（上の目盛り）を表し、下の黒の
ラインはさまざまな測定間隔によるリアライズドボラティリティ（下の目盛り）を表す。インプライドボ
ラティリティのデータは2009年からの平均VIXカーブの統計学的特徴を示したデータで、リアライズド
ボラティリティのデータは1988年からのS&P500のホライゾン別リアライズドボラティリティの統計学的
特徴を示したデータ

ティリティカーブの最低点（スポットのVIX）でも、リアライズドボ
ラティリティカーブの最高点（現在のリアライズドボラティリティ）
を下回らない。

　プレミアムは、高いボラティリティを売って低いボラティリティを
買い戻すことで得られる。このチャートは、本章と第6章で示した、こ
のトレードをどのように行うかを示すあらゆる例を視覚的にまとめた
ものだ。トレーダーは満期までが長いVIX先物を使ってボラティリ
ティを売ることができ、そしてロールダウン効果によって利益を得るこ
とができる。この戦略に従うトレーダーはボラティリティカーブの最
初の特徴を利用していることになり、この戦略を行うことで、将来の

流動性のインプライド価格とレバレッジに対するイクスポージャーを提供することでプレミアムを得ることができる。ボラティリティは市場に逆らってトレードすることで、例えば1日といった短期ホライゾンでリアライズドボラティリティを売り、市場に沿ってトレードすることで、例えば1カ月といった長期ホライゾンで買い戻すことができる。これによって、短期ホライゾンと長期ホライゾンのリアライズドボラティリティの差（リアライズドボラティリティは期間が長くなると下落するという事実による）によって流動性を提供することができるため、プレミアムを得ることができる。また、ボラティリティは特定の期間のオプションの形で売ることもできるし、原資産のロングボラティリティポジションを複製することで短い周期でデルタヘッジすることもできる。これは、インプライドボラティリティはリアライズドボラティリティを常に上回るという3つ目の特徴を利用したものだ。この戦略を行うトレーダーは、市場に瞬間的な流動性を提供する見返りとしてプレミアムを得ることができる。これは実質的にはマーケットメーカーの振る舞いと同じである。

　まだ述べていないボラティリティプレミアムがいくつかある。ファー・アウト・オブ・ザ・マネーのプットオプションではインプライドボラティリティが極端に高い（つまり、スキューが存在するということ）。つまり、市場が下落すると、ボラティリティが上昇することが「予想される」ということである。こうしたアウト・オブ・ザ・マネーのプットオプションの売りは極端に大きな利益になる。市場が下落した場合のショートボラティリティリスクを引き受けることに対するプレミアムは非常に大きい。興味深いのは、スキューが短期平均回帰と同じ傾向にあるように思えることである。いずれも、押し目で買うトレーダーにはプレミアムが与えられることを示している。プレミアムは押しが大きいほど大きい。これらが目に見える形で現れたのは、1987年10月の株価大暴落のあとである。

　買い気配値と売り気配値のスプレッドを収益源にするマーケットメーキングはボラティリティプレミアムを利用している。流動性が一方向に動き、価格変動が大きいとマーケットメーカーはドローダウンを被る。これは、時間枠は異なるかもしれないが、ほかのボラティリティの売り手がドローダウンを被るのと同じ種類のドローダウンだ。買い気配値と売り気配値のスプレッドを収益源とする戦略は、デルタヘッジのオプションを売るのと同じだとみなせる。直観的に考えれば、デルタヘッジを間断なく行えば、頻繁にトレードすることが求められ、スプレッドを支払う必要があるので、利益にはならないはずだ。しかし、デルタヘッジをかなりの頻度で行えば、利益はすべてマーケットメーカーに移転される。経験的に言えば、期近のS&P500のＥミニ先物の場合、３分を下回る期間ではリアライズドボファティリティがインプライドボラティリティを上回る。

　これまで述べたことはすべて１つの資産に関してのことである。ポートフォリオのボラティリティは構成資産のボラティリティと構成資産間の相関によって異なる。一般にポートフォリオのボラティリティは資産間の相関が高ければ高く、相関が低ければ低い。つまり、相関の変化はポートフォリオのボラティリティに影響を及ぼすということである。これらの相関にはリスクプレミアムが内包されている場合もあり、場合によっては、原資産のボラティリティプレミアムよりも大きい場合もある。ボラティリティと同じく、相関プレミアムも存在する——①遠い将来のインプライド相関が直近のインプライド相関を上回るとき、②短期ヒストリカル相関が長期ヒストリカル相関を上回るとき、③インプライド相関がヒストリカル相関を上回るとき。しかし、大きな相関プレミアムが存在するためには、ポートフォリオボラティリティが、原資産のボラティリティよりもより必要とされなければならない。例えば、明確な例として株価指数を考えると、株価指数のポートフォリオはすでに知られていて、１つの資産と考えられている。

S&P500指数のボラティリティプレミアムはアメリカの大型株のボラテ
ィリティプレミアムよりも大きいことは証明済みだ。これはS&P500
のボラティリティプレミアムの大部分は相関プレミアムであることを
意味する。

　すべての資産がこういった特徴のすべてを示すわけではない。一方、
1987年以前に存在したショートボラティリティプレミアムはマーケッ
トメーカーのプレミアム（インプライドボラティリティとリアライズ
ドボラティリティとの差）だけだったように思える。ほかのボラティ
リティプレミアムはマイナスだったかもしれない。つまり、ボラティ
リティの買い手が利益を得たということである。これはいろいろな資
産クラスにおけるモメンタム戦略が歴史的にアウトパフォーマンスだ
ったことからも分かる。

　ボラティリティに対する代金は常にどの市場でも同じというわけで
はない。ボラティリティプレミアムは個々の株式や非株式資産よりも
株価指数のほうが大きい。1987年以降、ボラティリティプレミアムが
最も大きかった資産はS&P500である。ほかの株価指数は1990年代に
徐々にこれらの特徴を示すようになった。

S&P500そのものがキャリートレード

　S&P500のボラティリティが最も価格が高いのは、S&P500が世界の
ボラティリティの代表で、したがってVIXは「グローバルボラティリ
ティ」であるという第6章で紹介した考えを最も実証的に証明するも
のだ（依然として状況証拠の域を出ないが）。この考えは、S&P500を
グローバルキャリーレジームの中心に据えるものだ。2014～2017年に
かけてほかのキャリートレードが苦境に立たされたときも、S&P500の
キャリートレードが拡大したのはなぜかは、これで説明がつく。この
間、XIVのETN（上場投資証券）のようなVIX商品を売ることで莫大

図9.5　VIXの価格

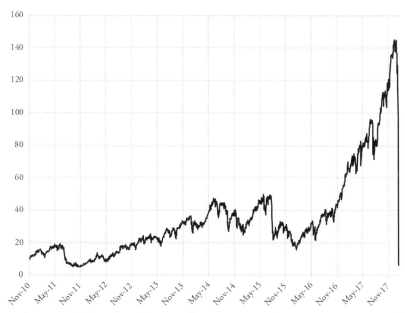

2010年11月の取引開始日から2018年2月の暴落までのVIXショートボラティリティ先物ETNの（スプリット調整済み）価格

出所＝Yahoo!ファイナンス、著者による算出値

なリターンがもたらされた（**図9.5**）。

　しかし**図9.5**が示すように、2018年2月にはXIVのETNは価格が大暴落し、清算された。これは「ボラティリティショック」によるものだ。短期間ではあったが、S&P500の暴落を招いた「ボルマゲドン」と呼ばれるキャリークラッシュである。しかし、S&P500のボラティリティの売りは数カ月もすると再開され、トルコリラがキャリークラッシュに陥り、通貨キャリーが全般的に縮小したのを尻目に、S&P500のキャリートレードは復活した。これは、特にキャリーバブルの終わりごろにかけてのさまざまなキャリートレードがいかに複雑であるかを示すものであるように思える。この現象については前章のグローバルな金融危機とそのあとの原油のキャリートレードバブルのところでも説

明した。

これから結論づけられることは、高いレバレッジのかかった世界では、流動性を提供することに対してはリターンがもたらされるということである。S&P500は世界の主たるヘッジ手段である。したがって、S&P500に流動性を提供することに対しては特に大きなプレミアムが与えられる。S&P500のボラティリティ構造は、ボラティリティの売り手（流動性の提供者）は、さまざまなボラティリティの売りトレードによって大きなリスクプレミアムを得るという仕組みになっている。

これはつまり、近代のキャリーレジームのピークに近づくにつれて、世界はだんだんとグローバル経済の究極の資金源がアメリカの株価指数市場にあるかのような行動を示すようになることを意味する。金融市場の役割はリスクを移転することであり、最も流動性の高い市場ではリスクが何度も移転され最終的には落ち着いてくることを考えれば、これもまんざら幻想ではないかもしれない。

余談になるが、株価指数市場（特にS&P500）においてはグローバルな流動性リスクプレミアムが存在することが分かっているが、これは株価指数とソブリン債とのよく知られたネガティブな相関に関係があるかもしれない（このネガティブな相関が現れたのは1997年10月である。それ以前は株式と債券との間にはポジティブな相関があった。見方によっても異なるが、相関がポジティブからネガティブに変わったのは、今やインフレリスクよりもデフレリスクのほうが大きいと市場が認識したからかもしれない。あるいは、金融政策が株価変動に直接反応すると市場が認識したからかもしれない。インフレやデフレとキャリーとの関係については第10章で詳しく見ていく。いずれにしてもこの相関のシフトは近代のキャリーレジームの台頭に大きな影響を与えたことは確かだ）。S&P500のほかに世界でもとりわけ流動性の高い市場（実際にはS&P500よりも流動性が高い）は、Tボンドや金利先物を含む米ドル金利市場である。しかし、金利市場でのボラティリテ

ィプレミアムはS&P500に比べると小さいように思える。そこで、債券と株式の根本的な違いを考えてみよう。債券は「安全資産」と考えられているが、株式は破産リスクを含むものと認識されている。このリスクこそがボラティリティプレミアムの根底にあるものである。

　まとめると、キャリートレードはレバレッジの世界では長期にわたって利益をもたらすものである。しかし、中央銀行が大規模なボラティリティの売り手になると問題が発生する。中央銀行によってキャリートレードが拡大すると、キャリートレードからは当面は大きな利益が得られ、より多くの資本がキャリートレードに引き寄せられる。しかしある時点まで来ると、キャリーのリターンは減少し、やがては厳しいキャリークラッシュが発生する。しかし、キャリーバブルとキャリークラッシュのサイクルは、金融市場や経済でレバレッジがますます大きくなっていることと関係がある。レバレッジの増大は、ボラティリティ構造を、キャリーにさらなるインセンティブを与えるものにする。こうして、キャリーレジームは今後も続いていく。

　キャリーレジームは経済の進む道を決める。つまり、経済の貯蓄を将来の成長に投資することで推進される健全な経済がはぐくまれるのではなくて、経済成長が消費と投機による資本配分によって推進されるというパターンが生まれるということである。それに伴う過剰なレバレッジと負債を考えると、これは世界経済が長期にわたって払い続けることになる代償と言ってもよい。

　これとは別の道はないのだろうか。キャリーにインセンティブが与えられないような世界を作ることはできないのだろうか。できないのなら、なぜできないのだろうか。できないのなら、それはキャリーの背後にもっと根本的な力が働いているということになる。本書の残りの部分ではこのことについて考える。

第10章

キャリーレジームは存在しなければならないものなのか

Does the Carry Regime Have to Exist?

キャリーレジームは避けることのできないものなのか

　世界の金融市場はキャリ　に支配されるようになった。世界の金融市場はキャリーレジームのなかに存在していると言っても過言ではない。これまでに見てきたように、レバレッジの世界では、キャリートレードに対するプラスのリターンが長期にわたって続くことは不可避のように見える。となると、キャリーレジームのなかに存在する世界について語ることは本当に意味があるのだろうか。キャリーレジーム以外の世界は考えられないのだろうか。

　キャリーの性質について考えるとき、出発点としては、キャリーレジームとは正反対の世界の可能性を考えてみるのがよい。つまり、仮想的な「反キャリーレジーム」を考えてみるということだ。反キャリーレジームの特徴、そしてそれが意味するものは何だろうか。

　最初にキャリーレジームの性質についておさらいしておこう。それは、流動性が正の価値を持つということである。このため、「市場に沿ってトレードすること」　資産価格が上昇したら買い、下落したら売る──、つまり流動性を受け取ることは非常に高いものにつく。投機家がそれをどういった方法でやったとしても──トレード戦略を通じてか、オプション戦略を通じてか──、平均的に見てその投機家は

リスクプレミアムを支払わなければならない。逆に、「市場に逆らってトレードすること」、つまり流動性を提供することは平均的に見て利益になる。つまり、リスクプレミアムを受け取ることができる。

　ある資産の流動性の価格は、ボラティリティカーブで表すことができる。リアライズドボラティリティの場合、カーブはさまざまな期間で測定されたリアライズドボラティリティで表される。流動性が正の価値を持つためには、短期のリアライズドボラティリティは長期のリアライズドボラティリティを上回らなければならない。また、インプライドボラティリティの場合、カーブは将来のさまざまな地点におけるインプライドボラティリティで表される。流動性が正の価値を持つためには、ずっと遠い将来のインプライドボラティリティは近い将来のインプライドボラティリティを上回らなければならない。そして、インプライドボラティリティは常にリアライズドボラティリティを上回らなければならない。

　リアライズドボラティリティの傾きは、資産が平均回帰的な動きをすることを示している。この平均回帰は値動きの意味のある予測可能性を示唆するものだが、この予測可能性は非効率性を意味するものではない。それは単に流動性が正の価値を持つ結果であり、それを「裁定取引」することはできない。なぜなら、トレーダーがそれを裁定取引しようとすれば、彼は流動性を持たなければならず、その流動性を市場に提供する必要があるからだ。そのほかの多くの市場非効率性も同じように考えることができる。

　インプライドボラティリティの傾きは、一見、市場は価格ボラティリティが上昇することを期待していることを意味しているように見える。ボラティリティは、平均的に見れば上昇することはなく、経験的に言えば長期的な安定水準に回帰するので、これは実際には期待と見ることはできない。この傾きは、フォワードインプライドボラティリティの売り手、つまりフォワード流動性の提供者に支払われるリスク

プレミアムを意味する。同様に、インプライドボラティリティとリアライズドボラティリティの差は、スポットインプライドボラティリティの売り（つまり、ペイアウトが原資産の瞬間的なリアライズドボラティリティによって決まる先物の売り）が、瞬間的な流動性の提供者に対するリスクプレミアムとして、長期にわたって利益を生むことを可能にするものだ（この瞬間的な流動性は第9章で述べたヒューリスティクスな議論によれば、買い気配値と売り気配値のスプレッドに等しい）。

　このキャリーパラダイムは過去30年のS&P500とそのオプション市場を正確に説明するものである。S&P500に続いてこうした振る舞いを見せ始めたそのほかの株価指数についても、このキャリーパラダイムが当てはまることが徐々に証明されつつある。このキャリーパラダイムは最終的にはすべての金融資産を説明するものになるだろう。

　流動性を提供する戦略には、流動性が消失したり、流動性提供者がいなくなるといった比較的まれなイベントに対する明らかなリスクに対して高いリターンが支払われる。流動性が消失したり、流動性提供者がいなくなるのは、流動性のショートスクイーズが発生するときである。このプレミアムの性質、つまり流動性を買うよりも流動性を提供するほうが利益になることを考えると、こうしたイベントが発生するのは避けられないように思える。流動性のショートスクイーズはレバレッジを解消させる自己強化カスケードだ。ポジティブフィードバックを持つというその性質によって、流動性のショートスクイーズは突然、壊滅的に発生する。原資産がリスクプレミアムを提供するかぎり、流動性のショートスクイーズは必ず原資産のプレミアムとは逆の方向に発生する（原資産のプレミアムを受け取った人は損失を被る）。なぜなら、キャリーレジームでは、原資産のリスクプレミアムと原資産に流動性を提供することに対するプレミアムは同一のものになるからだ。したがって、株式市場では流動性のショートスクイーズはダウ

ンサイドで発生する。流動性のショートスクイーズはインプライドボラティリティにも実現化リターンにもスキューを発生させる。このスキューもまた流動性が価格を持つことを立証するものである。

　流動性を提供する戦略はリターン・リスク・レシオが高い。キャリークラッシュではこうした戦略は罰を受けるが、リターン・リスク・レシオが高いのはそうしたキャリークラッシュに対する当然の代償である。流動性の提供に対する長期均衡期待リターンは、期待リターンが高いほどこうしたクラッシュによって引き起こされる破産リスクが高いと仮定すると、流動性は表面的にどんな価格が付けられても、それが公正価値になる可能性が高い。つまり、流動性の価格は「複数均衡を持つ」か、「均衡を持たない」かのいずれかであるということである。

　本章では、ボラティリティと貨幣の両面からさまざまな思考実験を行い、キャリーレジームがデフレ圧力と密接な関係があること、そしてインフレの世界はその主要な特徴を必然的に反転させていくことになることを示していく。これらの思考実験は極めて抽象的なものであるため、最初は理解しづらいかもしれない。これらの思考実験は世界がこれからどうなっていくのかを予測するのではなく、S&P500のボラティリティ構造が将来どうなるのかを予測することでもない。これらの思考実験は、キャリーレジームの終焉や反キャリーレジームの誕生が、金融市場の重要性を退化させていくことを示すことを目的とする。ついでに言えば、キャリーレジームは終焉する前にS&P500を中心としない新たな形態に突然変異する可能性が高い。キャリーレジームが将来的に中心を置く可能性があるのは、中国の株式市場やグローバルな不動産市場や株式と債券の相関である。これらの思考実験は現在のキャリーレジームの性質について何らかの洞察を与えてくれるのではないかと思っている。

キャリーレジームに代わる理論上の世界

　流動性がどんな価格でも公正価格であるとするならば、理論的には流動性は必ずしも高い正の価値を持つとは限らない。例えば、流動性が負の価値を持ったら世界はどうなるだろうか。市場に沿ってトレードすると利益になり、市場に逆らってトレードすると損をするとしたら、どうなるだろうか。これは何を意味するのだろうか。この事実とは逆の世界を特徴づけようとする試みは憶測にならざるを得ないが、まずは私たちの知る世界の特徴を逆転させてみることにしよう。

　この事実とは逆の世界では、遠い将来のインプライドボラティリティは過剰に供給される。したがって、人々はそれを売りたがるはずだ。つまり、人々はそれを売るための特権を得るために代金を喜んで支払うということである。その結果として、オプション市場のボラティリティは将来的には下落することが予想される。そして、長期のインプライドボラティリティは短期のインプライドボラティリティを下回る。

　さらに、市場に沿ってトレードすることは、短期よりも長期のほうがコストがかかる。そして、ボラティリティは短期よりも長期のほうが大きくなる。また、市場は、何日であろうと何カ月であろうと何年であろうと、短期的よりも長期的のほうが動きは大きくなる。これはモメンタムを意味する。つまり、値動きがどちらかの方向に動き出すと、その方向にずっと動き続けるということである。

　短期～中期的には、価格はモメンタムを持つと考えるのがよさそうだ。事実、１年未満の場合、多くの市場ではリターンはモメンタムを持つことが実証されている。しかし、長期的には、平均回帰の考え方が有効であることを考えれば、価格は平均に回帰するはずである。長期的にはファンダメンタルズは安定しており、価格はファンダメンタルズに影響されるので、極端に長期のモメンタムが存在するとは考えにくい。もしファンダメンタルズが存在すると信じるのであれば、価

格ボラティリティが最も長期のホライゾンで最大になるためには、価格の分母（価格を測定するときの資金の価値）は不安定でなければならない。これはおそらくはボラティリティの高い高インフレによるものだ。

この世界では、長期平均リアライズドボラティリティは長期平均インプライドボラティリティを上回る。したがって、スポットオプションの買い手は平均的に儲かる。一見すると、インプライドボラティリティとリアライズドボラティリティの差がマイナスであれば、買い気配値と売り気配値のスプレッドもマイナスであるように思えるかもしれないが、それはあり得ない。しかし、取引量が有限であることを考えれば、数分以上の間隔で測定したボラティリティが、買い気配値と売り気配値の板の間の価格の往来を含む瞬間的なボラティリティ——これは最も効果的なマーケットメーキング戦略でもとらえることができる——を上回るには、価格は超短期のモメンタムに従って動く必要がある。この世界ではプロのマーケットメーカーは平均的には稼げない。なぜなら多くの流動性が自然に供給されるため、プロのマーケットメーカーなど不要だからだ。**図10.1**はキャリーレジームを逆転させた仮想的な「鏡像」レジームをまとめたものだ。

インプライドボラティリティとリアライズドボラティリティに見られるスキューは方向が逆転する可能性が高い。コールはプットよりも価格がはるかに高くなる。つまり、原資産の最大の上昇週や上昇月は、最大の下落週や下落月よりも大きくなるということである。長期的な価格モメンタム同様、この特徴は、この仮想的な世界が極端なインフレ世界になるという考えに一致するように思える。

直観的に考えると、キャリーレジームは、オプショナリティを買うことでリバランスする必要のある巨大なレバレッジが存在することで引き起こされる。投機家はこのオプショナリティを買う以外に選択肢はない。彼女はレバレッジを定期的にリバランスするか、大きな損失

図10.1　仮想的鏡像レジームでの均衡状態におけるボラティリティプレミアムの期間構造

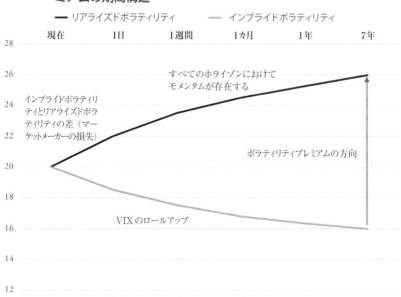

上の黒のラインはさまざまな測定間隔によるリアライズドボラティリティ（上の目盛り）を表し、下のグレーのラインはインプライドボラティリティのスポットと先物（下の目盛り）を表す。これは第9章で提示したキャリーレジームでの均衡状態におけるボラティリティプレミアムの鏡像を示したもの

を出して損切りになったときにすべてのオプショナリティをすぐに買い戻すリスクを冒すかのいずれかである。彼女はこの方法でしかトレードできないので、オプショナリティに対してプレミアムを払わざるを得ない。

　この逆はどうだろうか。それは、低いレバレッジ（アンダーレバレッジ）と過剰に貯えられた現金によって引き起こされるレジームである。これらのレバレッジと現金はオプショナリティを売ることでリバランスしなければならない。流動性の価格がポジティブな世界ではレバレッジが過剰で、その結果として巨大な量の流動性が要求される。これに対して、流動性の価格がネガティブな世界ではレバレッジが低く、

その結果として巨大な量の流動性が供給される。本書で私たちがこれまで使ってきた「流動性」は、トレードする能力、ポジションを取る能力を意味したが、これは伝統的な経済の世界で言う「流動性」、つまりマネーサプライに一致する。結局、私たちの言う流動性と経済における流動性は同じである。過大なレバレッジの世界はデフレになり、過小なレバレッジの世界はインフレになるのである。

マネー面から見たキャリーと反キャリー

もう察しはつくだろうが、グローバルな金融市場におけるキャリーレジームはディスインフレやデフレと結び付けられ、これとは反対の世界、つまり投機家がボラティリティを買うことで報酬が与えられる世界はインフレや加速するインフレと結び付けられるという考えは、マネー面から考えることもできる。

キャリーレジームの特徴は高水準の負債だ。これは、最近私たちが見てきたように銀行信用の成長を圧迫する。したがって、中央銀行がこれを打ち消すような行動をとらなければ、マネーサプライの成長は長期的に見れば抑制される。

銀行信用の成長とマネーサプライの成長が抑制されるということは、可能なあらゆる形での貨幣を保有したいという要求は収入に比べると非常に高くなる傾向があるということである。ほかの条件が同じなら、これはデフレ圧力を増長させる。もしデフレにならなければ、マネーサプライの成長は高くなるはずだ。少なくとも平均よりも高くなるはずだ。銀行信用に対する需要が弱いことを考えると、平均を上回るマネーサプライの成長を達成するには2つの方法がある。1つ目は、中央銀行が直接アクションを起こすことである。2つ目は、非貨幣的金融資産を貨幣の完璧な代替とみなすことである。2つ目の方法では、中央銀行が少なくともある程度は非貨幣的資産に対して責任を持たなけ

ればならない。つまり、非貨幣的資産を中央銀行の偶発債務として扱うということである。

２つ目の方法は、資産の「貨幣性」の増大を意味する。第７章でも述べたように、これはキャリーレジームの直接的な結果だ。キャリーバブルは長期的には金融資産価格のボラティリティを下げるため、リスク資産（少なくとも一定のリスク資産）が貨幣と同じように扱われるようになる。したがって、キャリーレジームは貨幣に対する高い需要を満足させ、デフレショックを防ぐのを助ける。そしてこれによってキャリーレジームは続いていく。

この観点からすれば、キャリーレジームはおそらくは不安定な貨幣的均衡を維持させるマーケットメカニズムであると考えることができるだろう。キャリーレジームが存在しなければ、システムはデフレスパイラルに陥り、債務崩壊を招くことになる。

したがって、キャリーレジームの逆の世界では、債務負担は少なくなる。これは新たな信用創造を促す。つまり、ほかの条件が同じならば、銀行信用に対する需要が増えるということである。中央銀行がこれを打ち消すような行動を取らなければ、マネーサプライの成長は高まり、その結果発生するインフレによって債務負担はさらに減少する。そして、貨幣を保有したいという要求は弱まる。インフレによって貨幣の真の価値が低下するため、貨幣の魅力がなくなるからだ。貨幣を資産として保有したいという要求の低下はある程度は資産の貨幣性の減少によって満たされる。これまでは貨幣の良い代替と考えられ、したがって、保有したいと思われてきた金融資産は、伝統的な貨幣に比べると保有しても無駄だと考えられるようになるだろう。これらの金融資産価格のボラティリティが上昇すれば、自然にそうなるはずだ。したがって、これはシンプルな反キャリーレジームということになる。反キャリーレジームではボラティリティの買いが利益を生む。これは高インフレ圧力を生む。ただし、インフレスパイラルは完全に制御不能

というわけではない。

　キャリークラッシュはキャリーレジームのもろい均衡に変調を来すことによって発生する。これが発生すると、経済は突然崩壊し、デフレスパイラルに陥る。金融資産価格のボラティリティは青天井で上昇し、資産の貨幣性は消失する。そして、真の貨幣に対する需要は急上昇し、たちまちのうちにデフレになる。債務の真の負担は急激に増大し、信用需要はさらに低下する。こうして悪循環に陥る。

　これと逆の仮想的イベントが反キャリーレジームでの反キャリークラッシュである。反キャリークラッシュが発生すると、インフレはスパイラル状に上昇し制御不能になり、真の貨幣を保有したいという要求は消失する。これに対して、少なくとも一定のリスク資産に対する需要は上昇する。こうした変調の間はこれらのリスク資産は貨幣よりもよく見える。これはおそらくはこうしたリスク資産にインフレヘッジ機能があるからだ。真の貨幣に対する需要の崩壊によってインフレはさらに加速する。

　ここで重要なのは、どちらのレジームもある意味不安定な状態で、いつ変調を来すとも限らないという点である。キャリーレジームや逆の世界の反キャリーレジームは、基本的に不安定なこの状態から不安定な安定を作り出すメカニズムと見ることができる。この不安定な安定が維持できなくなったときに発生するのがクラッシュだ。つまり、カードでできた家が崩壊するときクラッシュが発生する。クラッシュが発生すると、貨幣の不安定さは大幅に上昇し、金融市場では巨大な変調が発生する。キャリークラッシュでは、経済はデフレスパイラルに陥り、仮想的な反キャリークラッシュでは、インフレスパイラルが制御不能なまでに拡大する。変調が終わるとレジームは復活するが、これは中央銀行が介入したためである。キャリークラッシュでは、金融資産価格が崩壊しボラティリティが急騰するが、このとき中央銀行は資産の貨幣性の喪失を補って余りあるほどにマネーサプライを増加さ

せる。

「真」の反キャリーレジーム

　これまで現在のキャリーレジームの簡単な鏡像として描いた反キャリーレジームを見てきたが、反キャリーレジームが現在のキャリーレジームを単に逆さにしただけのものだと思うのは早計だ。反キャリーレジームは、市場予想に逆らって賭けることで利益が得られるという意味では、広義の意味でキャリーレジームの一形態である。反キャリーレジームでは、市場予測の方向が逆転しただけである。

　真の反キャリーレジームモデルでは、現在のレジームの1つの奇妙な特徴を考えてみる必要がある。それは、ほとんどのリスクは現在に最も近いところに存在する、という特徴である。近い将来のインプライドボラティリティは、はるか将来のインプライドボラティリティよりもボラティリティが高い。瞬間的ボラティリティは急に大きく上下動するが、はるか将来のボラティリティはほとんど変動がない。つまり、はるか先の将来は比較的確実であると考えることができる。「ボラティリティは安定した長期水準に平均回帰する」という考えは市場も認めるところだ。S&P500の場合、5カ月先のインプライドボラティリティはスポットのVIXのほぼ4分の1だった（**図10.2**）。

　リアライズドボラティリティにも同じことが言える。ボラティリティが上昇すると平均回帰の確率も上昇するので、リアライズドボラティリティは短期で測定したものよりも長期で測定したもののほうが安定している。ボラティリティそのものは平均回帰するという考えは、長期で測定したボラティリティが安定していることに一致する。

　しかし、ボラティリティの測定対象となる価格そのものが、加速するインフレスパイラルのなかで非常に不安定な場合、ボラティリティのこの考え方は崩れる可能性がある。そういった世界は、ボラティリ

図10.2　VIXのスポットと先物のボラティリティ

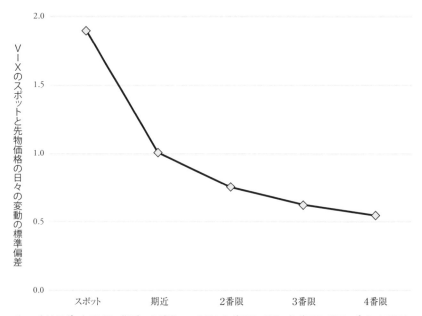

チャートはスポットのVIX、期近、２番限……の日々のボラティリティをボラティリティポイントで示している。フォワードポイントは2006年10月23日から2019年３月29日までの期間にわたって限月カーブから外挿した

出所＝CBOE先物取引所、インタラクティブブローカーズ、著者による算出値

ティの将来的な不確実性は高まる。そして、不確実性が最も高まるのは、今のこの瞬間よりも遠い将来になる。そういった世界では、インプライドボラティリティがバックワーデーション（逆ザヤ）の状態になる可能性は極めて低い。つまり、遠い将来のボラティリティは、ボラティリティが高くなり、近い将来のボラティリティよりも高くなるということである。そして、ボラティリティをトレードするときの推定リスク・リワード・レシオをバランスよく維持するために、遠い将来のボラティリティが今の瞬間よりもボラティリティがはるかに高いことを考えれば、インプライドボラティリティカーブは今が最も平坦になり、遠い将来は傾斜が最も急になる。おそらくは極めて長期のボ

ラティリティは値段の付けようがないくらい高くなるだろう。

キャリーが失敗して、ボラティリティの買い手が利益を得るとすると、ボラティリティは長期的には、インプライドボラティリティカーブが右肩上がりで上昇していく速度よりも速く上昇しなければならない。これが真の反キャリーレジームであり、市場予測は将来の変動をシステマティックに過小評価する。これらはすべて、制御不可能なハイパーインフレスパイラルに一致する。これは貨幣が死ぬ世界である。

図10.3はこの反キャリーレジームの形状を予測したグラフである。この世界の主な特徴は、平衡チャート上には示すことはできない。なぜなら、その世界は通常の意味での平衡状態にはならないからである。この世界の主な特徴は、ボラティリティもインフレも常に加速している状態である。

キャリーレジームの鏡像世界も反キャリーの世界も仮想世界であり、今のところは想像にすぎず、流動性がネガティブな価格になる世界をすべて描き切れたわけではない。しかし、流動性がネガティブな価格になる世界はここで述べたいくつかか、多くの基本的な特徴を共有する可能性が高い。いずれにしても、流動性がネガティブな価格になる世界はインフレの世界か、高インフレの世界になる可能性が高い。

キャリーと反キャリーは表裏一体の関係にある

必然的に憶測に頼らざるを得ないこの議論から、重要な真実が見えてくる。仮想的な反キャリーレジームは基本的にはキャリーレジームと大差はない。単に投機家の視点からではなく、社会全体から見れば、キャリーレジームも仮想的な反キャリーレジームも、最大のリソースを持つ者が勝者になるという特徴を持っているのである。

だれでもキャリートレーダーになれる。キャリーのことを知らないか、理解していない人でもキャリートレーダーになれる。なぜなら、キ

図10.3 仮想的な反キャリーレジームでのボラティリティプレミアムの期間構造

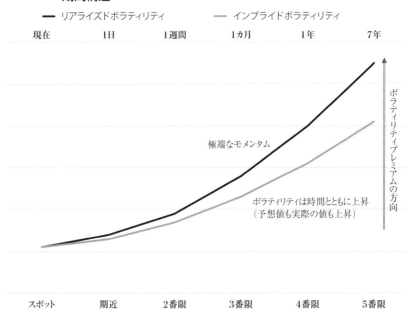

上の黒のラインはさまざまな測定間隔によるリアライズドボラティリティを示している（上の目盛り）。
下のグレーのラインはスポットと先物のインプライドボラティリティを示している（下の目盛り）。長期
の平均ボラティリティ水準はないので、垂直軸は非表示

ャリーレジームでは、キャリートレードは長期的に大きなプラスのリ
ターンをもたらすため、多くの“普通の人”は、少なくとも間接的に
キャリートレードに引き寄せられるからだ。生涯をかけて貯めた貯金
を、リスクを理解することなく高利回りの投資商品に投じてしまう人々
がそんな人々だ。これは厳密には私たちの定義するキャリートレード
ではないが、彼らはキャリークラッシュの副次的な結果として傷を負
うことになる。または、低金利の外国通貨でローンを組んで家を買っ
たり、無理して賃貸物件に投資してしまう人も、そうだ。これらはど
ちらも直接的なキャリートレードだ。そして、キャリークラッシュは
間接的に大きなネガティブな影響をもたらす。借り入れをしすぎた企

業は倒産し、仕事が失われる。金融機関は倒産する。キャリークラッシュの議論をしているとき、友人の１人は、「倒産するのは金融に携わる人たちだけで、一般の人は破産することはない」と言ったが、残念ながら、そうはならない。

　一定の水準のキャリーは社会には必要だ。経済は流動性サービスを必要とし、強力なバランスシートを持つ、つまり裕福な人々のみがその流動性を提供する立場にある。キャリーによる利益によって彼らはますます裕福になるが、提供された流動性によって社会もまた裕福になる。しかし、キャリーレジームでは、経済は流動性に対する需要とキャリートレーダーによって供給された流動性にあふれる。キャリートレーダーの多くは、中央銀行の介入なしにはキャリークラッシュを乗り切ることはできないだろう。さらに、中央銀行がキャリークラッシュをある程度和らげることで、流動性提供者──非常に裕福な人々──の利益はさらに増える。キャリークラッシュを乗り切った人々は、そのあとのキャリーバブルでは新たな繁栄を手に入れ、彼らの富はますます増える。経済における富の不均衡はこうして加速していく。

　反キャリーレジームでもこれは変わらない。キャリーレジームの鏡像である反キャリーレジームにおけるキャリークラッシュは、インフレスパイラルが制御不能になり、貨幣の価値が崩壊する。こうした事態で貧しい人々が得をすることはあるだろうか。明らかにない。一般に、キャリーレジームであろうと、反キャリーレジームであろうと、システムの変調からうまく抜け出せる人は巨大なリソースを持った人々なのである。

　これはシンプルな真実を私たちに教えてくれる。キャリーレジームや仮想的な反キャリーレジームの中心にあるのは、貨幣の不安定さである。金融市場でキャリーレジームを発生させるものは、不換紙幣の不安定さ──貨幣問題がまだ解決されていないという事実──である。どういった社会でも、ほかの人よりも力を持ち、リソースを支配する

人々がいる。その一方で、力もなく、リソースも持たない人々がいる。兌換紙幣によってこの力の不均衡は金融界や経済界ではっきりと現れる。キャリーレジームが発展するにつれて、この力の不均衡は明確に現れる。

　流動性がポジティブに価格付けされる世界——キャリーレジーム——では、流動性を提供することに対してプラスのリターンがもたらされる。しかし、これを行うにはリソースが必要だ。中央銀行の介入がなければ、経済が好況のときだけに流動性を与えることができる人はキャリークラッシュを乗り切ることはできない。しかし、流動性がネガティブに価格付けされる反キャリーレジーム——インフレの世界——では、流動性を要求することに対して、つまり流動性を受け入れることに対して、プラスのリターンがもたらされる。例えば、これは、シンプルな反キャリーレジームの変調を表す極端なインフレスパイラルの余波を利用する立場にあることを意味する。これもまたリソースを必要とする。

　したがってある意味、キャリーはそれ自身のアンチテーゼでもある。

レントシーキングとしてのキャリー

　力を意味し、リソースの支配を意味するキャリーは、レントシーキングという経済概念を彷彿させる。ウィキペディアによれば、レントシーキングとは、新たな富を生み出すことなく、経済活動が行われる社会的・政治的環境を操作することで収入を得ることを言う。つまり、レントシーキングとは、生産に貢献することなく、支払うべきものを支払わないで、苦労せずに他人から利益を搾取することを意味する。

　通常、レントシーキングは独占権を確保するために政治家に対してロビー活動をする業界団体や利益団体の活動を意味する。典型例としては、タクシー免許制度を守ろうとするタクシードライバーの例があ

る。これは「シェアリングエコノミー」が進む今日での非常に現代的な良い例である。タクシー免許はキャリーレジームに似ている。発展する都市では免許によって与えられる独占権から利益を得られるタクシー所有者は、免許を持たない人よりも高い収入を得られるだけでなく、免許の市場価値を上昇させることからも恩恵を得ることができる。免許の基本的な価値は、タクシー料金から発生する割り引き将来収入流列によって決まる。これは、キャリートレーダーがキャリートレードからの収入によって利益を得られる——これはキャリートレードを行うモチベーションになる——だけでなく、キャリートレーダーはキャリーバブルが発生したときの資産価格の上昇からも利益を得ることができるという構造に似ている。

しかし、このたとえ話は完璧ではない。レントシーキングは、基本的には政府に対するロビー活動で独占権を手に入れることだ。キャリーとは、金融的および究極的な意味においては、当局の持つ独占的な力、特に中央銀行のマネーサプライに対する独占権と政府の課税権から収入を取り出すことを意味する。微妙な意味ではキャリーには「規制の虜」と呼ばれているものが含まれる。これは、国民の利益を守るために行動するはずの規制当局が、このケースの場合は政府や中央銀行が、意図せずに被規制側、このケースの場合は、金融業界（特に、投機的金融）の利益のために行動してしまうことを意味する。

さらに、キャリーレジームとは、金融システムや投資業界全体が連続して発生するキャリーバブルとキャリークラッシュを通して、キャリーから利益を得るためだけに存在するシステムへと徐々に進化する進化プロセスを意味する。究極的には、キャリーは新たな富を生み出さないという意味ではレントシーキングと同じである。もっと究極的に言えば、キャリーは、キャリーが存在しないときと比べると、富を破壊する。金融システムが完全にキャリーに支配されるようになると、金融システムはもはや生産性の成長には貢献しない。経済における資

源がますますキャリーに注がれるようになれば、経済への真の投資、つまり流動性の提供サービスに対する投資ではなくて、生産性のある資産への投資は減退し、やがてはゼロになるだろう。同時に経済成長も減退し、やがてはゼロになる。

キャリーバブルと、資源を持たないキャリートレーダーが一掃されるキャリークラッシュの繰り返しプロセスであるキャリーレジームでは、収入格差と富の不均衡が情け容赦なく拡大する。最近の中央銀行がその責めを負うのか、それとも、キャリーレジームの性質そのものが、だれが中央銀行を率いていても、兌換紙幣システムをキャリーレジームへと進化させてしまうのかについては議論は続くだろう。しかし、キャリーを、私たちが経験してきた不均衡の拡大の急先鋒にしたのが中央銀行であることは明らかだ。万人が参加でき、繁栄できる経済を創造したいのであれば、中央銀行の法的・知的な活動は大幅な変革が求められる。これは、救済やほかの形で金融市場に参加したそのほかの政府機関やIMF（国際通貨基金）のような国際組織にも言えることだ。

社会がキャリーの意味するものを理解し、システムをもっと安定させ、公平なものにする方法を探求し始めれば、私たちの貨幣制度は劇的に変化する可能性がある。私たちはそれに対する準備が必要だ。特に、中央銀行がキャリーのエージェントに成り下がり、そしてキャリーが不均衡を増長させるものであることが正しく理解されるようになったとき、彼らの独立性と目的の見直しが継続的に要求されていくだろう。

第11章

キャリーとは力なり

Carry Is Synonymous with Power

キャリーは弱き者から強き者に流れる

今は亡きギルバート準男爵は次のように述べている。

貧しき者は悪党になるか愚か者になるかのいずれかだ、と。

——アレキサンダー・ポープ（イギリスの詩人）

キャリーの起源は何だろうか。なぜキャリーは存在するのだろうか。第6章で述べたように、高いレバレッジの世界では、貨幣の価値はボラティリティの価格を意味する。流動性を提供する人は流動性を必要とする人よりも優位に立つことができ、流動性を提供する人はその優位性を利用する。これがキャリーの法則である。これを要約したものが上記のギルバート準男爵の言葉である——「貧しき者は悪党になるか愚か者になるかのいずれかだ」（上記の2行連句は18世紀のイギリスの詩人であるアレクサンダー・ポープのもので、ギルバート準男爵とは、イングランド銀行総裁を2期［1709年〜1711年、1723年〜1725年］務めた唯一の人物であるギルバート・ヒースコート準男爵を指している）。

貧しき者はなぜ「悪党か愚か者」にならざるを得ないのだろうか。なぜ、利用される側の人間になるのだろうか。それは、彼らが悪党か愚

か者のように扱われるからである。彼らが何かを必要とし、投機家が彼らの要求を満たすことができるのであれば、彼らは弱者で、投機家は強者だ。そして、キャリーの法則にのっとれば、投機家は彼らを利用する。なぜなら、貧しい者を利用する人々は、貧しい者に慈善を施す人々を打ち負かすことができるからだ。そして、慈善を施す人々は打ち負かされ、貧しい者になる。つまり、キャリーの法則とはジャングルの法則なのである。われわれのいる場所は、無慈悲な争いが繰り広げられるジャングルなのである。

キャリートレードは、資金源と資金の運用との間の利回りの差を利用するものだ。利回りは何によって決まるのだろうか。利回りを決めるものは必要性である。信用力のない者、それはすなわち貧しい者を意味する。裕福な家の所有者は低い利率のローンを支払い、倒産のふちにある会社の社債利回りは高い。この関係を理解する方法は2つある。1つは、最も貧しい借り手は最もリスクが高く、支払い不能に陥る可能性が最も高い。借り手が負債を支払うために節約を迫られれば迫られるほど、彼らに降りかかるショックによって、彼らはますます負債を支払えなくなる。もう1つは、最も貧しい借り手は最も搾取されるということである。

まず第一に、必要性は生き延びることに対する脅威から生まれる。生き延びようとすることは、生き延びようとするすべての実体——それが人間であろうと会社であろうと——が深く感じる衝動だ。借金をしている実体にとって、リバランスコストと期待破産リスクは等価であり、それはキャリーと破産との因果関係を表すものである。もっと一般的に言えば、必要性はエージェントが不可逆的なネガティブな結果を被るときに発生する。ランダムウォークの言葉で言えば、必要性は彼らが吸収壁に触れたときに発生する。例えば、人は手足を失うことや前科者になることを恐れる。これは当然のことである。資産を失った会社や投資家は、手足とは違って、最終的には損失を取り戻すこと

もできるだろうが、50％の資産を失ったら、最初の資産に戻すには100％の儲けが必要であるというよく知られた事実が意味するものは、すべての損失には不可逆性という亡霊がいるということである。

　この必要性はキャリー戦略から得られる超過リターンの源泉である。必要性の観点から言えば、カバーなしの金利平価は失敗する。なぜなら、金利の高い発展途上国は資本を必要とするため、利用されるからである。歴史的にコモディティに通常に見られるバックワーデーション（逆ザヤ）には、コモディティ価格は下がるだろうという市場予測が反映された結果ではなく、生産者はヘッジする必要がある、それゆえに他者に利用される可能性があるという市場理解が反映されたのである。ボラティリティキャリーが機能するのは、レバレッジトレーダーは自分たちのレバレッジをリバランスするために流動性を必要とし、それゆえに利用される可能性があるからである。

　キャリーとは、一言で言えば、弱き者から強き者への流れを意味する。キャリーは貧しい者から裕福な者へと流れ、選択肢のない者から選択肢を持つ者へと流れる。リスクを伴う余剰的流動性を持つ実体は、流動性を貸し、キャリーを受け取る、したがってさらなる流動性を手に入れることができる。流動性を持たない実体は流動性を必要とするため、流動性を借りる必要があり、キャリーを支払う必要がある。したがって、さらに流動性に窮乏し、流動性が必要になる。マタイによる福音書にもあるように、「おおよそ、持っている人は与えられて、いよいよ豊かになるが、持っていない人は、持っているものまでも取り上げられるであろう」ということなのである。

　厳しいようだが、これが資本主義が発展してきた理由である。これが市場進化論が提唱される動機であり、経済の進化を推し進めてきたものなのである。進化に適合しないものは罰せられて利回りが上昇し、消えていく。この一方で、進化に適合するものは祝福されて超過的流動性を手に入れ、成長し繁栄する（これは平均的に言えることであり、

適者でも度重なる悪運に見舞われて消える者もあり、適者でなくても度重なる幸運に恵まれて繁栄する者もある）。

キャリーとは累積的優位

これがなぜそれほど重要なのかを説明するには別の考えが必要だ。それが「累積的優位」という考えである。そのメカニズムと効果を証明するために行われた有名な実験にコロンビア・ミュージックラボ実験と言うものがある。これは大ヒットしたポップミュージックの多くが音楽的に貧弱なのはなぜかという永遠の謎を解くために、実際のポップミュージックのチャートをシミュレートしたものだ。

2005年に行われたこの実験では、無名バンドの楽曲の無料ダウンロードを提供するウェブサイトが立ち上げられた。参加者はこのサイトを訪れ、サイトが提供する48の楽曲を聞き、評価し、ダウンロードする（これはナップスターが倒産したあと、近代の音楽ストリーミングサービスがスタートする前の時期で、こういったウェブサイトには注目が集まった）。このウェブサイトを訪れた人々は2つのグループに分けられた。1つは、バンドの名前と楽曲名だけが教えられ、もう1つはバンドの名前と楽曲名だけでなく、楽曲が何回ダウンロードされたか（人気度情報）も知らされた。効果は予想できた。人気度の情報を与えられたグループは人気のある楽曲を聞く傾向が高く、ヒット曲はよりヒットする。その結果、参加者が人気度の情報を与えられたときのほうが与えられないときよりもダウンロードの回数に大きな違いが出た。

さらに、ダウンロード回数を知らされた参加者は、8つの独立したグループにランダムに分けられた。参加者は自分のグループ内でどの曲が人気があるのかのみが知らされた。したがって、各グループ内で最大ヒットとなった楽曲は異なるものになった。あるグループで1位

だった楽曲は別のグループでは48の楽曲中40位だったといった具合だ。各グループでは実験が始まったときにリードしていた楽曲は、理由は分からないが、実験が進むにつれてリードを広げ、目に見える人気度の数値から影響を受けて、最終的にトップの座を不動のものにした。これが累積的優位として知られる効果である。

　実験が進むにつれて、48の楽曲は最初はランダムに並べられていたが、人気度によって並べ替えられた。当然ながら、これによって累積的優位効果が増したことは言うまでもない。実験者の言葉で言えば、「社会的影響度を上昇させることで、成功の不均衡と予測不可能性は上昇した。また、成功が品質によって決まるのはほんの一部にすぎなかった。ベストソングが失敗することはほとんどなく、ワーストソングが成功することもめったになかったが、はかの結果もあり得たはずだ」（M・J・サルガニック、P・S・ドッズ、D・J・ワッツ、「Experimental Study of Inequality and Unpredictability in an Artificial Cultural Market」、サイエンス、vol.311、no. 5762、854-856、2006年）。

　累積的優位は、ポーカーなどのカードゲームのような偶然や非完全な情報を特徴とする戦略的ゲームの性質として理解するのが最も分かりやすい。これらのゲームでは、いったん1人のプレーヤーが優位に立つ（例えば、ポーカーの場合、最もチップを積み重ねたプレーヤー）と、敵をゲームから締め出すために彼はその優位性を使う。敵はそのプレーヤーを上回るプレーをすることで、あるいはそのプレーヤーよりもツキを呼び込むことで、ゲームに復帰することはできるかもしれないが、運が同じでスキルも同じなら、最初優位に立ったプレーヤーは偶然手に入れた小さな優位性によって、大きくリードを広げ、勝利する可能性が高い。コロンビア・ミュージックラボの実験でも見てきたように、最初の数回のダウンロードと評価によって手に入れた小さな優位性は、カオス的ランダム過程を通してリードを広げ、最終的にマーケットシェアを独占する可能性が高い。優位性が大きいほど、ほ

かのプレーヤーがそのプレーヤーを打ち負かすには、そのプレーヤーをはるかに上回るプレーをしたり、そのプレーヤーよりもはるかに勝る強運がなければならない。

累積的優位はゲームの勝敗を決める要素であって、永遠に続くものではない（決められたコースを走るレースやサッカーやバスケットボールなどの運動競技のほとんどでは、累積的優位メカニズムは必要ではないが、人間がプレーするいかなるゲームでも自信やチームへの信頼というメカニズムを通して、一種の累積的優位を示すことがある）。

金融市場は言うまでもなく、偶然と不完全な情報を特徴とする戦略的ゲームが支配する世界である。つまり、キャリーは金融市場における累積的優位メカニズムということである。財政難にあえぐ会社や外国債務を持つ国の場合、市場がその会社やその国に支払いを要求する利回りが上昇すれば、その会社や国が生き残れる確率は低下する。この逆も真である。そして、負債を抱える実体の場合、損失はレバレッジの増加につながり、それがボラティリティヘッジのコストを上昇させる。

多くのゲームは累積的優位が効力を発揮する度合いに影響を与える構造を持っている。例えば、ブラインドやアンティを支払ってプレーするポーカーは、テーブル上のチップの総数に比べてブラインドやアンティが高ければ高いほど、ゲームはすぐに終了する。つまり、チップはチップを最大に積み上げた人に引き寄せられ、その人が勝利するということである。ゲームのなかには、累積的優位を増大や減少させるにはどのレバーを引っ張ればよいのか、どのルールを変えればよいのかが分かりにくいものもある。幸いにも金融市場ではこの効果を見極めるのは簡単だ——すべての金融取引では、キャリーは流動性を持たない者から流動性を持つ者へと流れる。異なる資産のスプレッドが相関を持つかぎり、スプレッドのシステミックな上昇は、累積的優位効果の上昇を意味する。弱い会社や不運な会社や弱い資本の保有者が

淘汰され、彼らの資産が強者の手に流れるのは、スプレッドが拡大する不景気のときや危機のときである。近代の経済では、キャリークラッシュがこれに当たる。

こうしてキャリーは金融市場において「複数均衡」という現象を生み出す。資本注入に頼っている実体——慢性的に経常赤字を抱える国であろうと、慢性的な財政赤字を抱える国であろうと、独占権を手に入れるために競合他社よりも多くのお金を使うテクノロジーユニコーン企業であろうと——は、自分たちの負債は金利が十分に低ければ、持続可能であることを見いだすかもしれない。金利が低いかぎり、その実体は信用力を持ち、したがって、低金利が保証される。しかし、何らかのショックが発生して金利が上昇し、その実体が膨れ上がった支払いを行うためにさらにお金を借りる必要に迫られ、莫大な資金が必要になれば、その実体は信用力をなくし、リスクが高くなる。したがって、金利も高くなる。借り手の金利が低いほど、その借り手は安全だ。したがって、その借り手に値する金利は低くなる。また、借り手の金利が高いほどその借り手はリスクが高くなり、したがって、その借り手に値する金利は高くなる。

累積的優位とは運が複利的に増大していくこと

累積的優位は偶然性を結晶化させるものと考えることができるかもしれない。ミュージックラボの実験では、どの楽曲が最初にクリックされるかという偶然性は、「これらの楽曲は最も多くダウンロードされている。だから、ほかの楽曲よりも良いはずだ」という社会的現実になった。そして、この社会的現実は永続する。

こうした現象は学術実験に特有なものではなく、世界中で見られる現象だ。最も有名で説明も簡単で、だれもが理解している例は、映画スターになれる可能性はほとんどないというものだ。だれもが知って

いるように、映画スターになるには、美しさ、カリスマ性、固い決意、演技力、そして最も重要なものとして、「大きなチャンス」が必要だ。スターを起用した映画は、ほかの条件は同じでも有名ではない俳優を起用した映画よりもチケットが売れる。スターはファンを呼び寄せ、その実力によって見る者に安心感を与える。つまり、劇場を満席にすることができるということである。その役柄が人気を博すかどうかの最も重要なことは、その俳優がすでにスターであるということである。このスターについて記述したことは非常によく知られ、私たちの大衆文化の一部となっている。

　大きなチャンスは偶然やってくるものだ。聞くところによると、ハリソン・フォードは俳優として映画会社と契約し、脇役などを務めたが大きな役に恵まれず、生計を立てるために大工に転職した。その日、彼は顧客のオフィスのドアを設置していた。その顧客はたまたま映画プロデューサーだった。そして、その日そのビルでは将来を有望視された監督のジョージ・ルーカスが新しいSF映画の配役を決めていた。その映画プロデューサーの紹介で『スターウォーズ』のオーディションを受けたハリソン・フォードはハン・ソロ役に抜擢された。また、ジョニー・デップは、監督がすでに決めていた配役があったが、ジョニー・デップにぞっこんの監督の10代の娘の勧めで、監督はジョニー・デップに初めての配役を与えた。シャリーズ・セロンは銀行の窓口で口論しているところを、芸能プロダクションのマネジャーにスカウトされて映画界入りを果たした。これらの話はどこまで本当かは分からないが、累積的優位を理解する手助けにはなるはずだ。容姿、人を引き付ける魅力、名声への願望、勤労意欲などのすべてを兼ね備えた世界一の映画スターの卵が、今この瞬間、ロサンゼルスのどこかでウエートレスやウエーターをやっているかもしれない。しかし、だからと言って、それが映画スターの資質を低下させることはない。ウエートレスやウエーターをやっていなければ映画スターにはなっていなかっ

たかもしれないのだから。しかし、良いというだけでは目的を達成するには不十分だ。

　名声をすでに確立したスターはスターの卵と同じように良く見せる必要はない。彼らは怠け者になり、付き合いにくくなり、容姿も衰えるかもしれないが、それでも当面は仕事のオファーは来る。もちろんこれは永遠に続くわけではない。容姿がどんどん衰えていき、実力も衰えれば、ファンや業界はやがては彼らを見捨てるだろう。名声を確立したスターは一時的には客観的に見てさらに悪くなる。彼らの後ろに控えている才能はあるが無名の人々に比べると、魅力はなくなりモチベーションも失い、演技も悪くなる。しかし、監督やプロデューサーは依然として魅力のなくなった名声のあるスターを選ぶ。それが有名であるということであり、累積的優位の意味するものなのである。

　別の例を見てみよう。ネットワーク効果とロックイン効果である。かつて、VHS対ベータマックスというビデオ戦争があった。フェイスブックとマイスペースやフレンドスターとの戦い、ウーバーとリフトとの戦いもあった。ベータマックスは技術的にはVHSより優れていたが、結局は戦いに負けた。今日、フェイスブックの競合他社は、技術や設計やビジネスプランがどんなに優れていても、フェイスブックを負かすことはできないだろう。なぜなら、ソーシャルネットワークの人気を左右するものはすでにそこにいるユーザーであり、これらのユーザーはフェイスブックを使っているからである。もしフェイスブックが支配の座を追われることがあれば（ゆくゆくはそうなるだろう）、新たな支配者は同類の別のソーシャルネットワークではなく、今のソーシャルネットワークとはまったく無関係の新しい形態のネットワークになるだろう。フェイスブックは消滅するのみである。

　ネットワーク効果、したがって累積的優位は、特に通信技術や技術標準の分野で顕著である。マイクロソフトオフィスは支配の座を追われる可能性がある（そのようになりつつある）が、グローバルビジネ

225

スを支配しているExcelのファイルフォーマットを操作できる競合他社のみが新たな支配者になれるだろう。金融商品もネットワーク効果を持つ通信基準と考えることができる。第10章で述べたように、今日のグローバル市場においてS&P500がその中心に君臨するのは納得がいくが、これは永遠に続くわけではない。結局は、金融キャリートレードがS&P500やVIXに集中しているのは累積的優位効果によるものだ。

ビジネス全般で言えば、古いスケールメリットは累積的優位効果が衰退したものである。しかし、業界が「制度などの人為的な要因ではなく経済的な要因によって、規模の経済が働くとき自然に発生する独占」であるならば、ビジネスの成功はほぼ完璧に累積的優位によって決まる。累積的優位——ソーシャルプルーフ（他人が取る行動は正しい行動であると推測をし、その行動に従うこと）、正しい人々から伝えられるポジティブな口コミ、商品をインフルエンサーや最初に使った人に好意的にレビューさせる——が新しい会社、特にソフトウェア会社にとって重要であることを考えれば、リターンの永続性が一般市場の投資家の間では観測されないが、なぜベンチャーキャピタル会社の間では広く観測されるのか、その理由が分かるかもしれない。最も評判の良いベンチャーキャピタル会社の累積的優位とは、彼らがバックアップする会社が好意的に宣伝され、潜在的従業員、顧客、投資家にとって信用のおけるものになることを意味する。こうしたベンチャーキャピタル会社はニッチを独占する競争で圧倒的に有利なスタートを切ることができる。累積的優位は最良のスキルなのである。

累積的優位は自己永続的

累積的優位はあらゆる形の流行やトレンドに関連するものだ。市場バブルでさえも累積的優位と関係がある。映画スターの例で見たよう

に、累積的優位は、音楽や書籍や「パブリックインテレクチュアル」（学者や政府で働いていた人など、政策に非常に関心があって知識のある人が政策についていろいろ発言をしたり、政府に入ったり、アドバイザーとして助言する。そのような人々のこと）としての成功など、すべての文化的商品のなかの「スーパースター効果」の裏に存在する。累積的優位は近代のソーシャルメディア——お気に入り、共有、リツイートといった目に見える数値が、何を言う（考える）ことが正しい（安全）のかを示してくれ、したがって強力なフィードバック効果を持つツイッター群衆、偽情報、分極化——の毒性の裏に存在するもののように思える。おそらく累積的優位は、社会階級、構造的人種差別、富の不均衡の永続性に関係するものだろう。

　もう1つ例を考えてみよう。私たちの日常生活のなかで最も謎めいて最も重要なものは、動物における社会階級の自然形成である。大きな犬は自分より階層が上の小さな犬がいると、怖がってこそこそと逃げ出す。大きな犬が小さな犬に戦いを仕掛けることはない。有名人やネットワーク効果と同じように、動物の社会階級は想像上のものではなく、真の社会的現実によって永続する。つまり、ヒエラルキー（階層制）が安定しているという事実は、すべての構成員がそのヒエラルキーを支持するために団結することを示している。大きな犬がこそこそと逃げ出すのは小さな犬が怖いからではなく、犬の集団の怒りが怖いからである（もちろん、それは無意識のうちに行われる）。唯我論者は、累積的優位のそういった例はわれわれの頭のなかにだけ存在するものだと言うだろう。しかし、重要なのはそれが単にわれわれの頭のなかに存在するということではなく、みんなの頭のなかにも存在するということである。

　したがって、累積的優位を先天的に認めること、つまりそれに無自覚であることは、それがすでに私たちの頭の構造のなかに埋め込まれているからではないだろうか（動物の行動を研究する科学者はこうし

た現象を自由にはっきりと記述することができるだろうが、われわれ人間は、動物がヒエラルキーを考慮することに私たち自身がどれくらい影響を受けているのかを知ることは好まない。どちらかと言えば、動物がそういったことを考慮することに気づいている人々は、階層を不当に得ようとして動物を操作しようとするだろう）。「水とは何だ？」と聞く魚の哲学的なジョークと同じように、累積的効果の不可視性はその重要性の論拠となるものだ。

　テクノロジーが発展し、世界のつながりがますます強まっている今、累積的優位効果は以前にも増して重要になっているように思える。アマゾンやマイクロソフトなどのソーシャルネットワーク、それにアップルやグーグルといった今日の大企業や市場のお気に入りの会社は累積的優位に依存している。これはエクソンやトヨタといったオールドエコノミーには見られなかった現象だ。今日の興味をそそる企業のほとんどにとって、最大の資産はテクノロジーや優れた商品（石油備蓄や自動車工場などは言うまでもなく）ではなく、累積的優位なのである。もっとはっきり言えば、彼らの累積的優位は彼らの強気の姿勢を形成するうえで最も重要なものと考えてよいだろう。ビジネスの世界の外では、シリーズ物や続編がエンターテインメント市場でとどまることを知らずに拡大しているように思える。最近では「インスタグラムインフルエンサー」や、ユーチューブ、ツイッチ、ティックトック上などで新しい形の有名人が登場した。また、元々はリークされたセックステープによって普及したリアリティ番組で最年少の億万長者が生まれたりもした。本書の中心的テーマは、金融市場における累積的優位効果——キャリーレジーム——が、第2次大戦後で今ほど顕著な時期はないということである。しかし、金融市場は世界を反映するものだ。したがって、キャリーレジームは金融市場を超えてますます拡大していくかもしれない。

　一言で言えば、ミュージックラボ実験のように強力な累積的優位効

果を持つゲームでは、ベストプレーヤーが勝つとは限らないということである（強力な累積的優位効果によって、ベストプレーヤーよりも劣っているが、ほかのプレーヤーに比べると優れたプレーヤーの1人が勝利し、ほかのプレーヤーは接戦になり大差はないということが起こる可能性もある）。これと同じように、強力な累積的優位効果を持つ金融市場はリソースを最適配置することができないと考えられる。これは私たちの議論の要点だが、近代の金融市場において拡大し続けるキャリーレジームを私たちは大いに憂慮している。

　本書を通じて私たちは、古典的な経済的均衡とはキャリーとは逆のもの、すなわちキャリーバブル、キャリートレード、キャリーレジームによって妨害されるように思えるものと述べてきたが、これは偶然ではない。これまでに示した例によって分かってもらえたのではないかと思っているが、キャリー、つまり、累積的優位は、均衡状態から外れているもの、均衡をもたないものである。キャリーはそれ自身の均衡を作り出すのである。

私たちが存在するのは累積的優位のおかげ

　これまでは累積的優位のニュートラルな側面や否定的な側面を強調してきた。私たちが最も才能のある俳優を見るのではなく、最も有名な俳優を見るのはなぜなのだろうか。私たちが最高のテクノロジーではなくて、最初に登場したテクノロジー、つまり影響力のある大衆が良いというテクノロジーを使うのはなぜなのだろうか。自分自身の判断よりも大衆の意見に従うのはなぜなのだろうか。これらはすべて累積的優位で説明がつく。これらはすべて正しいかもしれないが、これは1つの見方にすぎない。

　累積的優位の非常によく知られた別の例を見てみよう。不規則な変化が長く続けば、やがては種や属を超えて新たな生物が生まれる。こ

れを進化という。生命の起源を考えてみよう。原始スープのなかで有機化学物質の泡が生まれ、初期のころの太陽系が衝突しあって、その泡がかき混ぜられた。これらの化学物質のいくつかが、落雷や天体の衝突や単に量子ランダム性といった偶然性によって瞬間的に構造体をなし、それが周囲のものと反応し、その構造体が次から次へと複製されていった。これらの構造体はぶつかりあって分裂し、そのいくつかは新たな、そしておそらくはもっと複雑な形状になり、さらに速くもっと完璧に複製されていった。そして何十億年の時を経て、これらの単純な構造体はアミノ酸とタンパク質になった。そして誕生したのがRNA、DNA、細胞、多細胞生物などである。

　原始スープのなかで最初に自己複製した分子が増えていったのは累積的優位によるものだった。あるいは、原子スープのなかでn番目に自己複製した分子は、それよりも以前に存在した分子よりも複製速度が速く、したがって以前に存在した分子を駆逐していったと考えられる。ある幸運なアフリカの霊長類の突然変異を広めていったのは累積的優位だった。彼らは突然変異によって大きな脳を持ち、コミュニケーションスキルを発達させたおかげで、道具、火、農業、書くことを発明した。こうして彼らは地球上のあらゆる地域に広がっていった。私たちをなすものは累積的優位なのである。

　進化は、上で述べた累積的優位のすべての欠点を示してもいる。進化は今日の科学者やエンジニアの理解をはるかに超える生化学ナノテクノロジーシステムである。この点は称賛しながらも、われわれは自分自身に魅了される。つまり、進化は絶望的なまでに経路依存的なのである。有名な例にルビスコという酵素がある。ルビスコは地球上に最も多く存在する酵素で、大気中から二酸化炭素を取り込むときに触媒として働くことで光合成を促進させる。しかし、ルビスコは酸素が大気中にたくさん含まれる前に進化した。したがって、今日の酸素がたくさん含まれる大気のなかでルビスコは酸素を二酸化酸素と取り違

え、二酸化酸素の代わりに酸素を取り込むこともあり、そのため毒性のある副産物を生成し、代謝エネルギーを無駄遣いしてしまう。ルビスコの持つこの性質のために、光合成の効率はおよそ25％に低下する。しかし、ルビスコは植物の複雑な生化学の残りとの結合が強いため、酸素を多く含む大気に適したほかの酵素に置き換えることはできない。一方、植物生物学は長い時間をかけてメカニズムを複雑につなぎ合わせたものを発展させ、ルビスコによる非効率のコストを最小化させ、そして既存の植物を受粉し、種を伝播し、植物に栄養を与える生態系が生まれた。ルビスコなしの光合成を行う新たな形の突然変異はよほどの幸運に恵まれないかぎり、ルビスコの確立された優位性を超えることはできないだろう。

　脳のニューロンを統治するプロセスもまた累積的優位に支配されている。シナプスは活性化されればされるほど強くなり、シナプスが持つ効果は増大する。めったに活性化されないシナプスは時間がたつと消滅する（脳内では、累積的優位の欠点は憂鬱や中毒などの症状となって現れる）。もちろん本書は金融市場におけるキャリーについて書いたものだ。キャリーは経済のなかで商品やサービスを分配し、人類文明の神経系を形成するものだ。キャリーは不完全なものかもしれないが、素晴らしいことを成し遂げた。生命の存在するところには、そして知性が存在するところには、累積的優位が必ず存在する。これが偶然だと言えるだろうか。

キャリーはあらゆるところに存在する

　現在の物理学によれば、不確実性、つまり偶然性は宇宙における基本的な性質である。累積的優位は偶然性を結晶化するものであると述べた。つまり、累積的優位は、偶然性をコントロールし、一時的なチャンスを永遠のものにし、カオスから秩序を生み出すものである。本

書を通して説明を試みてきたものは、金融市場（特にボラティリティ）を通しての見方によって、つまり世界のすべての不確実性を価格という1つの次元に帰着させることで、キャリーと不確実さの関係を明確にすることである。

　キャリーのルーツは過剰な流動性である。流動性とは、ポートフォリオや実体が衝撃——不確実性のネガティブな実現——を吸収し、損害を受けないで前進し続けることができることを意味する。流動性とは、ポートフォリオや実体が代価を得る代わりに、他人に代わって衝撃を負うことを約束することを意味し、さらには不確実性の非負の実現から利益を得て、成長する能力を持つことを意味する。つまり、流動性とは不確実性に向き合うことを意味する。流動性は、破産からの距離と定義するのが最も分かりやすい。この宇宙では不確実性は不可避である。つまり、破産は常に有限の距離だけ離れたところにある。どの個人もどの実体も最終的には破産を避けられないということは、個人や実体はキャリーを通じて破産に適応せざるを得ないということである。それは進歩することを意味する。

　リスク、破産、流動性は金融に関してのことだけではない。これらは現実世界にも当てはまる。したがって、金融のキャリートレードについての特徴は、現実世界におけるキャリートレードにも当てはまる。これらの目に見える特徴には、ショートボラティリティイクスポージャー——何も変わらなければ利益になる——や、のこぎり歯のようなリターンパスが含まれる。犬の集団のアルファ（リーダー）であろうと、大会社のCEO（最高経営責任者）であろうと、どんなヒエラルキーでもその最高位にいる人や動物は最高の肉、最高の交尾機会、多額のボーナス、会社のジェット機を使用できる権利を得ることができる。しかし、それと引き換えに、リーダーは常に警戒して緊張感を持たなければならない。なぜなら、王位の座は狙う者が常に存在するからである。会社、政府、犯罪ファミリー、社会グループの内面が悪意に満

ちたものであるほど、つまり、その組織内のエージェントが互いに対立して互いを破産させようとするほど、スキルを持ったキャリートレーダーが素早く確実に現れ、そのキャリートレーダーの凋落も素早くぞっとするようなものになるだろう。金融界のキャリークラッシュは、現実世界では取締役会での反乱、政治的粛清、突然の死刑執行に相当する。

　事実、歴史上で最も強力で最も恐ろしいキャリーレジームは金融界の外で起こった。スターリンの大粛清、毛沢東の文化大革命などがそうだが、最悪のキャリーレジームはフランス革命の最中の恐怖政治であり、ポル・ポトによる自国民の大虐殺である。こうしたことが起こったのは、暴力、拷問、殺人——最も純粋で恐ろしい形で発生した破滅とキャリー——が不可避なこととして許容されただけでなく、社会全体の利益であると考えられていたときである。これらのケースは、解き放たれた革命派が彼らの制御の手を逃れ、独り歩きを始めてしまった結果として発生したものだ。目的を達成するための手段が目的そのものになってしまったということである。これらのケースのいずれも、革命派の当初の目的は、既存の敵対するキャリーレジームを打倒することだった。これらの例から教訓を得るとするならば、それはキャリーに対してキャリーで訴えることは最も危険なことであるということである。

キャリーとは力なり

　重要なのは、キャリーとは金融市場での力のことを婉曲的に言ったものであるということである。力とは累積的優位であり、力の真の形態は指示対象物のない累積的優位である。つまり、優位がそれ自身以外のいかなる現実からも解放されていない尺度——客観的ではない評価基準——によって測定されているということである（美は完璧に客

観的な評価基準ではなく、歌の才能も演技の才能も客観的な評価基準
ではない。一方、「実力がないのに、ただ単に有名なだけ」は完璧に客
観的な評価基準である）。リスクがあるかぎり、力が存在する。力とは
リスクに耐えられ、そして生き延びることができる能力であり、リス
クを受け入れることができ、そして繁栄することができる能力である。
言い換えれば、力とはオプショナリティである。力はこの宇宙におい
て不可避なものであり、必要なものであり、生命、意識、文明といっ
た複雑系を発生させる原動力となるものである。

　しかし、私たちがキャリーレジームと呼ぶものの台頭によって、市
場価格構造は基本的な経済の現実から徐々にいかりが外される（基本
的なものから自立的にいかりを外すことが、純粋な力の意味するもの
であるため）。いかりが外されることで、長期的には成長は鈍化し、経
済リスクは高まる。最初に軽率に行われた金融政策によっていかりが
外され、最終的には金融政策は外されたいかりに捕らわれてしまう。い
かりが外されることは目には見えないかもしれないが、これは先進国
全体にわたって政治環境や社会構造を徐々にむしばんでいく。つまり、
力は不可欠なものかもしれないが、強くなりすぎてはならないという
ことである。

第12章

グローバル化するキャリー

The Globalization of Carry

金融市場は何を欲しているのか

　金融経済学の教科書に言わせれば、「金融市場は何を欲しているのか」という質問は愚問のように思えるかもしれない。金融市場はほかのタイプの市場、例えば、町の中心にあるファーマーズマーケット（直売所）とは、若干違うようにできている。ファーマーズマーケットは物理的・実際的な場所で、買い手と売り手が互いに利益になるような取引を行う場所だ。買い物客は夕食の野菜を買い、農民は野菜を売ることで生計を立てる。ファーマーズマーケットが何を欲しているのかを語ったり考えたりすることは無意味でしかない。だとすれば、金融市場が何を欲しているかを考えることに意味はあるのだろうか。

　それが大ありなのだ。金融の世界では、市場が何を欲しているかや、何を期待しているかを考えることはごく普通である。金融ジャーナリストは、市場は政府が特定の政策を実行することを欲しているとか、市場はFRB（連邦準備制度理事会）が金利を下げることを欲しているといったことについてしきりに書く。多くの人は、これは単に投資家が何を欲しているかを書いたものにすぎないと思うだろう。しかし、いわゆる進化プロセスのなかで、金融市場がキャリーに支配されているものであると考えるとき、そしてキャリーが累積的優位と力を表した

現象であると考えるとき、これらの概念は違う角度から見ることができる。進化という観点から見ると、種は生き残って繁殖することを望む。種は特定の環境への適応を最大化するような身体的特性や行動特性を発達させるが、環境そのものが変化することもある——ほとんどの場合は徐々に変化するが、突然に変化することもたまにある。このように環境変化に対して適応を繰り返すことで環境に対する適応力は増していき、それに応じて環境も変化していく。金融市場を取引を行うためのニュートラルハブとして見るだけではなく、それ自身の構造を持つ進化するネットワークと見れば、市場が何を欲しているかを考えるのも合理的と言える。

第5章で、金融機関のバランスシートとインセンティブがキャリーレジームを進化させるうえでどのように役立ったかについて見たとき、この観点から考えた。これは市場がどのようにして今の状態に達したかを理解するうえで役立つ。もちろん、市場の今の構造も将来的には変わるだろう。インセンティブとこれらの組織が直面する制約も変わるだろう。そして、組織そのものも変わるだろう。ヘッジファンドは25年前は端役だったが、今では多くの市場で主たるプライスセッター（価格設定者）となっている。今は端役でも、25年後には市場の中心的存在になるプレーヤーがいることは間違いない。組織のこうした変化は、テクノロジーや規制による市場の、つまりマーケットメーキングの機能的性質の発展に影響を及ぼすだろう。

したがって、市場は進化し続ける、しかもキャリーを促進するように進化し続けると、私たちは信じている。規制の発展——これは金融政策では非常に重要——と組織の性質の変化は、キャリーをより強化する方向に進展・変化していくだろう。市場が欲しているのはより強いキャリーである。つまり、力と富が1カ所にさらに集中していくことである。市場が欲しているのは、金融のコーポラティズム——独占権や準独占権を持つ大企業と、これらの大企業に共感し、それに従っ

て政策を実行する政府と規制当局とこれらの会社の株価を支える中央銀行制度が有機体的に結びついた共同体——である。こうしたことが組み合わさることで、キャリーはさらに強化されていく。

　もちろん、こうした言葉で議論をされることはめったになく、投資家たちはより多くの流動性や信用へのアクセスやボラティリティの低い市場を必要としているという言葉で議論される。投資家が必要とするこれらのものを提供してくれるのはキャリートレーダーだ。こうして、新しい商品、新しい組織、新しい規制に対して、社会にキャリーの持つこうした特徴を提供させるような圧力が生まれる。キャリーの力はある意味、政治をも手中に収めることができる。しかし、それだけではない。最近ではキャリーのグローバル化も進んでいる。左翼の政治活動家たちはこれを「グロ　バル資本主義」と呼ぶが、これはグローバル資本主義ではない。資本主義は、人によって異なることを意味する。資本主義は政治的スペクトル上の異なる立場にいる人にとっては異なることを意味する。しかし、資本主義の主要な要素には、自由な金融市場を含む自由市場が含まれている。企業が激しい競争環境で事業を営み、非上場で所有権の移転が可能な企業が存在し、政府が法規範の枠組みを提供し、安定した貨幣制度を保証する自由市場である。しかし今存在するものは、この概念とは程遠く、金融コーポラティズムと呼ばれるものに近い。

　世界レベルでは、政府間の協力、多国間エージェンシーの影響、そして、特に中央銀行間の協力によってキャリーはグローバル化してきた。これまでの章で詳しく見てきた通貨キャリートレードはこのグローバル化を進めるうえでの重要なメカニズムとして機能してきた。

モラルハザードのグローバル化

　第7章では、グローバルな金融市場でのキャリーレジームは最終的

には経済成長も金利もゼロに収束させてしまうことについて議論した。ゼロに近づく点を「消失点（vanishing point)」と呼んだ。また第9章では、S&P500は大きな流動性を持ち、さまざまなデリバティブ市場を提供するため、グローバルキャリーレジームの中心的なキャリートレードになると述べた。経済成長や金利が消失点に近づくと同時に、キャリートレードは1つのキャリー商品——S&P500——に集中していく。まずは、これを認識することが重要だ。

　グローバルキャリーレジームの下でキャリートレードがS&P500に集中していくことの背景には、中央銀行が生み出したモラルハザードのグローバル化がある。中央銀行の政策によるモラルハザードは、金融市場でキャリーが台頭するときに中心的な役割を果たしてきたと、本書では強調してきた。主要な先進国での低金利やゼロ金利、救済措置、中央銀行の量的緩和政策、そして市場が不安定になったときには中央銀行が介入することを暗に約束することによって、低い市場ボラティリティ予測からリターンを得ようとする投資や投機を促してきた。

　米ドルはキャリーのファンディング通貨としての地位をますます高め、FRBは他国の中央銀行と通貨スワップ協定を次々と締結している。これは、世界の主要な準備通貨としての米ドルの役割を考えると、米ドルファンディング市場にストレスがかかったときは、FRBが大々的に通貨スワップに乗り出す意思があるということの現れである。中央銀行の通貨スワップ協定はグローバル経済での「ドルの循環」費用を負担することと見ることもできる（第2章で通貨キャリートレードについて議論したときのトピック）。グローバルキャリーレジームを、潜在的に関係のある通貨キャリートレード、信用キャリートレード、一般的なボラティリティの売りトレードを構成する何兆ドルという米ドルからなるデフレレジームと考えるとき、米ドルがキャリーの主要ファンディング通貨として、そして準備通貨として、中心的な役割を果たすこのレジームは、FRBが通貨スワップを介してドルの循環の費用

を負担するという前提があってこそ成り立つものである。

　これを説明するために、前に紹介した例に再び戻ろう。この例では、国内投資をするためにドルで資金調達したあるブラジルの会社を登場させた。借り入れ期限が来て資金を借り換えなければならないときに、グローバルキャリークラッシュが発生したとしよう。そのとき、キャリートレードは巻き戻され、ブラジルレアルは対米ドルで下落する。こういった状況では、そのブラジルの会社は懲罰を伴わない条件でドルを借り換えることはできない。そこで登場するのが通貨スワップである。ブラジルの中央銀行はその会社が借入金を借り換えることができるように、ブラジルの銀行にドルでの資金調達を許容する。そして、中央銀行はこれらのドルをFRBとの通貨スワップを通じて入手する。

　図12.1はFRBの通貨スワップ残高を示したものだ（単位は10億ドル）。第2章の**図2.2**（米ドルキャリートレードの指標）と注意深く比較すると、FRBの通貨スワップは米ドルキャリートレード残高と反比例の関係にあることが分かる。通貨キャリートレードが縮小すれば、FRBは通貨スワップを増やし、キャリートレードが増えると、FRBは通貨スワップを減らす。

　これは、2008年のリーマンショックの前後でもそうだったように、キャリートレードが大幅に縮小すると、米ドルの借り手は借り換えができなくなるからだ。このプロセスがいったん始まれば、米ドルの外貨準備が豊富な国でも、これを止めることはほぼ不可能だ。例えば、2008年10月、韓国ウォンが対ドルで急落し、株式市場は30％を超えて下落した。韓国は世界で第6位の外貨準備（およそ2500億ドル）を保有し、マクロ経済ファンダメンタルズも強かったにもかかわらず、これは起こった。FRBがスワップ枠を提供して初めて、韓国銀行はウォンを安定させることができた（J・アイゼンマン、Y・ジンジャラック、D・パーク、「International Reserves and Swap Lines：Substitutes or Complements?」、全米経済研究所、2010年3月）。韓国銀行はドルの

図12.1　FRBの通貨スワップ残高（2008～2013年。単位＝10億ドル）

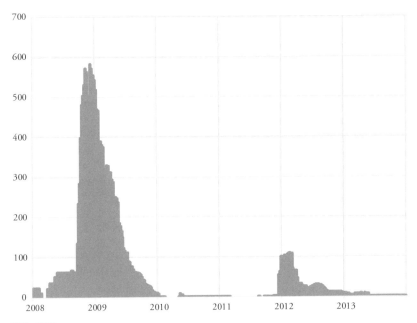

出所＝FRB

外貨準備をすでに600億ドルも使って市場を安定させようとしたにもか
かわらずそれはかなわず、FRBが300億ドルのスワップ枠を提供して
初めて市場が安定化できた。なぜなのだろうか。それは、FRBが自由
に使うことのできる無尽蔵のドルの流動性を持っているからである。ス
ワップ枠は、FRBがアメリカ外のドル市場を安定化させることを職務
範囲と考えているというシグナルだった。

　FRBがグローバルな米ドルファンディング市場の安定、つまりボラ
ティリティを抑制することを重要視したというシグナルを発したこと
は非常に重要だ。事実、FRBがスワップ枠を発表するだけでも、アメ
リカの通貨スワップを受け取ったほかの新興国市場（ブラジル、メキ
シコ、シンガポール）でのCDS（クレジット・デフォルト・スワッ
プ）スプレッドを抑え込むのには十分だった。結局、これらの国は外

240

貨準備を使う必要などなかった。FRBの発表だけで十分だったのである。

　キャリートレードの債務者を救う必要があると感じたのはFRBだけではなかった。2008年10月、スイスの中央銀行はハンガリーとポーランドの中央銀行とスワップ協定を結んだ。これは東ヨーロッパのキャリートレードの救済拡大の一環だったと見ることができる。ハンガリーの場合、ECB（欧州中央銀行）からクレジットラインによる支援を受けたほか、IMF（国際通貨基金）、EU（欧州連合）、世界銀行からも250億ドルの資金援助を受けた。しかし、FRBは多くの国の中央銀行とスワップ協定を結んだ。2013年10月、FRBはほかの多くの中央銀行とのスワップ協定はそれまでは一時的処置にすぎなかったが、恒久化すると発表した。

　通常、中央銀行がこういった発表をするときは、メディアや金融業界からは好意的意見が聞かれることが多い。スワップ協定は中央銀行が考え出した、市場ボラティリティを抑え込む賢明な「新たなツール」だからだ。市場ボラティリティを好む人などだれもいない。少なくとも賢明な人でそんなことを考える人はいない。では、これのどこが悪いのだろうか。韓国の例でも述べたように、例えばグローバルなファンディング市場でのスクイーズの潜在的な伝染——これは必ずしもファンダメンタルズによるものとは限らない——は、市場にストレスがかかったときには通貨スワップなどのツールを使って、市場を支える行動を中央銀行に強制的に取らせることになる。

　問題は、こうした救済メカニズムが通貨キャリートレードの貸し手に市場規律を守らなくてもよいと思わせてしまうことだ。例えば、高金利の国を考えてみよう。金利が高い場合、それには理由があるはずである。例えば、インフレ率が比較的高いことなどが挙げられる。インフレ率が高ければ、一般に不動産価格やほかの物価は上昇する傾向にある。例えば、人々が低金利の通貨でローンを組むことができると

すると、中央銀行がその国の通貨の為替レートを下落させないとか、急落させないと人々が信じていれば、人々はそのように行動する傾向にある。不動産投資家や投機家は低金利で不動産を買う資金を調達して不動産を買えば、価格の上昇した不動産を保有することができる。

　銀行などの資金の貸し手は、住宅ローンの借り手とのそういった取引は慎重に行うべきである。銀行は、銀行間取引市場やほかのファンディング市場で外貨を借りて、そのローンに資金を提供しなければならないからだ。銀行は外国通貨ファンディングへのアクセスを失うリスクもある。低金利の外国通貨が外国為替市場で価格が急上昇すれば、不動産の買い手はローンを払いきれなくなり、買った不動産はマイナスの資産になる。

　こうしたことが実際に起こったらどうなるだろうか。通常は、銀行がそういった住宅ローンをたくさん抱えれば、支払い不能に陥る可能性がある。銀行は外国通貨での借り入れの乗り換えができなくなるかもしれない。その外国通貨を貸した相手国の銀行や機関は、支払い不能問題が拡大すれば、それ以上の貸し出しを渋るだろう。しかし、中央銀行が外為スワップのネットワークを構築していれば、その問題はなくなる。銀行はその国の中央銀行から資金を借り入れることで、外国通貨での借り入れを乗り換えるだけである。そして、その国の中央銀行は他国の中央銀行から資金を借り入れる。

　そこで発生するのが「extend & pretend」（期限を「延長」して、そのうち状況が好転しローンも順調になる「ふりをする」）である。銀行は住宅ローンの借り手の物件を差し押さえることなく、不良債権の処理をすることなく、なすがままに任せ、状況はそのうちに好転するだろうと祈る。金融危機のあとに実際に起こったように、通貨キャリートレードが再び増加（低金利の外国通貨を借りる人が増える）すれば、国内為替レートは再び上昇し、少なくとも当面は支払い不能問題は消える。これは明らかに「ポンジスキーム」の側面を持っている。キャ

リートレードに参加する参加者が増えるかぎり、少なくとも若干の間は、だれもが勝者になれる。

こうして市場の規律は弱体化していく。借り手の視点からも貸し手の視点からも、破産リスクは減少する。キャリートレードの成長に関する市場の制約のほとんどは借り手（自称キャリートレーダー）側にかかることになる。通貨が突然借り手に不利な方向に動くというリスクに借り手は直面することになるということである。しかし、このリスクは中央銀行がこれまでのように介入主義を発揮すると限定される。中央銀行の世界的ネットワークがどんな通貨に対しても流動性を提供するという気持ちがあれば、「マージンコール（追証）」リスクは著しく減少する。

外国通貨による借り入れに中央銀行が直接介入したり、中央銀行が世界規模で協力し合うことに疑問を呈する金融市場評論家はほとんどいない。これによって市場ストレスが緩和されたり危機を防ぐことができれば、それは妥当なことと思われているからだ。しかし、そうはならない。自由市場経済では、経済を構成する多くの人々が価格、リスク評価、潜在的リターンに基づいて仕事、消費、貯金、そして投資に対する意思決定をするというプロセスを通じて生活水準は徐々に向上していく。人々の生活水準は直線状に上昇していくわけではない。3歩進んでは2歩下がるを繰り返しながら徐々に上昇していく。しかし、市場の規律がなくなれば、間違ったリソース配分が累積され、長期的には生活水準は下がっていく可能性が高い。

高金利の国の住宅ローンの借り手が低金利の外国通貨で資金の借り入れをするという前に述べた例では、この意思決定におけるリスクのゆがんだ評価の意味するものは、この住宅ローンのコストは実際よりも安く見えるということである。したがって、住宅ローンは拡大し、その結果、不動産価格は正当化できる以上に上昇する。その結果、起こるのが不動産バブルである。住宅が過剰に建設され、資源の無駄遣い

を生む。不動産市場が崩壊したときに初めて、不動産の本当の価値があらわになる。

　キャリートレードはこうした不均衡を生み出すため、最終的にはキャリークラッシュが発生する。中央銀行や政府の市場への介入はキャリーバブルを大幅に長続きさせる効果があり、その結果として、莫大な量の資源が累積的に無駄に使われる。そして長期的に見ると、成長が破壊される。

キャリーの陰湿な構造

　グローバルなキャリーレジームが発展するにつれて、アメリカ経済とその金融市場がその中心に位置することがますます明らかになってきた。世界の準備通貨であるドルはグローバルな通貨キャリートレードにおけるファンディング通貨としての地位を独占し、その役割は、FRBがほかの中央銀行との通貨スワップを通じてより安全なファンディングを提供しようという意欲を持つことによって、揺るぎないものになった。S&P500は今や金融市場におけるボラティリティの売りトレードの中心となり、その延長としてグローバルキャリーレジームの中心的存在となった。これを見ればFRBがいつの間にやら、世界の中央銀行になってしまったことが分かる。リスクの高い非貨幣的な金融商品を「貨幣に近いもの」に変えるというキャリーの魔法は、アメリカから世界中に拡大している。アメリカだけでなく世界中で富が増大しているように見える。それに伴って、キャリートレードのキャピタルフローもかつてないほどに増大している。

　それと同時に、アメリカ外でのキャリーレジームは必然的にアメリカよりももろい。特定の新興国や脆弱な国ではキャリークラッシュはアメリカよりもはるかに起こりやすくなっている。キャリーレジームは経済的不均衡を生み出す。そして、新興国の通貨は米ドルのように

世界の準備通貨になることも、主要なファンディング通貨になることもない。脆弱さと不均衡には、収入と支出の不均衡、金融構造の変化、雇用構造や国民の知識や技能の変化さえも含まれる。これらの問題のいくつかについては、本書の第5章（プライベートエクイティとヘッジファンドの台頭およびそれらの役割）、第2章と第3章（通貨キャリートレードが生み出す不均衡）、第7章（貨幣そのものの性質の変化）で述べた。しかし、キャリー拡大の結果はこれらの範囲を超え、もっと深くもっと哲学的なものにまで及んでいる。キャリーの台頭については知性を持って取り組まなければならないということである。

　ウォール街では、このキャリーレジームのなかで投資家やプロたちは世代を超えて成長し、キャリーレジームでのトレードやトレード方法を学んできた。彼らは、キャリーレジーム以外のことは何も知らない。キャリーレジームはもはや抽象的なものではなく、人々の考え方そのものになってきた。介入主義の中央銀行や政府の政策はキャリーレジームの発展に欠かせないものになっている。彼らの政策はキャリーレジームのなかで機能しているように思える。こうして介入主義というものが経済の主流の考え方になってきているのだ。例えば、金融市場のボラティリティを何とかするのは中央銀行の仕事だと考えられるようになった。したがって、キャリーレジームが長く続けば続くほど、知性や政策はそれに合うように変化を遂げていくだろう。

　経済学とは将来を予測し、その予測がどのようにして形成されるかを学ぶ学問だ。本書で前に出したトルコの例を考えてみよう。高いインフレ率、高金利、競争力のない通貨、短期国債への資本流入によって賄われきた大きな経常赤字によって、トルコのリラ国債に投資しようという投資家はいなくなった。投資家たちは、過大評価された通貨はやがては暴落し、その通貨の下落はトルコ国債の配当利回りプレミアムを上回るだろうと予測したわけである。そのため理論的にはトルコの経常赤字は、トルコ通貨の下落が投資家をしてトルコ国債やトル

コのほかの資産を買おうという気にさせるまでは、国債で簡単に賄うことはできないだろう。それは通貨が十分に安くなり、したがって、トルコが十分な競争力を持ち、国債残高がより持続的に増加し、経常赤字が減少するようになったときである。

しかし、キャリーレジームでは、個人の予測は他人の予測に影響されながら形成され、当局が取る行動に大きく影響される。投資家や投機家は世界のどの国債よりも金利が高いトルコの国債と高金利を見て考える。彼は、ほかの投資家や投機家は高い利回りに引き付けられるだろうことを知っている。彼は、格付け機関によって格付けされた信用格付けを見て考える。トルコ政府、中央銀行、各国政府、国際機関の政策を見て考える。もし彼がトルコの中央銀行が通貨を守る可能性があると信じるならば、彼は高い利回りを狙ってトルコ国債を買うだろう。もしトルコ通貨が下落する兆候を見せれば、売ればよいのだから。

キャリーレジームでは従来の意味での均衡に直ちに戻ることはない。経済における不均衡やそれに関連する負債は持続する、あるいはさらに大きくなる。キャリーバブルが続くかぎり、資本は不均衡へと流れ、すべてがうまくいくように見える。しかし、キャリークラッシュが発生し、流動性が枯渇すると、これは終焉を迎える。過去のトルコのような国における通貨キャリートレードでは、大きな外債務残高を持つこのような国の債券利回りは上昇し、負債を借り換えることはできなくなる。こういった危機が発生した国では、前にも述べたように、中央銀行が介入し、外債務者の負債の借り換えを通貨スワップで後押しする。もし国自体が破産すれば、IMFの主導によって救済される。

キャリークラッシュが発生すると、通常の世界で非常に高リスクなキャリートレードを行った大手投資家や投機家は、当然ながら資金のほとんどかすべてを失う。しかし実際には、彼らの損失は中央銀行、政府、IMFの救済によって限定される。彼らがすでに獲得した利回りや

キャピタルゲインを含め、キャリートレードを全体的に見れば、彼らは依然として優位な立場にある。おそらくはキャリーレジームが始まって以来行われてきたほとんどのキャリートレードは、このケースに当てはまる。キャリーレジームでキャリートレーダーが得る純利益は、ある程度は政府や中央銀行（要するに納税者）によって賄われ、それ以外は資金不足でキャリークラッシュを乗り越えることができなかった後発組が被った損失によって賄われると言ってよいだろう。

　こうして不均衡は拡大し、長期にわたって続く。キャリーレジームは、高レベルのシステミックレバレッジやさまざまな負債やデフレ傾向を伴うものだ。デフレ傾向や大きな負債や長期にわたる不均衡は、低い経済成長率のトレンドとその延長としての低金利を意味する。こうした要素は互いに絡み合い、そして当局の介入も相まって、キャリーレジームは徐々に強まっていく。やがて、金融市場と経済構造はキャリーを促進する構造へと進化する。投資家がキャリートレードから利益を得られるような新たな金融商品も開発される。ノンバンクは経常利益を支えたり、増やしたりするために、さまざまなタイプのキャリー取引へと引き込まれていく。

　この世界では、キャリーレジームの危険性を認識している人でさえ、キャリーレジームに対してヘッジすることは難しい。キャリークラッシュが発生するとボラティリティは必然的に高まるため、キャリークラッシュに対するヘッジはボラティリティのロングポジションを持つことになる。しかし、第6章で見たように、ボラティリティのロングポジションを持っている投資家は、2009年以降、実質的に資本のすべてを失った。キャリークラッシュを心配する人々は、戦術的にボラティリティのロングポジションを取る最適な時期を決めることはできないのだろうか。つまり、キャリークラッシュを事前に察知し、キャリークラッシュが発生する前にロングポジションを取ってヘッジをすることはできないのだろうか、ということである。

インプライドボラティリティカーブが反転すると、つまり、スポットのVIXが遠い将来の水準を上回り始めたら、短期ボラティリティは上昇し続けるという証拠もある。このときトレーダーは数日以内という絶妙なタイミングでボラティリティのニュートラルか、ショートポジションからロングポジションへと変更しなければならない。しかし、これは絶対確実な戦略ではない。ダマシのシグナルが発せられるリスクは常にある。また、これはどんな戦略にも言えることだが、ボラティリティのロングポジションをいつ手仕舞えばよいかという問題に突き当たる。過去20年にわたって繰り返されてきたキャリーレジームが新たに始まれば、ボラティリティはたちまちのうちに下落し、ボラティリティのロングポジションの利益は一掃される。非常に高度なプレーヤーは素早く戦術的なボラティリティトレードを行えばよいかもしれないが、ほとんどの投資家にとってはこれは現実的ではない。

キャリークラッシュに対してヘッジすることは難しいだけではなく、投資家にとっては、たとえ危険を認識していたとしても、キャリーレジームにアクティブに参加しないのは非常に難しい。キャリーが拡大すると、資産価格も上昇する。キャリーレジームの中心的存在であるS&P500のような市場では特にそうである。バリュー投資家がこれを見過ごすはずはない。シラーのCAPEレシオやトービンのqといったアメリカ株式の絶対リターンを測定する評価指標は、市場は長年にわたって高くなることを示していた。しかし、こういった指標に基づいてS&P500への投資を避けることは悪い判断だった（著者はこれに関しては個人的な経験がある）。

キャリーレジームはS&P500が割高に見えることに貢献しているが、低い実質金利にも貢献している。市場参加者の多くは債券の実質利回りがゼロかマイナスであるのを見て、株式のほうが債券と比較すると魅力的だと結論づけている。現金も同じだ。2008年のリーマンショック以降、10年以上にわたって債券の実質直接利回りはゼロかマイナス

だった。したがって、表面的には株式のほうが魅力的なように見える。さらに、給料と雇用が市場に対するパフォーマンスで決まるプロのマネーマネジャーにとって、現金のままで置いておくことは非常にリスクが高い。したがって、彼らにとってキャリーレジームによって引き起こされた資産バブルに参加しないという選択肢は非常に難しくなる。事実、ほとんどの投資家にとってバブルで買い続けることは理にかなっていることかもしれない。これは一昔前のウォール街のことわざである「IBMを買ったことでクビになった者はいない」のバージョン2.0だ（今ではちょっと奇妙に聞こえるが）。つまり、S&P500を買ったことでクビになる者はいないということである。結局、クラッシュが起きれば、中央銀行が介入してくれるという期待があるだけでなく、実質的にすべての投資家も痛手を負う。したがって、キャリートレード参加者のだれも悪い判断をしたと責められることはないのだ。

　さらに、キャリーレジームが続き、キャリークラッシュのあとで新たなキャリーバブルが発生すれば、キャリークラッシュを乗り切るだけの十分な資金を持ったキャリートレーダーは再び春を謳歌し、彼らの富はますます蓄積されていく。キャリーバブルに遅れてやってきた者——便乗するのが遅すぎた人やキャリークラッシュを乗り切るだけの十分な資金を持たなかった人——は、キャリークラッシュによって一掃される。残った者、つまり十分な資金を持っている者は、レジームの次の段階では富と収入のさらに大きな分け前にあずかることができる。

第13章

消失点を超えて

Beyond the Vanishing Point

がらくたを黄金に変える

　キャリーレジームは、経済学やファイナンスの従来の考え方とは異なった金融市場や経済の仕組みを表したものだ。標準的なモデルを使う経済学者が、2007〜2009年にかけて発生したリーマンショックを含め、この20年以上わたって発生してきた経済の発展や金融市場の現象を満足のいくように説明することができないのは、このキャリーレジームのためなのである。

　本書ではキャリーは自然に発生する現象であると述べてきたが、キャリーは兌換紙幣体制と中央銀行の政策によって加速されてきたことも示唆してきた。私たちは説得力を持って説明できたと思っている。しかし、少なくとも1990年代初期以降の金融市場と金融システムは強力なキャリーレジームのなかで稼働してきたのは明らかだ。第4章で示した通貨キャリートレードのデータを含めた統計分析によれば、キャリーレジームが始まったのは株式市場の歴史的な大暴落が起こった1987年直後であったと思われる。キャリーレジームが始まった責任はおそらくは中央銀行、特にFRB（連邦準備制度理事会）にあるのだろう。株式市場が崩壊した直後、FRBが金融市場と金融システムの支持を表明した。これが決定的瞬間だった。1987年に行われたFRBの行動は極

めて効果的で、これがキャリーレジームがそのあと発展していく素地を作ったことは間違いない。

　金融政策は以前にも増してモラルハザードの源泉になり、金利を長期的な金融の安定を維持する水準に設定するどころか、キャリーレジームをさらに拡大させるためのツールになった。金融市場の関係者や参加者でこれを正しく理解している者はほとんどいない。FRBがFFレートをほぼゼロにしてから2015年で6年以上が経過する。金融評論家たちの間ではFRBがいつレートを上げるかについての議論が続いた。金融危機からかなり経過するのに、なぜ金利は低いままなのかと、市場関係者の多くは疑問に感じていた。その一方で、アメリカのインフレ率は依然として低く、労働力人口比率も低いので、利上げをそれほど急ぐ必要はない、と言う者もいた。こういった議論が伝統的な金融体制の文脈のなかで続く。つまり、経済が良くなる場合を除き、短期金利が上昇すれば信用需要（とマネーサプライの成長）が弱まり、経済が十分に強くないので、インフレに下降圧力がかかるのだろうということである。したがって2015年には、経済学者たちの議論は、経済は金利の上昇に見合うだけの強さと持続可能性を持っているかどうかを中心としたものに変わった。

　2015年にはすでに存在した長く続くキャリーバブルの最中に行われたこのような議論は、中世の天使論（針の上で天使は何人踊れるか。ありがちな間違いとして使われた問題）のようなものだった。金融市場も経済も、すでに金利の関数ではなくキャリーに動かされる関数になっていたのだ。短期金利が重要なのは、中央銀行が金融市場を支援する意思を示すシグナルを発するときのみである。中央銀行の行う利上げが、金融市場やキャリーレジームへの支援をやめるプロセスの一環に見えた場合、利上げがキャリークラッシュを引き起こす可能性がある。キャリークラッシュとは流動性の枯渇と経済の崩壊を意味する。このパラダイムでは、経済が利上げに見合うだけの強さを持っているか

どうかは論点がずれた疑問だ。本当に問うべきことは、利上げがキャリークラッシュを引き起こす可能性があるかどうかである。そういう意味では量的緩和はもっと需要だ。なぜなら量的緩和自体が巨大なキャリートレードだからである。

　さらに、キャリーレジームは経済成長率のトレンド（長期的に持続可能な平均経済成長率）が低下することを意味する。経済資源の多くがキャリー活動に費やされるようになる、つまり究極的にはレントシーキングのようなものに費やされるようになると、GDP（国内総生産）のデータが短期的に何を示していようと、経済成長率のトレンドは低下する。

　これを理解できる人はほとんどいない。なぜなら、キャリーレジームは、中央銀行の力が弱まっているにもかかわらず、中央銀行は全能だという感覚を生み出すからである。中央銀行が何かを発言するたびに大きな注目が集まる。中央銀行の主要な政策である金利が重要でないはずがない。金利は少なくとも金融市場参加者にとっては非常に重要なものだ。

　キャリーレジームはボラティリティを抑制し、金融資産と少なくとも一部の実物資産（例えば、不動産）の市場価値を引き上げる。非貨幣的金融資産は貨幣としてのステータスを獲得する。以前はジャンクだと思われていた債券は安全なものになり、仕組み金融によって疑わしいクレジットやクレジットデリバティブはトリプルAの債券に変貌するのだ。ETF（上場投信）のような金融商品は、投資家に世界中の最高のものを提供するかに見える。投資家はフロンティア市場の株式や新興国の現地通貨建て債券といったエキゾチックな資産を買うことができるだけでなく、毎日トレードすることができるのだから。中央銀行は、触れたものをすべて黄金に変える能力を持つギリシャ神話のミダスのようなものだ。ナサニエル・ホーソーンによって語られたところによると、ミダスは彼の娘に触ったとき、彼女が彫像に変わった

ことに気づき、彼は自分が望んだ贈り物を憎んだ。政策立案者がミダスと同じ悟りを得ることを望んでやまない。もちろん、私たちもまた私たちが望むことに十分注意する必要がある。

消失点の先にあるものは？

　変える意思がないとすると、キャリートレードはいつ終わるのだろうか。第7章では、キャリーレジームは消失点に向かって進んでいると述べた。消失点に達すると、経済成長率のトレンドはゼロになり、実質金利もゼロ、名目金利もゼロかマイナスになり、GDPは将来のGDPを犠牲にして成り立っている状態になる。そこで登場する大きな疑問、特に投資家にとっての大きな疑問は、①キャリーレジームは上の時点に到達する前に終焉するのか、②キャリーレジームの完璧なる終焉と新たなバブルのあとで発生する単なるキャリークラッシュとの違いをどうやって知ることができるのか、③もしキャリーレジームが終焉したら、そのあとに何が起こるのか——である。

　これは非常に難しい問題であり、明確に答えを出すことはできない。2番目の疑問は、キャリーレジームの実際の終焉と2008年のようなリーマンショックといった単なる深刻なキャリークラッシュとの違いを明確にする必要があるということだ。2008年のリーマンショックは当時は世界の終わりのように感じられたかもしれないが、資産価格はいち早く復活し、株価は史上最高値を付けた。つまり、2008年のリーマンショックはキャリーレジームをさらに強める結果になっただけということである。

　本書でこれまでに議論してきたキャリーレジームのさまざまな特徴のなかで、最も重要なことが2つある。投資家が理解しなければならない最も重要なことは、キャリーレジームでは基本的な圧力がデフレに向かうということと、キャリーレジームは金融関連では中央銀行の

存在と彼らによる近代の兌換紙幣システムのマネジメントに大きく影響されるということである。この特徴は非常に重要で、キャリーレジームは、中央銀行の支配的な役割を終わらせるシステミックな崩壊や急速に進むインフレ、あるいはこの両方によって完璧に終焉を迎えるということを示している。クラッシュによってこれら２つのことが起こらなければ、キャリーレジームはずっと続く可能性が高く、新たなキャリーバブルが発生する可能性が高い。

　第10章では、キャリーレジームの鏡像である反キャリーレジームの可能性について議論した。反キャリーレジームでは高インフレになり、反キャリーレジームクラッシュではインフレはコントロール不能なほどに上昇してインフレスパイラルを引き起こすとした。しかし、反キャリーレジームは、キャリーレジームをまったく逆にしたものではないことについても言及した。不均衡が高まり、政治的・経済的力が一極に集中するなどの特徴は、キャリーレジームでも反キャリーレジームでも同じである。反キャリーレジームでも依然として兌換紙幣は存在し、中央銀行も存在し、貨幣の独占的創造権を持つ政府部門も存在するだろう。

　しかし、インフレスパイラルに陥ると、兌換紙幣に代わる代替マネーが生まれる可能性が高い。暗号通貨の出現は、金融キャリーレジームの背後にある長期にわたる貨幣の不安定によって、兌換紙幣への信頼はすでに弱体化していることを示す初期のサインだった。貨幣が果たす古典的な機能は、①交換（決済）手段としての機能、②価値の保存としての機能、③価値尺度（価値を測る尺度、計算単位）としての機能——の３つだ。なかでも価値の保存としての機能は非常に重要だ。しかし、この３つの機能は独立したものではなく、関連性がある。貨幣価値の保存としての機能が弱体化すると、交換手段としての機能も弱体化する。これはハイパーインフレで経験してきたことだ。ハイパーインフレになると、もっと競争力のある貨幣——有名なものにタバ

コがある——が出現する可能性が高い。

　貨幣を持続可能な形態に維持するためには、貨幣は一定の物理的特徴やほかの特徴を持たなければならない。これらの特徴を備えた唯一のモノは金であると言う者もいる。しかし、この物理的な特徴——例えば、耐久性と可分性——は貨幣の最も重要な特徴ではないと私たちは考えている。私たちが考えるのは、近代経済における貨幣は2つの特徴のうち少なくとも1つを持たなければならないということである。1つは、マネタリーベースはその国の資産の請求権に一致しなければならないということである。したがって、マネタリーベースはその国の累積貯蓄額と結び付けられる。もう1つは、マネタリーベースには大きな生産コストがかかるということである。

　これらについては経済学者によって議論されてきた。しかし、マネタリーベースがその国の実物資産の請求権に一致しなければ、例えば、中央銀行がハイパワードマネー（現金）を創造するが、価値のある資産を保有していなければ、貨幣と富（本物の富）とはまったく分離されたものになる。こんなことが起こってよいはずがないという主張の根底にあるものは、フリーランチなどないという考え方だ。それは、貨幣は根本的に信頼のうえに成り立つものであるという考えにもつながると言える。暗号通貨にはその国の資産と結びつくという性質はない。そもそも暗号通貨は、金融債権としてではなくて、分散型台帳を通して保有される。しかし、暗号通貨には莫大な生産コストがかかる。つまり、暗号通貨が代替通貨になる、あるいはもっと優れた貨幣になるという可能性があるということである。

　貨幣のこの問題に対する究極の解決法は、株式、債券、不動産などの資産を直接的に交換手段として使うことができるようにするテクノロジーを開発することである。つまり、「通貨」が通貨保有者の資産で担保され、通貨の移転はそれらの資産の一部に対する請求権の移転になるということである。これによって貨幣が実体経済の請求権と一致

するという条件は満たされる。これによって、銀行の取り付け騒ぎが
なくなる。その代わりに、各通貨保有者は、その通貨保有者が持つ特
定の資産のパフォーマンスによって、日々変動する購買力を受け入れ
ることになる。流動性が高く電子化した近代の市場では、これは技術
的に可能なはずだ。これは、暗号通貨のような分散型台帳、競争力を
持つ中央集権化したプライベートバンク（投資信託と銀行の中間的な
もの）、政府の独占権によって提供されるサービスを通して実行するこ
とが可能だろう。

　しかし、現時点ではこの解決法は一般に広く受け入れられないよう
に思う。なぜなら、一般大衆は通常状態では日々購買力が変動するよ
りも、危機のときに銀行から現金を引き出せることのほうを好むよう
に思えるからだ。しかし、ハイパーインフレの反キャリーレジームが
発生すれば、おそらくは大衆の考え方は変わるだろう。

　世の中が発展してくると、キャリーレジームや反キャリーレジーム
を超えて、貨幣や貨幣コントロールが社会の支配的な力ではないニル
バーナの状態がやってくるだろう。本書で示唆しているように、世の
中のこうした発展は2段階のプロセスを経て起こる。まずキャリーレ
ジームがインフレによって崩壊し、そのあとインフレ性の反キャリー
レジームが競争力を持つ代替貨幣の出現によって崩壊する。

　しかし、キャリーレジームの終焉がこのパターンどおりに発生する
かどうかは分からない。2008年のようにキャリーバブルがデフレによ
って内部から崩壊し、中央銀行が経済を回復できないという状況にな
る可能性もある。消失点で言えば、収束点が消失点をはるかに超えて、
均衡金利がゼロをはるかに下回るということになる。もちろん金利が
下限を下回ることは、一部の経済学者や市場関係者が恐れてきたこと
だ。本書執筆の時点ではかなりの量の金融資産がマイナスの利回りで
あり、主要国家の何カ国かは短期金利がマイナス状態であることを考
えると、これはまったくあり得ないことではない。

キャリーレジームのこの段階でのコントロールできないデフレによる崩壊は間違いなくキャリーレジームを終わらせ、現在の社会的・政治的・経済的秩序をひっくり返すことになるだろう。問題は、このあとで起こることはさらに悪いものになるということである。したがって、中央銀行と政府は一丸となって、現在の法では違法になるが、世界を救うために必要不可欠な極端な政策を打ち出すだろう。

　極端な政策の1つを挙げるならば、マネタイゼーション（中央銀行が通貨を増発し、政府発行の国債を直接引き受けることで財政赤字を穴埋めする）である。つまり、すべての家庭や個人に、おそらくは「還付税」という形でお金を配るということである。その還付税はお金を刷ることによって賄われる。これが大規模に行われれば、極端なインフレを引き起こし（ハイパーインフレになる可能性がある）、貨幣の信頼性は地に落ちるだろう。

　しかし、そうした合法性が疑われる極端な対策が中央銀行のバランスシートに限定される（政府のバランスシートは含まれない）とすれば、その後、キャリーレジームは息を吹き返す可能性が高い。例えば、アメリカの場合、株式市場を一定の水準を支持するという明白な目的で、FRBが大規模に株式を買い始める。これは理論的には、通常時にはインフレを誘発し、FRBのバランスシートが買った株式の分だけ拡大すれば、確実にインフレになるはずだ。しかし、株式の購買費用の少なくとも一部がFRBの国債の売却によって賄われるとすれば、これはリスク曲線に沿ったものになるだろう。この場合、FRBは株式ボラティリティを直接売っていることになる。この方法が成功すれば、キャリーレジームは新たなキャリーバブルの発生という形で拡大していくだろう。

　したがって、キャリーレジームは最終的には、さまざまな要因で発生する高インフレによって終焉する確率が最も高いと考えてよいだろう。マクロな視点から見ると、キャリーレジームが終焉を迎える重要

なサインは、インフレそのものの発生や当局が極端なインフレを発生させるような極端な政策をとることである。

ボラティリティの視点から見たキャリーレジームの終焉のサイン

現在のキャリーレジームはまだまだ終わりそうにないが、それが終わったときは、市場が新しい安定した状態に落ち着くまではしばらくの間は混乱が続くだろう。

ボラティリティの視点から見る（第9章と第10章を参照のこと）と、インフレを誘発する反キャリーレジームは、ボラティリティプレミアムの方向性はショートからロングに変わると考えるべきである。つまり、ボラティリティの売りよりも買いのほうが利益になるということである。ボラティリティプレミアムがショートからロングに変わるとき、3つの目に見える大きな状態が発生する。1つ目は、インプライドボラティリティのフォワードカーブが一貫してバックワーデーション（逆ザヤ）になる。2つ目は、価格がどの時間枠でもモメンタムを伴って動く。週ごとや月ごとに測定したリアライズドボラティリティが一貫して日々のボラティリティを上回るということである。3つ目は、スキューが反転し、リスク資産ではプットよりもコールが高くなる。やがては市場参加者はこういった状態が普通だと思うようになる。

これら3つの状態は同時に起こることはほとんどなく、予測可能で不可逆的に起こることもない。これらの状態が普通だと人々が信じるまでには長い時間がかかるので、これら3つの状態は、激しい市場の変調を含むプロセスの一環として徐々に発生する可能性が高い。一言で言えば、インフレを誘発する反キャリーレジームへの移行はスムーズにいくことはなく、衝撃を伴うということである。ボラティリティ構造の最も恐ろしい最終的な移行は、ボラティリティのボラティリ

ィカーブの反転である。長期的なボラティリティのボラティリティが、短期的なボラティリティのボラティリティを上回るということである。もしこれが起これば、それは貨幣の死を意味する。

　通貨キャリーの視点から見れば、通貨キャリートレードが利益を生まなくなり、危険に思えるこの状況は、キャリーのレシピエント通貨（高金利の通貨）や主要なファンディング通貨のボラティリティが極端に高くなるという状況だ。潜在的な為替レートのボラティリティが非常に高くなるので、低金利の通貨を借り入れて高金利の通貨で貸すことで得られる利回りは非常に低くなり、キャリーは魅力を失う。中央銀行が介入して通貨の安定を図ろうとしなければ、あるいは図ることができなければ、こうなるだろう。さらに、貨幣を保有しようという要求が不安定になる高ボラティリティの高インフレ環境ではもっとこうなるだろう。キャリーのレシピエント国の中央銀行は彼らの外貨準備を守ることに腐心し、自国通貨を守るために為替市場に大規模介入ができなくなる。外国通貨を救済するなという政治的圧力を受けたFRBは通貨スワップを通じての支援はできなくなる。私たちは、2008年に韓国が自国通貨を安定させようとしたが失敗し、FRBが介入して初めて成功したときに、この世界を垣間見た。

　第10章では、少なくともほかの金融資産の貨幣性が低下して、インフレの結果として貨幣を保有したいという要求が低下すれば、反キャリーレジームは存在し得ると述べた。実際の例で考えると、多くの人は彼らが貨幣とみなすようになったさまざまなタイプのマネーファンド、ETFといった金融商品を保有している。しかし、不安定な高インフレが発生すると、彼らは保有する貨幣の量を減らす必要がある。しかし、彼らはまず「準貨幣」の保有を減らす。この不安定な経済状況では、準貨幣は本当のお金より安全性に欠けると思うからだ。準貨幣に対する信頼性の喪失は「安定させる力」として働く。つまり、インフレが完全にコントロール不可能にならないかぎり、人々は本当のお

金を保有したいという要求はある程度持ち続けるため、本当のお金を保有したいという要求は完全に崩壊することはなく、そのためハイパーインフレも防ぐことができるということである。

　これらから得られる結論は、キャリーレジームや反キャリーレジームは、貨幣が非常に不安定になって、貨幣性の上昇も下落も市場を安定させる力として働かなくなったときに、完全に終焉するということである。このとき、中央銀行はすべてのコントロール力を失い、経済における価格水準は予測不能な状態になる。こういう状態になったときには、新しい形の貨幣がすでに登場し始めているだろう。新しい形の貨幣が地盤を固め、経済の事実上の貨幣になれば、少なくとも古い兌換紙幣建てのオプションのボラティリティのボラティリティカーブが反転するのは明らかだ。しかし、そのときには金融市場はすでに新しい貨幣建てのオプションを中心に再構成されているだろう。

　難しいのは、どれが先に発生するかを知ることである。先に発生するのは、中央銀行の政策の効力がなくなることか、金融ボラティリティが高まることか、それともインフレそのものだろうか。どれかが先に発生すれば、それはほかの２つを引き起こす要因になり、インフレと金融情勢との間では悪循環が発生する。この場合、インフレと金融ボラティリティは同時に徐々に高まっていくと考えるのが妥当だろう。市場クラッシュが、そのあとで再びキャリーバブルが始まる単なるキャリークラッシュというよりも、キャリーレジームの完全なる終焉の始まりになる必要条件ではあるが十分条件ではない条件は、インフレが揺るぎないものになることである。2007〜2009年と同じように、もし高インフレが発生しなければ、その市場クラッシュは、キャリークラッシュとキャリーバブルのサイクルのなかで発生する単なる１つの市場クラッシュになる可能性が高い。一方、根強いインフレが発生すれば、キャリーレジームの完全なる終焉の前兆になる可能性が高い。高インフレが確立されれば、中央銀行は政策の柔軟性を失い、中央銀行

に依存しない新たな貨幣が登場する可能性が高い。

　もう1つ考慮しなければならないことは、中央銀行のバランスシート（巨大マネー）そのものが巨大なキャリートレードになるということである。中央銀行の資金調達コストは非常に低い。金融危機のあとはECB（欧州中央銀行）と日本銀行の資金調達コストはゼロを下回った。しかし、量的緩和政策の下では、中央銀行は国債や不動産担保証券や社債を含めた（これは中央銀行によって異なる）債券の巨大な購入者だった。したがって、中央銀行が手にする金利スプレッドは非常に大きく、大きな利益が手に入る（利益は通常政府に移転される）。しかし、ほかのキャリートレードと同じように、ただで手に入るものはない。中央銀行のキャリートレードもまたキャピタルロスリスクにさらされている。特に、中央銀行が取得した債券の利回りが上昇し続け、その価値が低下するというリスクが最も高い。これはスタグフレーション（経済は弱いが、インフレ率は高く上昇し続ける）下で起こりやすい。中央銀行がすべての債券を満期まで保有しても、高インフレによって実質価値は著しく低下し、インフレ率が非常に高ければ、中央銀行の資金調達コストは最終的には多少上昇する。

　中央銀行はほかの銀行と違って自分たちの資金調達コストをコントロールすることができるため、自分たちの行ったキャリー（彼らが保有する資産の利回りと彼らが設定した資金調達コストとの差）がマイナスになるのを許容することはない。インフレスパイラルによってキャピタルロスを被りそうになれば、利回り曲線を右肩上がりに維持しているかぎり、つまり、政策レートが長期債の上昇する利回りを下回っているかぎり、キャリートレードを強化して（利回りの高くなった債券をもっとたくさん買う）、キャピタルロスを減らそうとするだろう。しかし、インフレスパイラル下では、利回り曲線を右肩上がりに維持することによってインフレスパイラルは低下するどころか、さらに悪化するだろう。最終的には、インフレを抑制するか彼らの支払い能力

を維持するかのいずれかを選択しなければならなくなるだろう。

　中央銀行の通貨スワップに関係するキャリートレードを含めた中央銀行のキャリートレードが崩壊すれば、中央銀行は支払い不能に陥る。こうなる可能性は非常に高い。私たちは、中央銀行のキャリートレードが収益を生むのはキャリートレードが存在する理由の1つであると述べてきた。キャリーレジームが崩壊すれば、中央銀行の巨大なキャリートレードは採算が取れなくなり、彼らに甚大な損失を与えることになる。健全な貨幣や少なくとも健全なマネタリーベースは、経済の実物資産に対する請求権に根差したものでなければならないという以前述べた考えに基づけば、支払い不能に陥った中央銀行は価値のない貨幣と同じである。

　結論を言えば、キャリーレジームの終焉を考えるときに考慮しなければならない最も重要なことは通貨膨張であるという考えに帰着する。インフレがコントロールできているかぎり、中央銀行のキャリートレードは無傷のままで、中央銀行の政策は柔軟性を持つ。インフレがコントロールできなくなれば、金融ボラティリティが上昇するだけでなく、中央銀行そのものの健全性は低下する。新しい貨幣が現れると、現在の貨幣制度と金融システムの崩壊が始まるだろう。これは危機が発生し、政治情勢が極めて不安定になったときに発生するのは言うまでもない。

歴史が教えてくれるもの──変化に対して準備しておけ

　キャリーレジームが終わるとき、現在の貨幣制度も終焉するという考えは、最初は極端に思えるだろう。しかし、民主主義における貨幣制度は政治の意思決定によって作られたものであり、政治の意思決定は不完全ではあるが、経済成果に対して社会が何を優先するかを反映

したものである。FRBは1907年の恐慌のあと、度重なる金融パニックと銀行の取り付け騒ぎに悩まされていた国内の銀行制度を安定させるために設立された。金本位制だった国際通貨制度も同時期に第1次世界大戦の経済的要求を満たすように政治判断によって変えられた。国内の銀行制度も金本位制も社会にとって機能しなかったため、おのずと変化していったのである。

　この変更プロセスは個別に起こったわけではなく、異議がなくすんなりいったわけでもなく、最初は成功さえしなかった。FRBが発足しても銀行の取り付け騒ぎに終止符を打つことはできなかった。銀行の取り付け騒ぎを終わらせるには、さらなる政治的判断が必要だった。そこで導入されたのが預金保険と銀行監督制度である（1933年）。国際通貨制度も変遷し続けた。大戦の終結後、金本位制に復帰しようとしたが失敗し、その後、米ドルを唯一の基軸通貨とするブレトン・ウッズ体制が敷かれ、最終的には現在の変動相場制へと変わった。したがって、貨幣制度の変更は前例がないわけではなく、結果として生まれたシステムは社会の経済に関する最大の関心を若干遅れて反映したものになるという政治的側面を持つものとなった。

　過去20年のそうした社会の経済に関する関心は、低インフレ、金融市場の安定、そしてこれら2つの目標を損なうことなく最大限の成長を達成することだった。貨幣制度はこれらの目標を達成できるようにするために変更されてきた。中央銀行は政府の直接的な支配から解放され、ほとんどの中央銀行はインフレターゲットを設定している。またシステムは彼らが管理しようとする金融市場の変化に応じて組織的にも進化してきた。例えば、量的緩和はかつては異端とみなされたが、今では広く普及し容認されている。こういったことを考えると、現在の貨幣制度は低インフレ、市場の安定、成長という目標を達成することができなければ、あるいは富の不均衡を改善するという目標が最優先されれば、変わる可能性がある。システムは、キャリーレジームの

出現といった市場そのものの変化に対応する必要があるため、強制的に変更させられることもある。

　キャリーレジームの出現は現在のシステムに対する挑戦状をたたきつけるものだ。なぜなら、キャリーレジームの出現は、キャリークラッシュという形で市場の不安定と不均衡を生み出すからだ。市場の不安定と不均衡は密接な関係にあることは本書ですでに述べてきた。キャリークラッシュのあと市場を安定させるために中央銀行や政府が介入することで新たなキャリーバブルが発生し、富の不均衡はさらに拡大する。これによってFRBは困った状況、勝ち目のない拘束状態に置かれる。FRBが創設されたのは、金融パニックが実体経済に影響を及ぼすことを止めるためだった。したがって、FRBはキャリークラッシュが発生すれば、ただちに動く必要がある。しかし、彼らの行動は次第にエリート寄りと見られるようになり、不公平な経済的成果を強めるものとみなされるようになった。

　トマ・ピケティの2014年の本『21世紀の資本』（みすず書房）は「驚きに満ちた」ベストセラーと言われることが多い。最初の驚きは、資本主義は時間とともに非常に不均衡な富の分配に自然に引き寄せられることを示した彼のデータである。特にアメリカでは普通と考えられてきた均衡な富の分配は、実際には第2次世界大戦の巨額の資本の破壊効果による例外でしかなかったのである。

　2番目の驚きは、彼の本が深く広範にわたって反響があったことである。ピケティが描いた結果とプロセスはさまざまな人々にとっては大きな懸念だった。富と収入の不均衡の改善は今では重要な政治的課題として議論され、民主党の大統領候補者の主張にもいろいろな形で取り入れられている。私たちはこのトレンドは今後数年のうちに加速すると考えている。不均衡はますます政治的懸念になりつつあるが、キャリーレジームと現在の貨幣制度が不均衡をますます強めている。歴史から学ぶとするならば、私たちは変化に対して常に準備しておく必

要があるということである。

キャリーを鎮める機会は失われた

　私たちが本書で強調してきたのは、キャリーは自然に発生する現象であり、それ自体は絶対悪というわけではないということである。キャリートレーダーが手にするリターンは、少なくとも市場に流動性を与えることに対する報酬であり、リスクを引き受けることに対する報酬である。これは資本主義ではごく自然なことである。しかし、過去数十年における貨幣制度は、キャリーのリターンを、実体経済と社会に被害を及ぼすほど異常に大きなものにしてきた。中央銀行は、これまでにやってきたのとは違って、この傾向を奨励するのではなくて、この傾向を阻止しなければならない。

　2007〜2009年は、当局にとっては、キャリートレーダーに壊滅的な損失を負わせることで、本書で議論してきた経済を台無しにするようなキャリーの構造を巻き戻す最後の機会だった。しかし、その機会は失われ、キャリーレジームは以前にもまして強くなっていった。その結果として、アメリカやほかの国々が被る被害は明らかになりつつある。金融コーポラティズムの台頭、不均衡の拡大、国民に利益をもたらさない経済、ナショナリストやポピュリスト的な政党やそういった運動に投票する有権者たち。

　次の20年は激動の年になることは間違いない。金融市場は発展の中心に位置し、拡大するトレンドに関する重大なヒントを与えてくれるだろう。例えば、金融市場のボラティリティの振る舞いや、経済におけるインフレ圧力の有無といったことが重要なヒントになるはずだ。インフレの予兆は、中央銀行や政府の危機対応のなかに見いだせるだろう。

　歴史が出した評決は、ブレトンウッズ体制後の兌換紙幣の実験は失

敗だったということである。しかし、そのあと登場したテクノロジー
は将来的に有効な貨幣制度の基礎を提供してくれるはずだ。現在の貨
幣制度の灰のなかから生まれる貨幣制度がどういったものであれ、私
たちはそれがキャリーの台頭を効果的に抑制してくれることを祈るし
かない。

■著者紹介
ティム・リー（Tim Lee）
独立した経済コンサルタントであるパイ・エコノミクスの創設者で、ヘッジファンドから伝統的なアセットマネジメント会社までさまざまな金融機関に情報を提供してきた。香港やロンドンのGTマネジメントやインベスコなどのグローバルアセットマネジメント会社に勤務した。高く評価された『Economics for Professional Investors』の著者で、彼のコメントや分析はメディアで幅広く取り上げられてきた。ケンブリッジ大学モードリンカレッジ卒業。

ジェイミー・リー（Jamie Lee）
投資のグルとして知られるジェレミー・グランサムの下で環境調査とボラティリティトレードの研究に取り組んでいる。ボストンやロンドンのアセットマネジメント会社でエコノミストやアナリストとして勤務した経験を持つ。ダートマス大学で数学と英語の学士を修得。

ケビン・コールディロン（Kevin Coldiron）
カリフォルニア大学バークレー校のハース・ビジネス・スクールで金融工学の講師を務める。その前はサンフランシスコを拠点とする定量的ヘッジファンドのアルゲート・コールディロン・インベスターズ（ACI）を共同設立。ロンドンのバークレーズ・グローバル・インベスターズで専務取締役として勤務した。ロンドン・ビジネス・スクールでMBAを修得。

■監修者紹介
長岡半太郎（ながおか・はんたろう）
放送大学教養学部卒。放送大学大学院文化科学研究科（情報学）修了・修士（学術）。日米の銀行、CTA、ヘッジファンドなどを経て、現在は中堅運用会社勤務。全国通訳案内士、認定心理士、2級ファイナンシャル・プランニング技能士（FP）。『ルール』『不動産王』『その後のとなりの億万長者』『IPOトレード入門』『株式投資 完全入門』『知られざるマーケットの魔術師』『強気でも弱気でも横ばいでも機能する高リターン・低ドローダウン戦略』『パーフェクト証券分析』『トレードで成功するための「聖杯」はポジションサイズ』『バリュー投資達人への道』『新版 バリュー投資入門』『財産を失っても、自殺しないですむ方法』など、多数。

■訳者紹介
山下恵美子（やました・えみこ）
電気通信大学・電子工学科卒。エレクトロニクス専門商社で社内翻訳スタッフとして勤務したあと、現在はフリーランスで特許翻訳、ノンフィクションを中心に翻訳活動を展開中。主な訳書に『ラリー・ウィリアムズの短期売買法【第2版】』『損切りか保有かを決める最大逆行幅入門』『株式超短期売買法』『プライスアクションとローソク足の法則』『トレードシステムはどう作ればよいのか 1 2』『トレードコーチとメンタルクリニック』『トレードシステムの法則』『トレンドフォロー白書』『スーパーストック発掘法』『出来高・価格分析の完全ガイド』『アルゴリズムトレードの道具箱』『ウォール街のモメンタムウォーカー【個別銘柄編】』『プライスアクション短期売買法』『新訳 バブルの歴史』『トレンドフォロー大全』『アセットアロケーションの最適化』『フルタイムトレーダー完全マニュアル【第3版】』『アルゴトレードの入門から実践へ』『指数先物の高勝率短期売買』『出来高・価格分析の実践チャート入門』『イェール大学流資産形成術』『システム検証DIYプロジェクト』『強気でも弱気でも横ばいでも機能する高リターン・低ドローダウン戦略』『1日わずか30分間の作業ですむ株式自動売買戦略』（以上、パンローリング）のほか多数、『FORBEGINNERSシリーズ90 数学』（現代書館）、『ゲーム開発のための数学・物理学入門』（ソフトバンク・パブリッシング）がある。

2022年3月3日　初版第1刷発行

ウィザードブックシリーズ ㉕

キャリートレードの興隆
──金融危機と株価暴落を引き起こす「犯人」が分かった！

著　者　　ティム・リー、ジェイミー・リー、ケビン・コールディロン
監修者　　長岡半太郎
訳　者　　山下恵美子
発行者　　後藤康徳
発行所　　パンローリング株式会社
　　　　　〒160-0023　東京都新宿区西新宿7-9-18　6階
　　　　　TEL 03-5386-7391　FAX 03-5386-7393
　　　　　http://www.panrolling.com/
　　　　　E-mail　info@panrolling.com
編　集　　エフ・ジー・アイ（Factory of Gnomic Three Monkeys Investment）
装　丁　　パンローリング装丁室
組　版　　パンローリング制作室
印刷・製本　株式会社シナノ

ISBN978-4-7759-7294-6

ウィザードブックシリーズ 263

インデックス投資は勝者のゲーム

株式市場から利益を得る常識的方法

ジョン・C・ボーグル【著】

定価 本体1,800円+税　ISBN:9784775972328

市場に勝つのはインデックスファンドだけ！改訂された「投資のバイブル」に絶賛の嵐！

本書は、市場に関する知恵を伝える一級の手引書である。もはや伝説となった投資信託のパイオニアであるジョン・C・ボーグルが、投資からより多くの果実を得る方法を明らかにしている。つまり、コストの低いインデックスファンドだ。ボーグルは、長期にわたって富を蓄積するため、もっとも簡単かつ効果的な投資戦略を教えてくれている。その戦略とは、S&P500のような広範な株式市場のインデックスに連動する投資信託を、極めて低いコストで取得し、保有し続けるということである。

ウィザードブックシリーズ 273

経済理論の終焉

金融危機はこうして起こる

リチャード・ブックステーバー【著】

定価 本体2,800円+税　ISBN:9784775972373

「経済理論」というカルトに憑りつかれた経済学者たち。経済学はどうしてこうも当たらないのか

私たちの経済は大不況から回復したかもしれないが、経済学はしていない。世界有数のリスクマネジャーであるリチャード・ブックステーバーは、本書で人間のありようと、この世界の根本的な不確実性を考えれば、標準的な経済モデルとその前提である経済理論では金融危機に対処できない理由を述べている。本書は新しくて革新的な見方と、より現実的で人間的な枠組みを提供することで、今日の金融システムが再び破綻するのを阻止する試みでもある。